UNIX/Linux 시스템 관리자를 위한 쉘 스크립트 활용 가이드

정해주 지음

UNIX/Linux 시스템 관리자를 위한 쉘 스크립트 활용 가이드

저 자 ㅣ 정해주
펴낸이 ㅣ 최용호

펴낸곳 ㅣ (주)러닝스페이스(비팬북스)
디자인 ㅣ 최인섭, 박지숙
주 소 ㅣ 서울시 서대문구 연희동 340-18, B1-13
전 화 ㅣ 02-857-4877
팩 스 ㅣ 02-6442-4871

초판발행 ㅣ 2015년 9월 17일
등록번호 ㅣ 제 12609 호
등록일자 ㅣ 2008년 11월 14일
홈페이지 ㅣ www.bpanbooks.com
전자우편 ㅣ book@bpanbooks.com

이 도서의 저작권은 저자에게 있으며 저자 및 출판사의 허락 없이 일부 혹은 전체 내용을 무단복제하는 행위는 저작권법에 저촉됩니다.

값 28,000원
ISBN 978-89-94797-23-6 (93000)

비팬북스는 (주)러닝스페이스의 출판부문 사업부입니다.

이 도서의 국립중앙도서관 출판시도서목록 CIP는 e-CIP 홈페이지(http://www.nl.go.kr)에서 이용하실 수 있습니다. (CIP 제어번호: CIP2015024634)

UNIX/Linux 시스템 관리자를 위한 쉘 스크립트 활용 가이드

정해주 지음

목차

저자 서문 12
감사의 글 14

1장 쉘 스크립트 개요 17

1.1 UNIX/Linux 소개 및 특징 17
    1.1.1 UNIX 17
    1.1.2 Linux 18
1.2 쉘의 역할 및 특징 19
1.3 쉘의 종류 22
1.4 쉘 스크립트란? 23
1.5 쉘 스크립트 활용 시 이점 25
    1.5.1 반복 작업에 대한 자동화가 가능 25
    1.5.2 기존의 명령어를 사용자만의 명령어로 보완 26
    1.5.3 손쉽고 빠른 개발 및 보완이 가능 26
1.6 정리 28

2장 실습 환경 구축 29

2.1 UNIX/Linux 시스템 구축 30
    2.1.1 가상머신 설치 30

2.1.2 게스트 운영체제 설치 32
2.2 터미널 접속 환경 구성 44
2.3 쉘 스크립트 제작 및 수정 환경 구성 50
2.4 정리 54

3장 UNIX/Linux 기본 명령어와 개념 55

3.1 입출력 재지정(Redirection) 56
3.2 파이프(Pipe) 60
3.3 UNIX/Linux 시스템 관리를 위한 기본 명령어 62
    3.3.1 at 명령어 62
    3.3.2 chmod 명령어 64
    3.3.3 chown 명령어 68
    3.3.4 cmp 명령어 68
    3.3.5 col 명령어 69
    3.3.6 colcrt 명령어 71
    3.3.7 cp 명령어 72
    3.3.8 cut 명령어 73
    3.3.9 date 명령어 75
    3.3.10 df 명령어 76
    3.3.11 diff 명령어 77
    3.3.12 domainname 명령어 80
    3.3.13 du 명령어 81
    3.3.14 echo 명령어 82
    3.3.15 find 명령어 85
    3.3.16 free 명령어 88
    3.3.17 ftp 명령어 89
    3.3.18 ifconfig 명령어 93
    3.3.19 grep 명령어 94
    3.3.20 logger 명령어 98
    3.3.21 lsof 명령어 99
    3.3.22 netstat 명령어 100

3.3.23 nl 명령어 102

3.3.24 ntpdate 명령어 104

3.3.25 ping 명령어 105

3.3.26 pmap 명령어 106

3.3.27 pr 명령어 108

3.3.28 ps 명령어 110

3.3.29 pwd 명령어 111

3.3.30 route 명령어 111

3.3.31 script 명령어 112

3.3.32 sort 명령어 114

3.3.33 tail 명령어 116

3.3.34 tar 명령어 117

3.3.35 time 명령어 119

3.3.36 touch 명령어 121

3.3.37 tr 명령어 123

3.3.38 traceroute 명령어 123

3.3.39 uptime 명령어 124

3.3.40 vmstat 명령어 124

3.3.41 w 명령어 125

3.4 스트림 편집기 sed 126

3.5 awk 131

    3.5.1 awk의 필드 인식 구조 131

    3.5.2 awk에서 활용 가능한 정규표현식 134

    3.5.3 awk의 조건문 134

    3.5.4 BEGIN / END 표현식 137

    3.5.5 파이프 라인 138

3.6 vi 편집기 140

    3.6.1 vi 모드 140

    3.6.2 vi 종료하고 파일 저장하기 144

    3.6.3 커서 이동하기 145

    3.6.4 수정 및 삭제 145

3.6.5 복사하기와 붙이기 147
　　　3.6.6 환경 설정 149
　3.7 정리 150

4장 쉘 프로그래밍 문법　151

4.1 쉘 프로그래밍 시작하기 152
　　　4.1.1 쉘 스크립트의 일반적인 구조 153
　　　4.1.2 전역 변수 154
　　　4.1.3 지역 변수 154
　　　4.1.4 변수 지정하기 155
4.2 주요 문법 157
　　　4.2.1 사용자 입력 받기 : read 157
　　　4.2.2 명령 결과 치환 159
　　　4.2.3 if 문 161
　　　4.2.4 test 문 164
　　　4.2.5 for 문 169
　　　4.2.6 while 문 171
　　　4.2.7 until 문 174
　　　4.2.8 continue 문과 break 문 176
　　　4.2.9 case 문 181
　　　4.2.10 함수 만들기 183
4.3 정리 185

5장 시스템 관리 쉘 스크립트　187

5.1 디스크 사용량 분석/보고 187
　　　5.1.1 쉘 스크립트 코드 188
　　　5.1.2 실행 결과 189
　　　5.1.3 코드 분석 189
5.2 사용자 계정 일시 정지 193
　　　5.2.1 쉘 스크립트 코드 194
　　　5.2.2 실행 결과 195

        5.2.3 코드 분석 196
   5.3 guest 및 공용 계정 초기화 199
        5.3.1 쉘 스크립트 코드 199
        5.3.2 실행 결과 200
        5.3.3 코드 분석 201
   5.4 서버의 네트워크 상태 감시 202
        5.4.1 쉘 스크립트 코드 203
        5.4.2 실행 결과 204
        5.4.3 코드 분석 204
   5.5 서비스 프로세스 상태 점검 206
        5.5.1 쉘 스크립트 코드 ⓐ 207
        5.5.2 쉘 스크립트 ⓐ의 실행 결과 208
        5.5.3 쉘 스크립트 ⓐ의 코드 분석 209
        5.5.4 쉘 스크립트 코드 ⓑ 210
        5.5.5 쉘 스크립트 ⓑ의 실행 결과 211
        5.5.6 쉘 스크립트 ⓑ의 코드 분석 212
   5.6 특정 디렉터리의 파일 내용 일괄 수정하기 213
        5.6.1 쉘 스크립트 코드 214
        5.6.2 실행 결과 215
        5.6.3 코드 분석 217
   5.7 지정된 날짜의 웹 접속 통계 218
        5.7.1 쉘 스크립트 코드 219
        5.7.2 실행 결과 219
        5.7.3 코드 분석 220
   5.8 점검 결과를 메일로 보고 221
        5.8.1 쉘 스크립트 코드 221
        5.8.2 실행 결과 222
        5.8.3 코드 분석 223
   5.9 ftp를 이용한 파일 전송 자동화 224
        5.9.1 쉘 스크립트 코드 225
        5.9.2 실행 결과 227

5.9.3 코드 분석 228
5.10 cron 스케줄 등록 232
    5.10.1 셸 스크립트 코드 232
    5.10.2 실행 결과 234
    5.10.3 코드 분석 235
5.11 데몬 및 서비스 프로세스의 시작과 정지 239
    5.11.1 셸 스크립트 코드 239
    5.11.2 실행 결과 240
    5.11.3 코드 분석 240
5.12 로그 파일 로테이션 242
    5.12.1 셸 스크립트 코드 ⓐ 242
    5.12.2 셸 스크립트 ⓐ의 실행 결과 243
    5.12.3 셸 스크립트 ⓐ의 코드 분석 243
    5.12.4 셸 스크립트 코드 ⓑ 244
    5.12.5 셸 스크립트 ⓑ의 실행 결과 245
    5.12.6 셸 스크립트 ⓑ의 코드 분석 246
5.13 정리 249

6장 시스템 보안 셸 스크립트 251

6.1 SetUID와 SetGID 설정 파일 점검 252
    6.1.1 셸 스크립트 코드 252
    6.1.2 실행 결과 252
    6.1.3 코드 분석 254
    6.1.4 SetGID 설정 점검하기 254
6.2 시스템 파일 접근 권한 확인 256
    6.2.1 셸 스크립트 코드 256
    6.2.2 실행 결과 257
    6.2.3 코드 분석 259
6.3 장치 디렉터리 내 일반 파일 존재 유무 점검 262
    6.3.1 셸 스크립트 코드 263
    6.3.2 실행 결과 263

- 6.3.3 코드 분석 263
- 6.4 root 이외의 UID가 0인 사용자 점검 265
  - 6.4.1 쉘 스크립트 코드 265
  - 6.4.2 실행 결과 266
  - 6.4.3 코드 분석 266
- 6.5 패스워드 최소 길이 및 최대 사용 기간 설정 점검 267
  - 6.5.1 쉘 스크립트 코드 267
  - 6.5.2 실행 결과 268
  - 6.5.3 코드 분석 269
- 6.6 불필요한 계정 존재 여부 점검 270
  - 6.6.1 쉘 스크립트 코드 270
  - 6.6.2 실행 결과 271
  - 6.6.3 코드 분석 273
- 6.7 불필요한 서비스 존재 여부 점검 273
  - 6.7.1 쉘 스크립트 코드 ⓐ 275
  - 6.7.2 쉘 스크립트 ⓐ의 실행 결과 275
  - 6.7.3 쉘 스크립트 ⓐ의 코드 분석 277
  - 6.7.4 쉘 스크립트 코드 ⓑ 278
  - 6.7.5 쉘 스크립트 ⓑ의 실행 결과 279
  - 6.7.6 쉘 스크립트 ⓑ의 코드 분석 279
- 6.8 침해 시스템 분석용 로그 추출 280
  - 6.8.1 시스템의 기본 정보 수집 281
  - 6.8.2 현재 프로세스 및 네트워크 상태 점검 282
  - 6.8.3 현재 로그인된 계정 및 계정 설정 파일 점검 283
  - 6.8.4 서비스 상태 및 로그 설정 점검 284
  - 6.8.5 의심되는 파일 검색 285
  - 6.8.6 계정의 명령 입력 히스토리 추출 및 예약 작업 점검 286
  - 6.8.7 시스템의 주요 로그 추출 287
  - 6.8.8 침해 시스템 분석용 로그 추출 쉘 스크립트 287
- 6.9 정리 292

7장 나만의 시스템 관리 도구를 만들어 보자 293

7.1 시스템 관리 도구의 구조 295
    7.1.1 디렉터리 구성 295
    7.1.2 주요 실행 파일의 용도 297
    7.1.3 메뉴 구성 298
7.2 시스템 관리 도구의 메뉴별 실행 결과 301
    7.2.1 시스템 상태 점검 301
    7.2.2 시스템 관리 307
    7.2.3 시스템 보안 점검 310
    7.2.4 주요 디렉토리 무결성 점검 316
    7.2.5 정밀 분석용 로그 추출 및 전송 320
7.3 시스템 관리 도구의 쉘 스크립트 분석 326
    7.3.1 Main Menu (0_main_menu.sh) 326
    7.3.2 시스템 상태 점검 (1_sys_chk.sh) 328
    7.3.3 시스템 관리 (2_sys_mgr.sh) 336
    7.3.4 시스템 보안 점검 (3_secu_chk.sh) 341
    7.3.5 주요 디렉토리 무결성 점검 (4_int_chk.sh) 350
    7.3.6 정밀 분석용 로그 추출 및 전송 (5_log_out.sh) 355
7.4 시스템 관리 도구의 확장 방안 362
7.5 정리 365

찾아보기 368

들어가는 글

저자 서문

이 책을 읽고 있는 독자들은 효율적인 시스템 관리를 위해 고민하는 현업 엔지니어이거나 시스템 관리의 길로 입문하기 위해 배우는 단계에 있는 예비 엔지니어일 것이다. 시스템 관리자들이 주로 다루는 시스템의 플랫폼은 UNIX/Linux 또는 윈도우 시스템 중 하나일 것이다. 어떤 시스템 관리자는 동시에 여러 종류의 시스템을 관리할 수도 있다. 이 책에서는 UNIX/Linux 시스템을 관리하면서 좀 더 효율적인 관리를 위해 쉘 스크립트를 어떻게 활용할 수 있는지를 설명한다.

쉘 스크립트 작성을 위해 쉘 프로그래밍이라는 거대한 산을 오르자고 말하고 싶지는 않다. 다만 시스템을 관리하는 과정에서 관리자를 편하게 하는 팁을 제공하는 차원에서 쉘 스크립트의 활용 방법에 중점을 두고 글을 이어나가겠다. 이건 마치 핸드폰을 새로 구입하면 잠금 화면과 바탕화면을 바꾸고 필요한 앱을 설치하고, 자주 활용하는 앱의 단축 아이콘을 설정하는 등, 궁극에는 예전 핸드폰 내부의 필요한 자료를 새로운 핸드폰으로 이전시키고 새로운 핸드폰에 중요한 자료를 주기적으로 백업받는 것과 유사한 개념이다. 즉, 우리가 관리하는 또는 관리하게 될 UNIX/Linux 시스템을 운용하면서 관리자에게 잘 길들여진 시스템을 만들기 위해 반복되는 단순한 작업들을 자동화하고 다양한 서비스를 운용하면서 생성되는 정보 등을 관리자가 원하는 형식으로 가공해야 할 때, 쉘 스크립트는 매우 유용한 수단일 것이다.

실질적으로 이 책을 읽는 대부분의 시스템 관리자들은 아마도 다양한 벤더의 UNIX와 다양한 배포본의 Linux가 혼재된 업무 환경에 있을 것이다. 다시 말해서, 특정 벤더와 배포본만 운용하는 것이 아니라 상황에 따라 이 시스템, 저 시스템을 다뤄야 하는 상황에 직면할 수 있는데 이런 경우에는 시스템간의 명령어 또는 옵션을 잘못 적용하는 실수가 발생할 가능성이 있다. 물론 서버 관리 시스템(System Management System) 등 다양한 관리 솔루션이 적용되어 있다면 각 시스템별로 동일한 수준의 가시적인 모니터링 기능과 주요 시스템 관리 기능의 자동화를 통해서 다양한 시스템을 관리하면서 발생할 수 있는 실수를 줄일 수 있을 것이다. 그러나 시스템의 규모가 크지 않은 부서의 경우는 비용의 문제 또는 효율성 문제로 서버관리시스템 도입이 제한적일 것이다. 그밖에도 서버 관리 시스템 적용 이후에 신규로 추가되는 시스템이 있는 경우에는 간혹 서버 관리 시스템과 신규 도입 서버 간 호환성 문제가 발생하기도 한다. 이러한 상황이 발생하면 서버 관리 시스템이 관리 가능한 서버와 관리가 제한되는 서버로 나누어 별도 관리를 하게 되어 서버 관리 시스템이 있어도 100% 활용이 안되는 그야말로 그림의 떡인 상황이 된다. 이러한 경우에 쉘 스크립트를 활용하면 관리하는 시스템의 규모와 종류에 상관없이 바로 적용할 수 있는 좋은 대안일 것이다. 추가적으로, 필자의 사례를 통해 쉘 스크립트를 활용하는 장점을 살펴보면 지사의 서버 운용 상태 점검이나 보안 점검 시 현장 점검 이전에 사전 점검의 일환으로 시스템의 설정 상태 또는 관리 실태에 대한 증적 확인을 위해 서버에서 다양한 자료의 추출을 지사에 요구하곤 하는데 이때 쉘 스크립트를 이용하여 시스템별 설정 및 로그를 점검 중점에 맞춰 추출하도록 하면 차후 현장 점검 시에는 보다 수월하게 점검을 진행할 수 있었다. 그밖에도 쉘 스크립트를 활용할 수 있는 사례로 관리자가 시스템을 직접 관리하면서 생기는 다양한 상황에서 관리자가 콘솔에 접속하여 명령어 몇 개로 모든 상황을 통제하기는 어려울 것이다. 그야말로 하나의 서비스를 구동하기 위해 다양한 절차를 따라야 하고 이에 따른 관심이 필요할 것이다. 물론 이러한 상황에서 실수를 줄이거나 시스템 관리 능력이 떨어지는 직원의 업무의 절차 숙달을 위해 각 상황 및 단위 업무별 절차도(MATRIX)를 작성해 활용할 수도 있다. 그러나 필자가 생각하기에는 이렇게 반복되고 복잡한 절차들에 쉘 스크립트를 활용한다면 시스템 관리 업무 외에 다양한 잡무로 시달리는 시스템 관리자에게 여유를 줄 수 있지 않을까?

그래서 이 책은 UNIX/Linux의 다양한 쉘의 사용법 및 그에 따른 모든 쉘 프로그래밍 문법에 주안을 두기 보다는 대부분의 시스템에 적용되어 있는 본 쉘(Bourne shell)을 중심으로 시스템 관리를 하면서 활용 가능한 예제를 중심으로 소개하고자 한다. 이 책에서 소개하는 예제들은 독자들이 관리하는 다양한 시스템에서 명령어 및 환경변수 일부만 수정하여 손쉽게 업무에 활용할 수 있을 것이다.

감사의 글

요즘 TV를 켜면 어느 채널을 돌려도 주방에서 음식을 하고 있는 셰프들을 어렵지 않게 접할 수 있다. 더욱이 그들은 가정에서 손쉽게 사용할 수 있는 식재료를 가지고 고급진 음식을 선보이는 것이 특징이다. 심지어 어떤 프로에서는 집에서 사용하는 냉장고를 통째로 뽑아서 그곳의 식재료를 중심으로 요리를 만들어 경합을 벌이기도 한다. 이러하듯 특별한 자원이 아니라도 조금의 팁을 가하면 누구나 기대 이상의 성과를 낼 수 있음을 알게 되었다. 필자 역시 시스템 관리 분야에서도 쉘 스크립트를 잘 이용하면 보다 효율적인 관리가 가능하다는 믿음을 가질 수 있었고 다행이도 이러한 믿음을 가지고 필자가 속한 조직에 적용한 결과, 기대 이상의 성과도 거둘 수 있었다. 이 자리를 통해 당시 많이 부족했지만 필자를 믿어주고 지지해 주었던 상급자 및 동료들에게 감사의 말을 전한다. 또 홀로 책을 쓸 수 있도록 기회를 주었을 뿐만 아니라 개인적인 사정으로 인해 원고가 지연됨에도 너그럽게 배려해주신 비팬북스 최용호 대표님께 감사드린다.

손자병법 군쟁편에 보면 迂直之計(우직지계)라는 구절이 있다. 멀리 돌아가는 것이 오히려 바로 가는 것보다 빠른 계책을 의미한다. 이러한 구절처럼 멀리 돌아가는 길을 택해도 언제나 격려와 기도를 해주시는 아버님, 어머님, 이모님, 이모부님께 진심으로 감사드린다. 또 언제나 나에게 식지 않은 영감을 제공해주는 伯牙絶絃(백아절현) 김영기에게도 고마움을 전한다. 특히 많이 부족한 가장의 역할에도 불구하고 필자의 비전을 지지해주며 거친 모험의 길을 동행해주는 사랑하는 아내 안정희와 우리 가정의 영원한 보배 하영, 주영, 지영에게도 고마움을 전한다. 마지막으로 언제나 나를 단련하시고 때가 되면 정금같이 쓰시는 하나님께 영광을 올려 드린다.

2015년, 생각보다 살기 좋은 대구에서 정해주

1장 쉘 스크립트 개요

이번 장에서는 쉘 스크립트를 알아보기 전에 쉘의 구동 기반인 UNIX/Linux의 기본 특징을 소개한다. 그리고 운영체제에서 쉘의 역할과 특징이 무엇인지를 알아본다.

1.1 UNIX/Linux 소개 및 특징

1.1.1 UNIX

UNIX는 1969년 AT&T 벨연구소의 직원인 켄 톰슨, 데니스 리치, 더글라스 매클로리 등이 최초 개발하였으며, 이후 C언어로 재작성되어 다양한 플랫폼에 이식될 수 있도록 보완되었다. 벨연구소는 대학과 연구기관에 UNIX를 활용할 수 있도록 라이선스를 제공하였으며, 버클리 대학교에서는 UNIX에 네트워크 프로토콜인 TCP/IP 등 다양한 기능을 보강하여 BSD(Berkeley Software Design) 배포본을 제작하고 이후 파생되는 많은 UNIX에 영향을 끼쳤다.

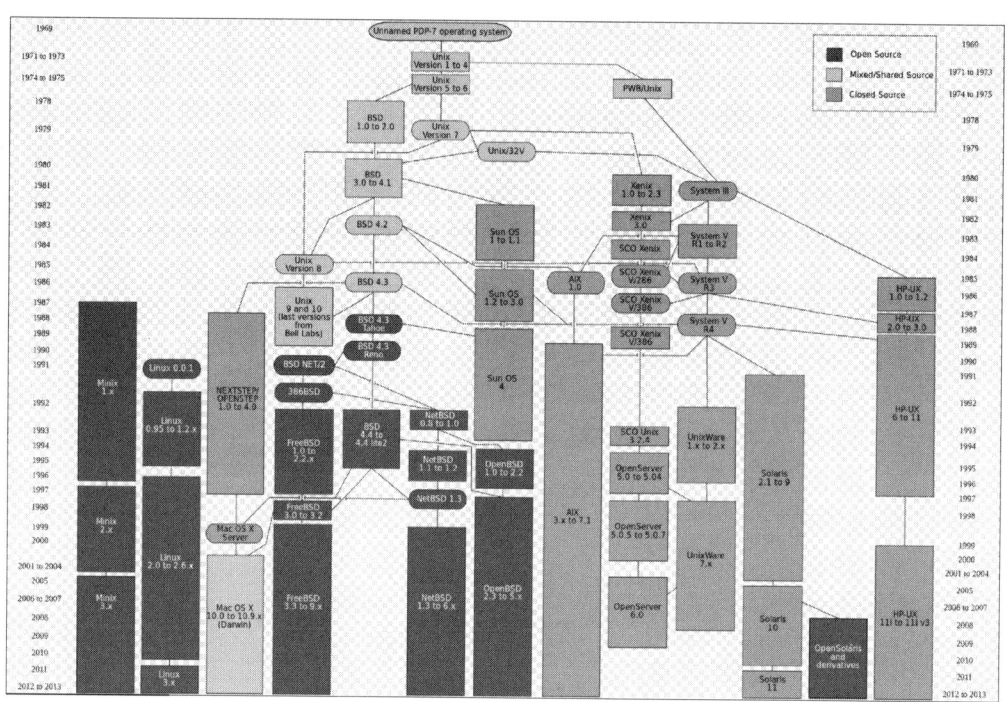

[그림 1-1] UNIX 계보[1]

1.1.2 Linux

1991년 리누스 토발즈라는 핀란드 헬싱키 대학의 대학원생에 의해 커널이 개발된 이래, 1984년부터 리처드 스톨만에 의해 추진된 GNU 프로젝트의 다양한 소프트웨어들이 합쳐진 운영체제가 Linux이다. 현재는 X-Window를 기반으로 하는 GNOME과 KDE 등 다양한 데스크톱 환경과 수많은 응용프로그램이 실행될 수 있도록 발전하고 있다. 현재는 개인용 데스크톱 환경뿐만 아니라 안드로이드 등 스마트폰에서부터 기업용 엔터프라이즈 환경에 이르기까지 다양한 플랫폼에 이식되어 활용 중이다. 대표적인 리눅스 배포본에는 데비안, 레드햇, 슬렉웨어, SUSE, 우분투, 젠투가 있으며 그밖에도 다양한 배포본들이 파생되어 개발되고 있다.

---

[1] 출처 : 위키백과 "UNIX" 중에서

1.2 쉘의 역할 및 특징

쉘 스크립트를 알아보기 전에 그 기반이 되는 쉘에 대해 알아보도록 하겠다. 일반적으로 쉘은 운영체제에서 커널(Kernel)과 사용자 사이의 인터페이스(Interface), 즉 가교 역할을 하는 프로그램으로, 운영체제의 내부 명령어나 응용프로그램을 실행하는 것을 지원한다. 시스템을 전체적으로 보면 [그림 1-2]에서처럼 운영체제는 결국 하드웨어의 한 부분인 저장장치의 일부분에 저장된다. 운영체제를 좀 더 세부적으로 살펴보면, 운영체제가 설치되어 있는 저장장치(DISK 등)를 비롯하여 모니터, 그래픽카드, NIC 등 시스템에 직간접적으로 연결되는 하드웨어를 통제하는 커널(Kernel)과 이러한 커널과 사용자 및 응용 프로그램 사이에서의 명령 전달을 담당하는 쉘로 구분할 수 있다.

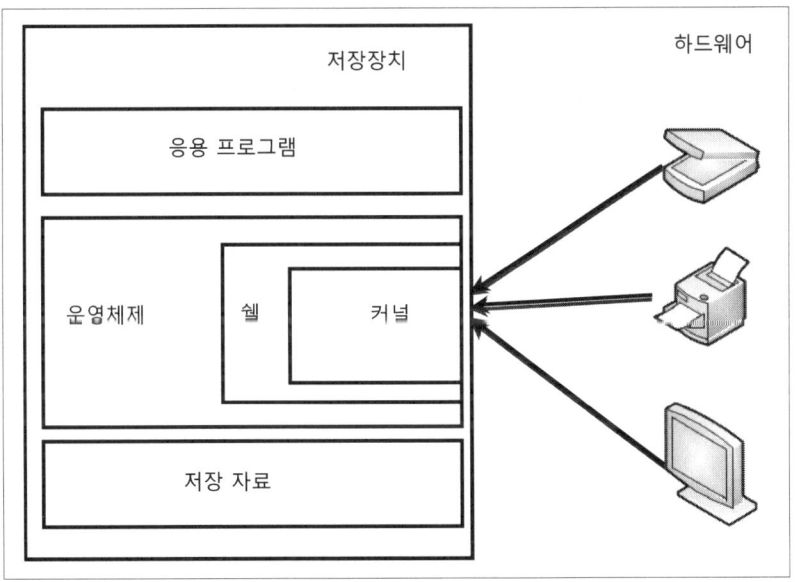

[그림 1-2] 시스템의 구성

물론 운영체제 마다 기본적으로 다양한 쉘을 제공하고 있고 사용자가 별도의 쉘을 설치해서 활용할 수도 있다. 그리고 많은 사람들은 쉘이라고 하면 검정 바탕에 흰색 글씨로만 구성된 터미널을 떠올리기 쉬운데 실제로 많은 사용자가 사용하는 Windows 계열의 운영체제도 [그림 1-3]처럼 CUI(character user interface) 기반의 명령 프롬프트와 GUI(graphical user interface) 기반의 탐색기를 모두 제공한다.

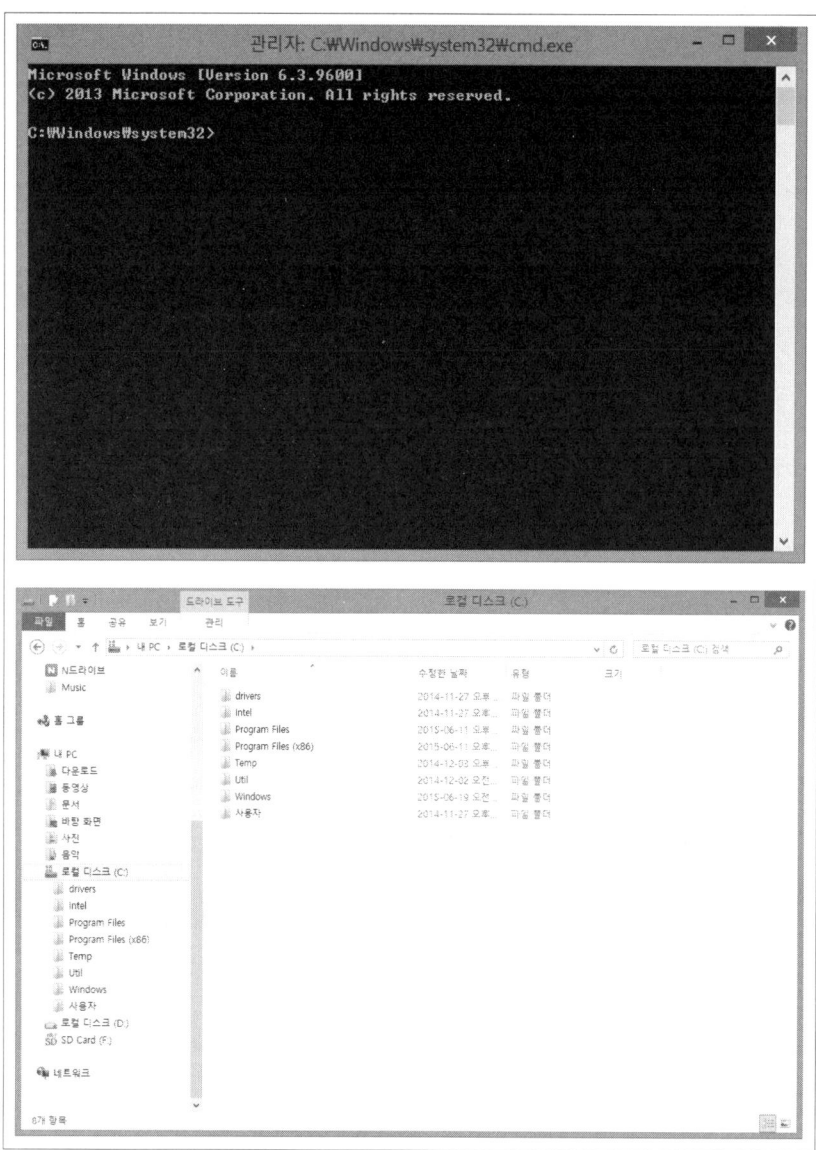

[그림 1-3] Windows 8.1의 쉘 명령 프롬프트와 탐색기

반대로 UNIX 및 Linux에서도 텍스트 기반의 쉘 환경 외에 그래픽 기반의 쉘 환경을 제공하고 있다. 아래 그림은 IBM의 AIX(Advanced Interactive Executive)와 SUN의 Solaris처럼 잘 알려진 UNIX의 쉘 환경 및 많은 사용자가 사용 중인 Linux 배포본인 CentOS의 쉘 환경이다.

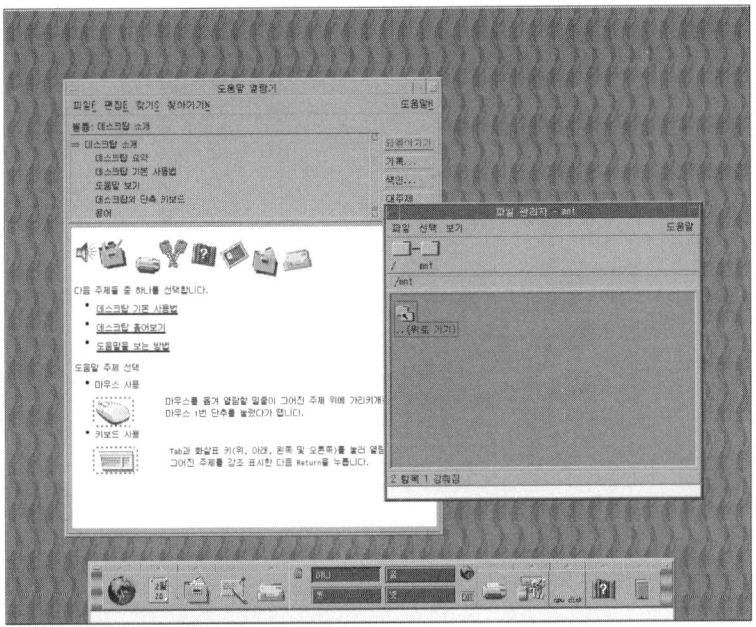

[그림 1-4] AIX의 CDE 환경에서의 쉘

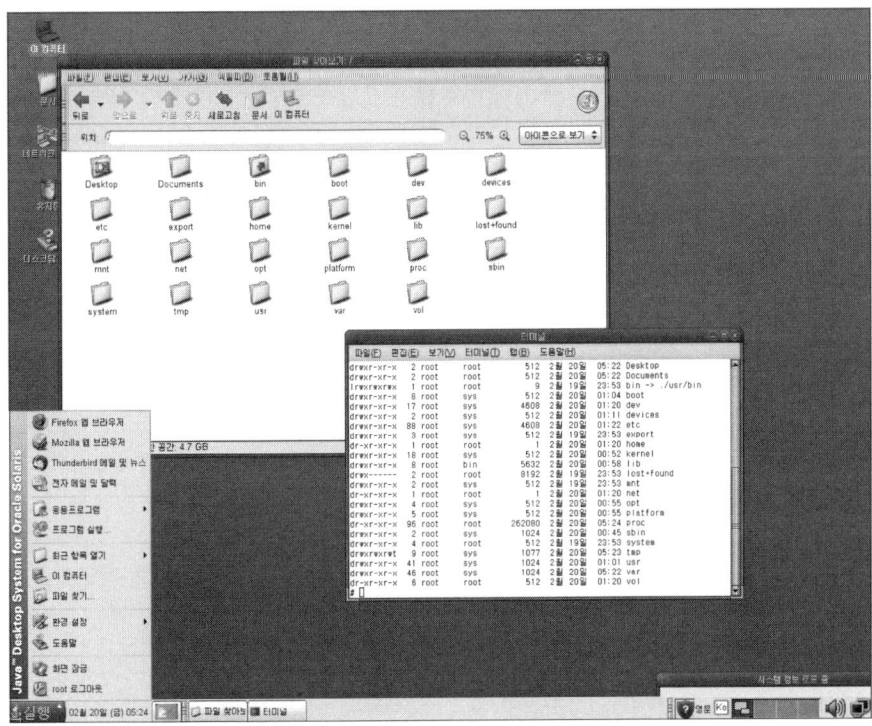

[그림 1-5] Solaris 10의 쉘 환경

1장 쉘 스크립트 개요   21

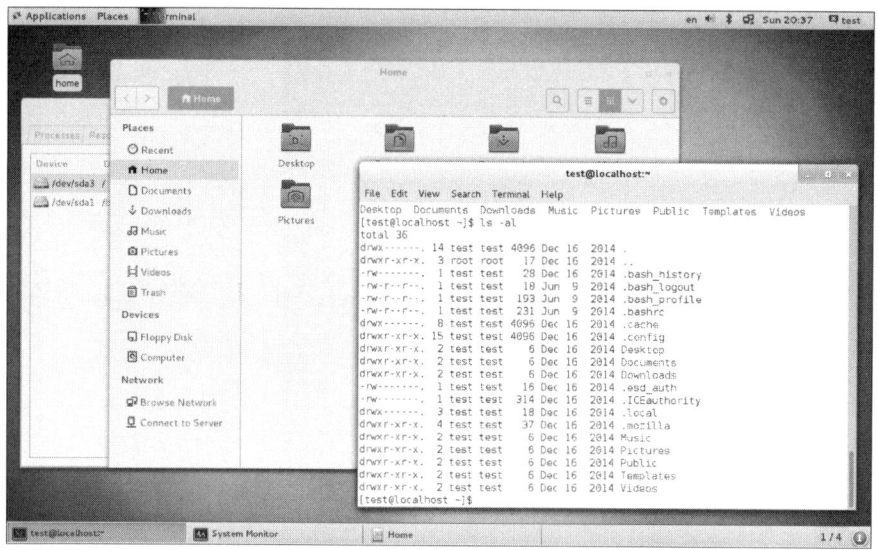

[그림 1-6] CentOS의 쉘 환경

> **Note**
>
> **CDE(Common Desktop Environment)**
>
> 공통 데스크톱 환경(Common Desktop Environment, CDE)은 유닉스를 위한 그래픽 데스크톱 환경이며 모티프 위젯 툴킷을 도입하고 있다. 유닉스 표준화 단체들 가운데 하나인 공통 개방형 소프트웨어 환경이 지정한 유닉스 GUI 규격이다. 〈 위키백과 "공통 데스크탑 환경" 중에서 〉
>
> 주요 UNIX 벤더 및 단체에서 공통된 GUI 데스크톱 환경을 위한 규격으로 CDE를 사용하는 대표적인 운영체제로는 IBM의 AIX, HP의 HP-UX, SUN의 Solaris, 실리콘그래픽스의 IRIX 등이 있다. 최근에는 각 벤더별로 사용자 편의를 증대시킨 다양한 GUI 데스크톱 환경을 추가로 제공하고 있다.

1.3 쉘의 종류

앞서 살펴본 것처럼 GUI 기반과 CUI 기반의 쉘로 나눌 수 있지만 UNIX/Linux 환경에서 주로 활용하는 쉘들에 대해 알아보겠다.

1974년 Steve R. Bourne이 $ 프롬프트를 기본으로 하는 Bourne Shell(sh)이라고 부르는 UNIX 쉘을 만든 이래로 K 쉘, Z 쉘 등 수십 종의 쉘이 제작되어 활용되고 있으며, 주요 쉘의 종류를 다음의 표와 같이 구분할 수 있다.

구분	개발자	설치 위치	설명
sh	Stephen Bourne	/bin/sh	대부분의 UNIX 및 Linux에 설치되어 있는 셸
bash	Brain Fox, Chet Ramey	/bin/bash	Linux의 기본 셸로 sh와 호환
ksh	David Korn	/bin/ksh	1980년대 벨연구소에서 개발, 부동 소수점 계산이 가능
csh	Bill Joy	/bin/csh	C언어와 비슷한 스타일로 Script를 작성 가능
tcsh	Ken Greer	/bin/tcsh	csh에 커맨드 히스토리 등 추가 기능을 보완

뒤에서 다시 다루겠지만 지금 접속 중인 시스템의 셸의 종류를 확인하려면 ps -p $$ 명령을 사용하면 된다. 필자의 시스템에서 셸을 확인해 보니 bash임을 알 수 있다.

```
[root@localhost ~]# ps -p $$
   PID TTY          TIME CMD
  8702 pts/1    00:00:00 bash
```

추가적으로, /etc/passwd 파일의 내용 중 마지막 필드에 기술된 셸 경로를 보고 확인할 수도 있다.

```
user1:x:500:500::/home/user1:/bin/bash
```

필자가 Linux 기반의 IPS(침입방지체계)를 개발하고 관리하다가 업무가 조정되어 IBM의 AIX 기반의 업무 시스템을 관리하게 되었는데 Linux의 일반적인 셸인 bash에 익숙해 있다가 AIX 시스템의 셸인 ksh에 처음 접속해보니 명령어나 환경변수 등에 차이가 있어 bash로 셸 변경을 시도했다. 그러나 당시 시스템에는 bash가 설치되어 있지 않아 터미널 접속 후 한동안 불편했던 기억이 있다. 이렇듯 관리하는 시스템에 항상 자신이 원하는 셸이 설치되어 있을 거라고 생각하면 안 된다. 그래서 필자는 이 책에서 대부분의 UNIX/Linux 시스템에 기본적으로 설치되어 있는 Bourne Shell(sh)을 중심으로 셸 스크립트를 소개하고자 한다.

1.4 쉘 스크립트란?

필자가 어린 시절 컴퓨터를 사용하던 환경은 컴퓨터 본체의 전원을 켜면 까만 화면에 깜박이는 커서를 통해 빠르게 흘러가는 글자들의 흐름을 지켜보는 것부터 시작되었다. 지금은 GUI 기반의 다양한 아이콘 클릭을 통해 필요한 프로그램을 실행하는 환경이지만 당시에 대부분의 PC에서는 DOS라는

CUI 기반 운영체제를 사용했었다.

DOS에서는 컴퓨터에 전원이 들어가고 부팅 과정을 거치게 되면 연결된 모든 하드웨어를 바로 사용할 수 있는 것이 아니었기 때문에 부팅 속도 자체는 무척 빠른 장점이 있었다. 그러나 한글이나 마우스 같은 기본 라이브러리와 드라이버까지도 별도로 구동시켜야 했기 때문에 컴퓨터답게 사용하려면 많은 부분을 숙지해야 하는 등 일반인이 익숙해지기에는 다소 불편했었다. 그럴 수밖에 없었던 이유 중 하나가 지금의 컴퓨터 환경과는 비교하기 어려운 640KB 또는 1MB의 메인 메모리를 어떻게 하면 효율적으로 사용할 수 있을지를 사용자가 직접 고민해야 하는 시절이었기 때문이다.

물론 [그림 1-7]의 Apple 매킨토시(Macintosh)에서 구동되는 GUI 운영체제인 MAC OS가 있기는 했지만 고가의 하드웨어를 사용해야 했고, DOS 프로그램과의 호환성 문제로 우리나라에서는 많은 사람들이 활용하지는 않았다.

[그림 1-7] 최초의 매킨토시 128K[2]

당시에 컴퓨터 사용의 편의성을 확보한 GUI 기반의 실행 환경인 Windows 초기 버전이 있었지만 DOS를 통해 구동되는 DOS의 확장 프로그램 수준이었기 때문에 일반 사용자가 쉽게 사용하기에는 어려움이 있었다. 이러한 번거로움을 조금이나마 해소하고자 DOS 구동 시 메모리 구성 및 드라이버 로딩을 케이스별로 메뉴로 구성하여 케이스별로 선택할 수 있는 배치 파일을 만들어 활용하는 사람들이 있었다. 그 당시의 배치 파일을 지금의 쉘 스크립트와 비슷한 개념으로 이해하면 될 것이다.

2) 위키백과 "매킨토시" 중에서

셸 스크립트(shell script)는 셸이나 명령 줄 인터프리터에서 돌아가도록 작성되었거나 한 운영체제를 위해 작성된 스크립트이다. 〈중략〉 셸 스크립트가 수행하는 일반 기능으로는 파일 이용, 프로그램 실행, 문자열 출력 등이 있다.[3]

위키백과에 기술된 내용처럼 셸 스크립트를 "운영체제의 셸에서 사용할 수 있는 명령어 및 환경 변수 등을 모아서 만든 배치 파일"로 정의할 수 있다. 다시 말해서, 셸이란 사용자가 내린 명령어를 해석하고 그 결과를 커널에게 전달하는 프로그램이라고 보면 된다. 뒤의 1.5 "셸 스크립트 활용 시 이점" 절에서 다시 살펴보겠지만 시스템 관리자가 필수 데몬이나 관련 서비스를 구동 및 재구동하기 위해 아래와 같이 엄청 긴 명령어와 인수들의 조합을 일일이 직접 타이핑하는 것은 매우 번거로운 일이다.

```
[root@localhost test]# /usr/local/mysql_5.0.67/libexec/mysqld —basedir=/usr/local
/mysql_5.0.67 --datadir=/usr/local/mysql_5.0.67/data —user=mysql --pid-file=/usr
/local/mysql_5.0.67/data/localhost.localdomain.pid —skip-external-locking --port=3306
 --socket=/tmp/mysql.sock
```

물론 직접 타이핑해서 데몬이나 서비스를 구동하는 경우는 매우 극단적인 상황이겠지만 셸 스크립트란 거창한 이름이 아니더라도 최소한 콘솔 환경에서 메모장이나 텍스트 파일에 명령 줄을 미리 작성해서 복사하기와 붙여넣기를 통해서라도 활용하는 것이 일반적인 모습이다.

1.5 셸 스크립트 활용 시 이점

1.5.1 반복 작업에 대한 자동화가 가능

셸 스크립트를 활용하는 가장 큰 장점은 관리자의 번거로움을 덜 수 있다는 것이다. 즉, 스케줄 설정과 같이 주기적으로 수행하는 단순한 작업에 셸 스크립트를 활용하면 관리자가 일일이 타이핑하지 않아도 된다.

필자가 웹 기반의 의사결정 시스템을 관리한 적이 있었다. 그 시스템의 경우, 사용자들이 특정 시기에 집중적으로 접속하여 시스템에 과부하가 일어나곤 했는데, 그 시스템에 탑재되는 자료의 중요성

---

[3] 출처: 위키백과 "셸 스크립트" 중에서

때문에 수시로 백업도 해야 하는 문제가 있었다. 당시에 간단한 쉘 스크립트를 작성하여 사용자들이 어느 시기에 어느 규모로 접속하는지를 통계내서 사용자가 적게 접속하는 시기에 수시로 백업하는 쉘 스크립트를 제작했던 경험이 있었다. 그때 쉘 스크립트를 이용하지 않았다면 어땠을까? 필자와 교대해 줄 인력이 없었다면 아마 퇴근도 못하고 계속 상주하면서 일을 하는 불편을 감수했을 것이다.

1.5.2 기존의 명령어를 사용자만의 명령어로 보완

기본적으로 UNIX/Linux는 POSIX라는 표준 규약을 준수하지만 모든 명령어가 통일된 것은 아니기 때문에 운영체제 마다 명령 옵션이나 결과 형식에 약간의 차이가 있다. 운영체제에서 제공하는 명령어 실행 결과를 사용자가 원하는 형식으로 재구성해야 할 때가 있다. 가령, 운영체제가 다른 시스템에서 동일한 형태의 로그를 추출해야 할 때가 있다. 이 경우, 쉘 스크립트를 이용하여 기존의 명령어의 결과를 원하는 형태의 결과로 표시할 수 있으며, 이를 위해 입출력 재지정(Redirection)을 활용하면 된다.

1.5.3 손쉽고 빠른 개발 및 보완이 가능

기본적으로, 쉘 스크립트 자체는 운영체제의 명령어 등을 묶어서 프로그램화한 후 인터프리터 방식으로 수행되기 때문에 별도의 컴파일러를 설치할 필요가 없으며, 당연히 컴파일 과정도 불필요하다. 운영제체의 명령어들을 잘 알고 있다면 손쉽고 빠른 개발 및 보완이 가능하다. 사실 거창하게 개발이라고 말하기 보다는 '필요한 절차를 기술하는 것'에 가깝다. 시스템 관리자가 관리하는 여러 대의 서버 및 원격지에 있는 서버를 설정하거나 패치할 때 쉘 스크립트를 활용하면 설정 및 패치 작업을 보다 더 효율적으로 처리할 수 있다.

> **Note**
>
> **POSIX 소개**
>
>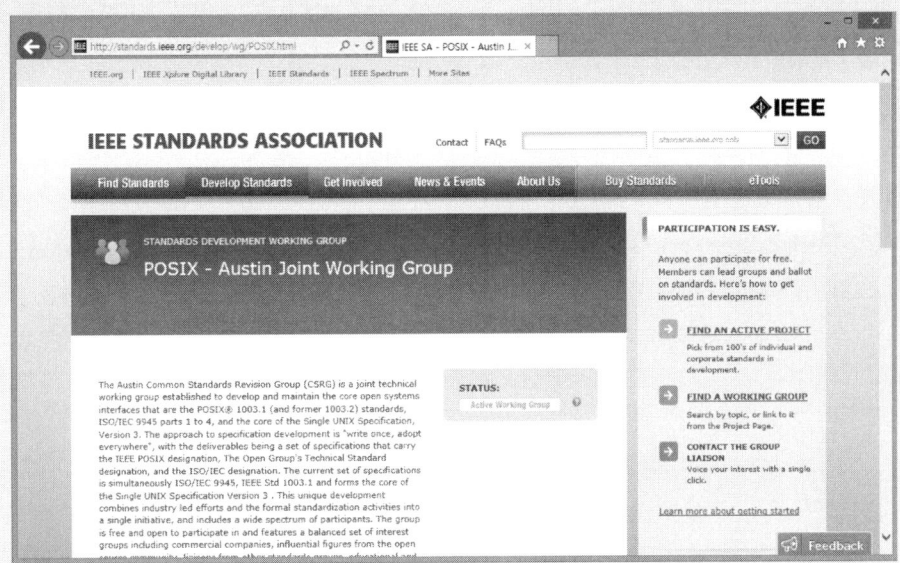
>
> [그림 1-8] POSIX 사이트(http://standards.ieee.org/develop/wg/POSIX.html)
>
> POSIX(Portable Operating System Interface)는 서로 다른 UNIX OS의 공통 API를 정리하여 이식성이 높은 유닉스 응용 프로그램을 개발하기 위한 목적으로 IEEE(Institute of Electrical and Electronic Engineers)가 책정한 애플리케이션 인터페이스 규격이다. POSIX의 마지막 글자 X는 유닉스 호환 운영체제에 보통 X가 붙는 것에서 유래한다. 〈 위키백과 "POSIX" 중에서 〉
>
> 대부분의 시스템들이 AT&T에서 개발된 UNIX에 뿌리를 두고 있지만 시간이 흐르면서 다양한 제조사와 개발자의 손을 거치면서 운영체제별 의존성 문제가 발생되었다. 이에, POSIX는 운영체제별 의존성 문제를 해결하기 위해 서로 다른 UNIX 운영체제에서 공통 API를 정리하여 운영체제간 이식성이 높은 UNIX 응용 프로그램을 개발하기 위한 목적으로 제정한 API 규격이다. POSIX의 세부 내용은 커널의 인터페이스인 시스템 콜, 프로세스 환경, 파일과 디렉터리 등 다양한 분야를 포함한다.
>
> UNIX 계열 외에 MS의 Windows NT도 POSIX 1.0을 준수하고 있으며 Windows XP부터 폐지했지만 이후 다시 Windows Server 2003 R2부터 POSIX 2.0에 준하는 서브시스템을 지원하고 있다.

1.6 정리

1장에서는 쉘 스크립트 기초 환경이 되는 UNIX/Linux와 쉘에 대해 간단히 알아보았다. AT&T에서 초기 UNIX 시스템이 개발된 이래로 벤더별로 다양한 UNIX 버전과 배포본이 파생되어 운용되고 있다. 더욱이 이들 운영체제에서 구동되는 쉘 환경 역시 다양하게 존재하고 있다. POSIX 규약을 통해 큰 틀에서의 상호 호환성에 점진적인 발전이 있기는 했지만 운영체제의 성능을 보다 더 향상시키고 독자적 기능을 포함하고자 하는 벤더와 제작자의 노력으로 인해 시스템을 운용하는 관리자들은 새로운 시스템이 도입될 때마다 새로운 명령어를 추가적으로 습득해야 되는 상황이다. 이러한 상황에서 쉘 스크립트를 이용하면 좀 더 효율적인 시스템 관리가 가능하고 관리자에게 길들여진 최적화된 시스템 구축이 가능함을 소개하였다. 쉘 스크립트를 이용한 세부적인 시스템 관리 방안에 대해서는 뒤에서 살펴보도록 하겠다.

2장에서는 시스템 관리에 도움이 될 다양한 쉘 스크립트 예제를 실습할 수 있는 실습 환경 구축 방법을 살펴본다.

2장 실습 환경 구축

일반적으로 시스템 관리자는 단일 운영체제의 시스템을 관리할 수도 있지만 대개는 [그림 2-1]에서처럼 여러 종류의 운영체제의 시스템을 관리하는 경우가 많다. 그리고 좀 더 확장된 상황에서는 [그림 2-2]처럼 원격지의 시스템까지도 관리해야 한다. 관리를 위해서 터미널 및 콘솔을 이용해서 접속한 후, 서버의 상태 점검과 백업 등 관리 활동을 진행한다.

본격적인 실습을 위해 아래 그림처럼 각각의 시스템을 구축하여 실습하면 좋겠지만 그럴만한 테스트 베드를 구축할 수 있는 독자들은 많지 않으리라 여겨지며, 학교나 교육기관이 아닌 이상 업무상 관리하는 서버를 실습 대상으로 사용하는 것도 바람직하지 않다. 따라서 여기서는 쉘 스크립트를 간단하게 실습할 수 있는 가상머신을 이용하는 방식으로 실습 환경을 구축하고, 실습을 진행하겠다.

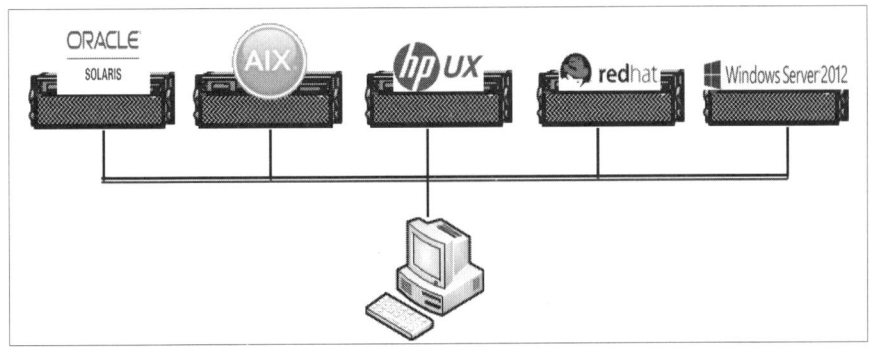

[그림 2-1] 내부망의 서버 관리

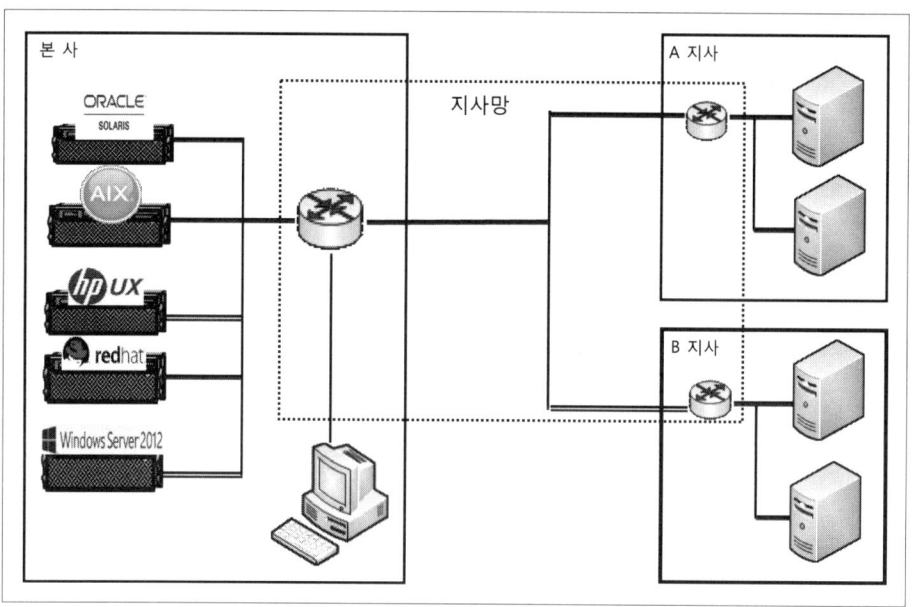

[그림 2-2] 외부망의 서버 관리

2.1 UNIX/Linux 시스템 구축

이 책에서 설명하는 쉘 프로그래밍 문법을 숙달하고 예제 쉘 스크립트를 제작 및 테스트할 시스템이 필요하다. UNIX나 Linux가 설치된 PC가 있다면 이미 준비가 끝났으므로 다음 장으로 넘어가도록 하자. 하지만 대부분의 독자들은 Windows 계열의 PC를 사용할 것으로 생각된다. 따라서 이번 절에서는 가상머신을 이용해서 실습 환경을 구축하는 방법을 소개한다. 또 앞으로 진행되는 실습은 대부분의 UNIX/Linux 시스템에 탑재되어 있는 Bourne Shell(sh)을 중심으로 진행되기 때문에 어떤 운영체제라도 큰 상관이 없다. 다만, 예제에서 소개하는 쉘 스크립트의 명령어가 Linux 기반이므로, 이를 고려하기 바란다.

2.1.1 가상머신 설치

앞서 소개한 것처럼 쉘 스크립트 실습을 위해 규모가 큰 제대로 된 테스트 베드를 구축할 수도 있고, 여러 대의 PC에 각각의 운영체제가 설치된 테스트 베드를 구축할 수도 있다. 그러나 여기서는 가상머신, 즉 대부분의 독자들이 사용하는 Windows 계열의 PC에 가상의 PC를 구축해서 테스트 베드를 구축하기로 한다.

[그림 2-3]처럼 한 대의 호스트 PC에 가상머신을 설치한 뒤 실습을 위한 UNIX 및 Linux를 설치하는 방법으로, 앞에서 소개한 실제 테스트 베드 환경에서 실습하는 것과 큰 차이가 없다. 하지만 가상머신을 이용하는 방법은 대부분의 X86 기반의 범용 PC에서 구동되는 환경이기 때문에 X86에 설치되지 않는 UNIX/Linux 버전은 사용이 불가능하다. 예를 들어, IBM의 AIX, HP의 HP-UX, SUN의 SPARC CPU 버전 Solaris 등은 설치가 불가능하다는 점을 알고 진행하자.

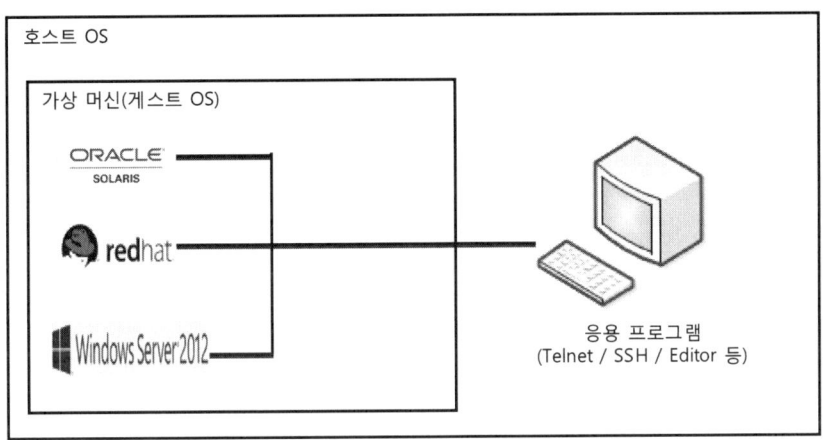

[그림 2-3] 가상머신을 이용한 실습 환경 구축

일반적으로 PC에서 많이 사용하는 가상머신으로 VMware와 Oracle의 VirtualBox가 있다. VMware의 경우, 개인적 용도의 VMware Player 버전과 상업적 용도의 VMware Workstation 버전을 구별하여 제공하고 있다. VMware Player 버전과 VMware Workstation 버전의 기능적 차이는 가상머신을 일시적으로 멈추고 필요 시 다시 시작하는 스냅샷 기능 등 여러 가지의 추가 기능을 제공하느냐 하지 않느냐에 있다. UNIX와 Linux 시스템을 설치하여 이 책의 실습을 진행하기 위해서 개인용 VMware Player 버전을 이용해도 큰 문제는 없다. VMware Player의 경우, VMware 사이트(http://www.vmware.com/kr)에서 독자들의 컴퓨터 환경에 맞는 설치 버전을 다운로드받을 수 있다. VMware의 설치 방법 및 사용법은 사이트에서 제공하는 문서를 참고한다.

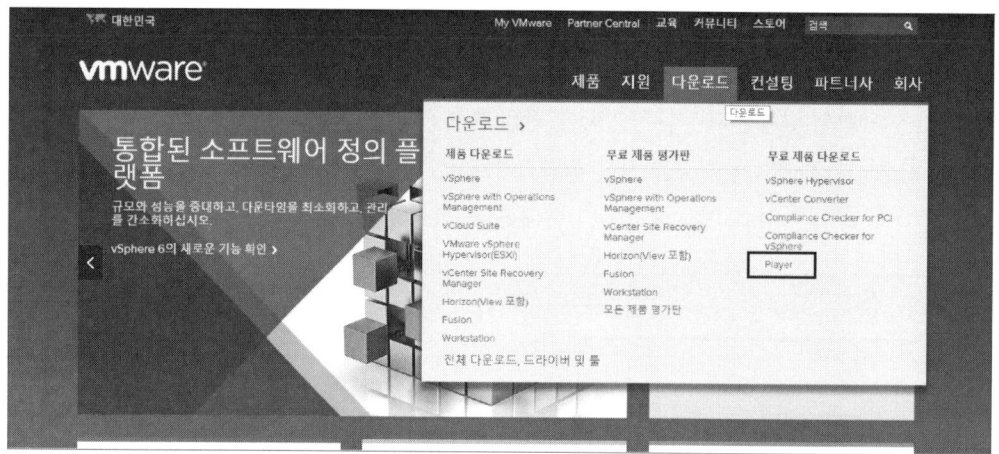

[그림 2-4] VMware Player 다운로드

VirtualBox는 개인 사용자에 대해 특별한 사용 제한이 없고 기능이 VMware Workstation 버전과 유사하다. VirtualBox 사이트(https://www.virtualbox.org/)에서 독자들의 컴퓨터 환경에 맞는 설치 버전을 다운로드받아 활용할 수 있다. 기본 설치 방법 및 사용법은 사이트에서 제공하는 문서를 참고한다.

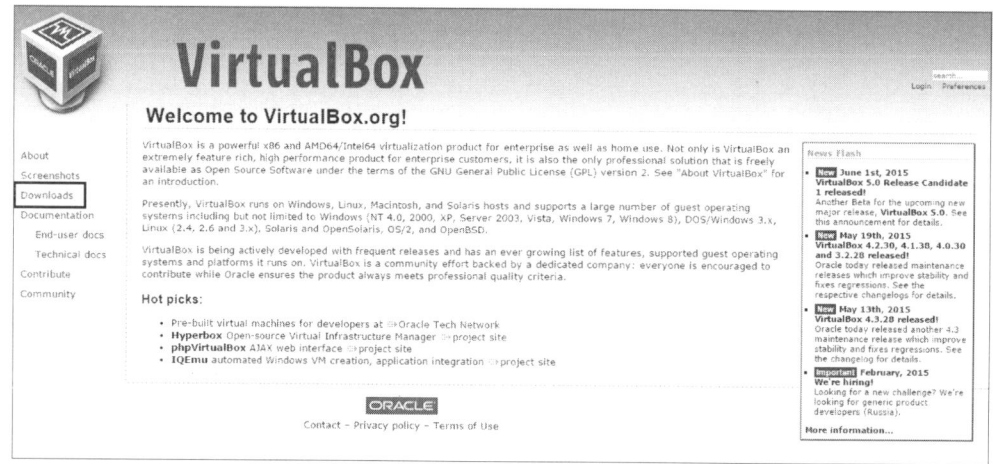

[그림 2-5] VirtualBox 다운로드

2.1.2 게스트 운영체제 설치

가상머신이 준비되면 그 위에 설치할 UNIX 및 Linux를 구해 설치를 해야 하는데, iso 형식의 운영체제 이미지를 다운로드받아 설치하면 된다. 다운로드받은 각 운영체제를 가상머신에 설치하는 작업은 일반 PC에서 운영체제를 설치하는 것과 동일하므로 설치 방법은 별도로 설명하지 않고, 운영체제 이미지를 다운로드받을 수 있는 사이트를 소개하겠다.

아래 그림은 PC(x86 환경)에서 설치 가능한 대표적인 UNIX 및 Linux 배포본이다. 해당 웹 사이트에서 원하는 운영체제 iso 파일을 다운로드받아서 설치한다.

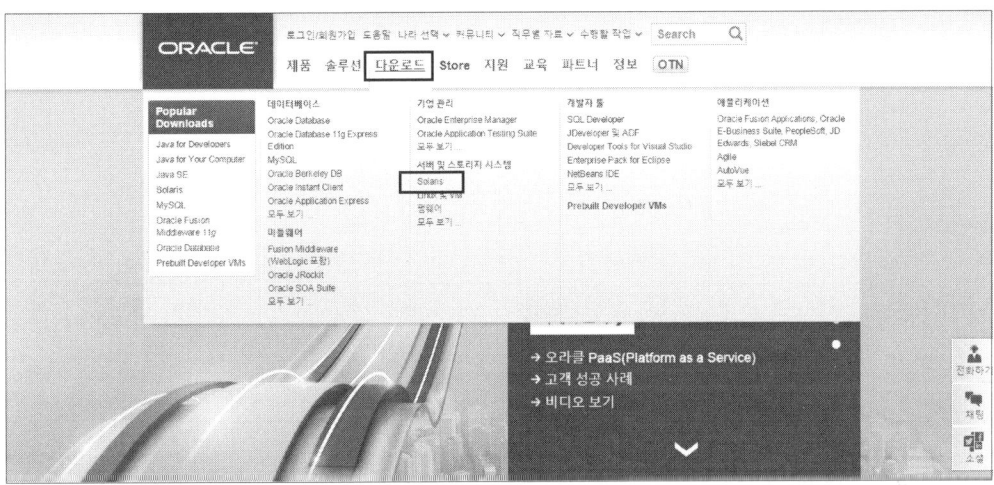

[그림 2-6] Solaris 다운로드 (http://www.oracle.com/kr/index.html)

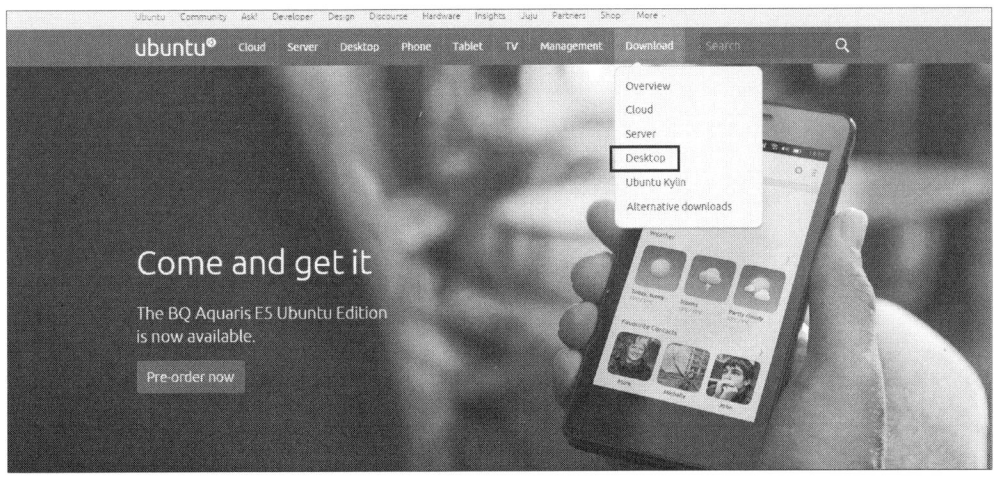

[그림 2-7] ubuntu 다운로드 (http://www.ubuntu.com/index_roadshow)

그 밖에 다운로드받을 수 있는 UNIX 및 Linux 배포본을 아래 표에 정리해 두었으므로 참고한다.

구분	운영체제/배포본	웹 사이트 주소
UNIX	solaris	http://www.oracle.com/kr/index.html
	FreeBSD	http://www.freebsd.org/
	NetBSD	http://www.netbsd.org/
	OpenBSD	http://www.openbsd.org/
Linux	ubuntu	http://www.ubuntu.com/index_roadshow
	fedora	https://getfedora.org/
	CentOS	http://www.centos.org/
	KALI linux	https://www.kali.org/
	SUlinux	https://www.sulinux.net/2014/

이제, 다운로드받은 운영체제 iso 파일을 가상머신에 설치하는 방법을 알아보자. 필자는 이미 설치된 VirtualBox에 게스트 운영체제를 설치해보겠다. VMware에서도 운영체제 설치 방법은 유사하므로 VMware에서의 게스트 운영체제 설치 방법은 생략하겠다.

우선 설치된 ViruaIBox를 실행한다.

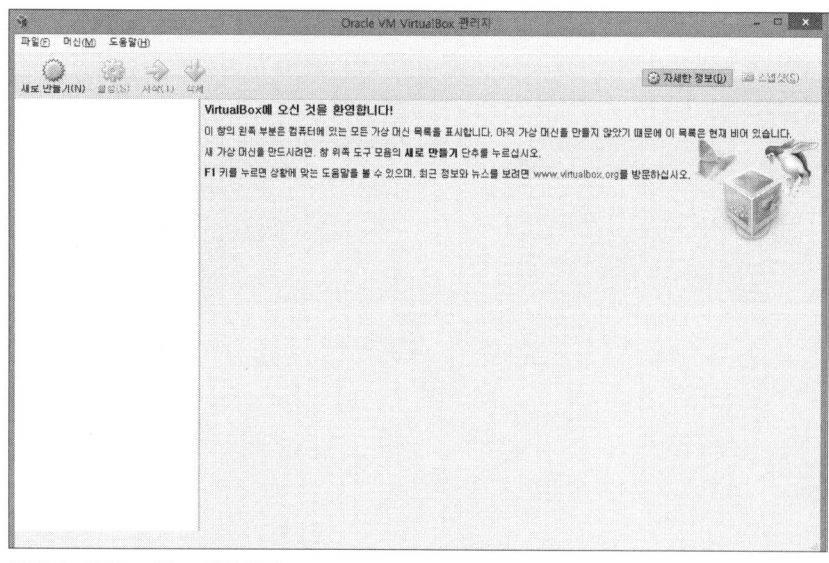

[그림 2-8] VirualBox 실행 화면

먼저, 가상머신을 생성해야 한다. 상단에서 [새로 만들기] 버튼을 클릭해서 가상머신의 이름 및 종류 등 기본 정보를 입력한다. 필자는 ubuntu Linux를 기준으로 설명하겠다. 이름은 "ubuntu", 종류는 "Linux", 버전은 "Ubuntu"로 지정하고 [다음] 버튼을 클릭한다.

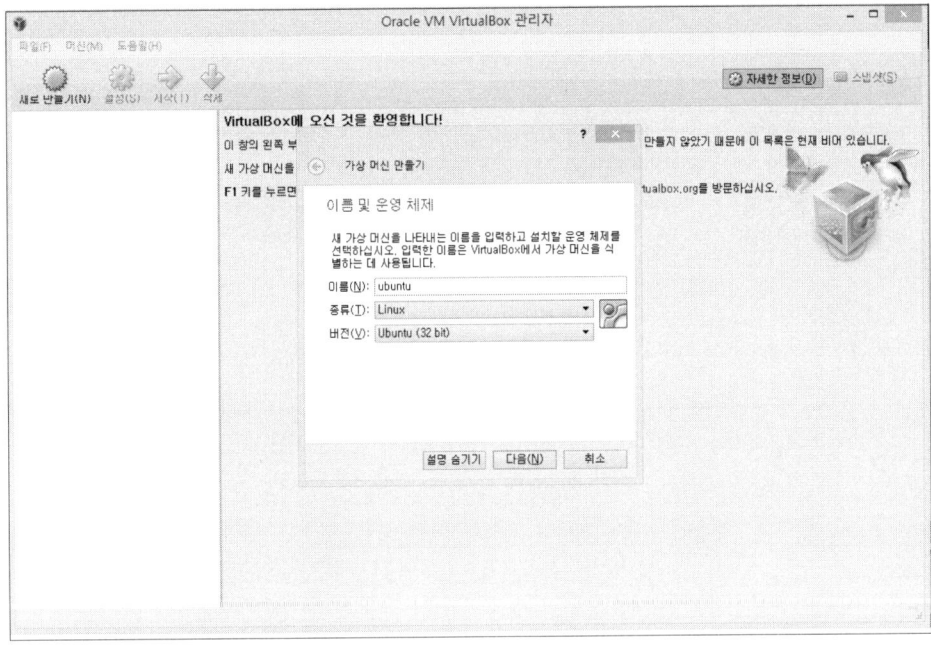

[그림 2-9] 가상머신 만들기

그 다음에는 메모리 크기를 정해야 한다. 가상머신에서 추천하는 용량인 512M로 설정했다. 간단한 쉘 스크립트 실습을 위해서는 512M 정도면 충분하다고 생각하지만, 가상머신을 다른 용도로 활용하고 싶으면 그것에 맞춰 메모리를 조정하면 된다. 이때 반드시 염두에 두어야 하는 것은 메모리의 최댓값이 호스트 PC의 메모리 용량보다 클 수 없다는 점이다.

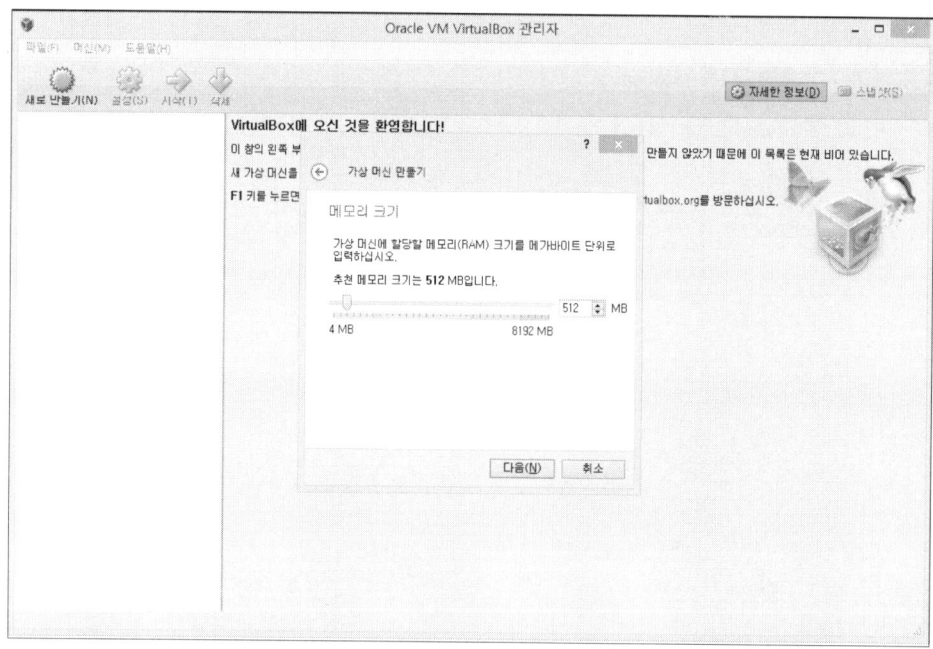

[그림 2-10] 가상머신의 메모리 설정

그 다음에는 가상머신의 하드디스크를 설정해야 한다. 기존에 만들어진 가상 하드디스크가 있다면 불러오거나, 가상하드디스크 없이 설정할 수도 있다. 일단, 여기서는 가상 하드디스크를 생성하고, 용량은 디폴트인 8GB로 해서 진행하겠다.

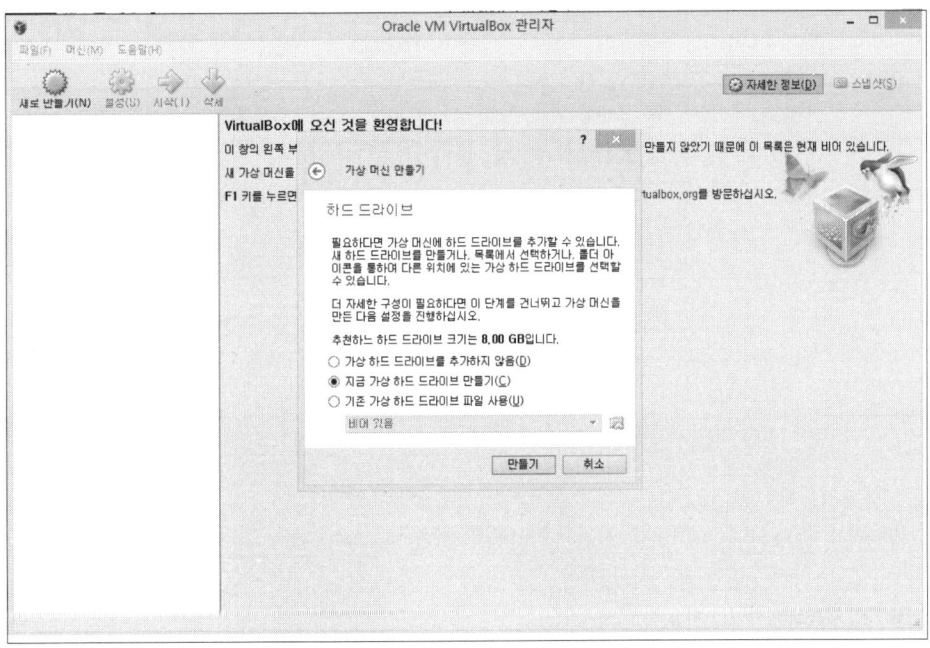

[그림 2-11] 가상 하드디스크 생성

그 다음에는 가상 하드디스크의 형식을 지정해야 한다. 필자는 디폴트로 지정되어 있는 VDI (VirtualBox 디스크 이미지) 방식으로 지정하고 넘어간다.

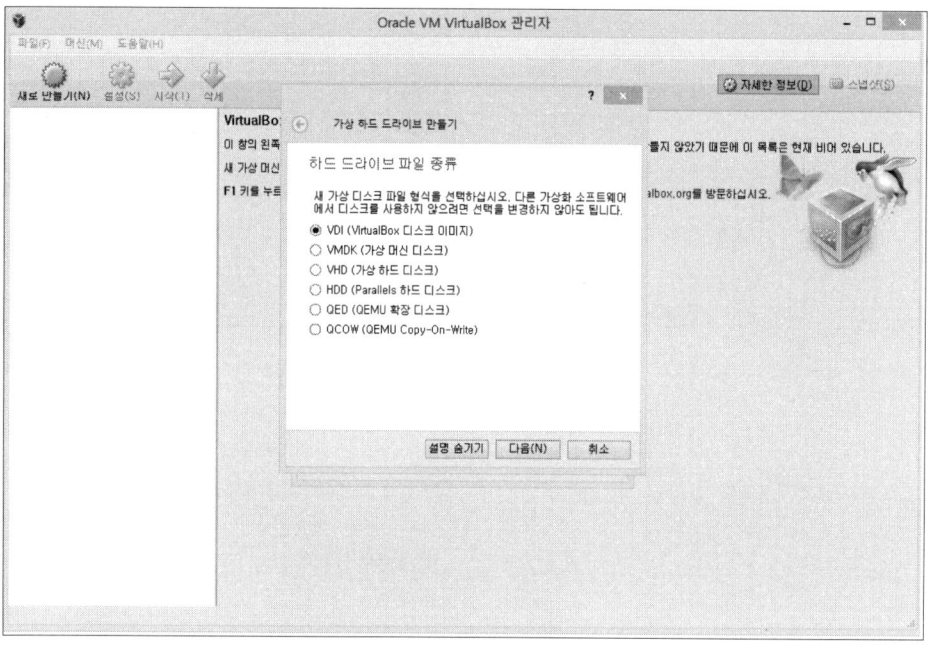

[그림 2-12] 가상 하드디스크의 형식을 지정

실제 가상 하드디스크는 호스트 PC에 파일 형태로 저장되는데 앞에서 지정한 8GB만큼을 미리 고정해서 파일을 생성할지, 아니면 가상 하드디스크에 내용이 저장되면 용량을 동적으로 증가시킬지를 설정해야 한다. '고정 크기'로 용량을 미리 확보해두면 성능 측면에서는 동적 방식에 비해 **빠르지**만 호스트 PC의 하드디스크 용량을 소모하는 단점이 있다. 쉘 스크립트 실습이 성능에 크게 영향을 미치지 않으므로 여기서는 '동적 할당'을 선택한다.

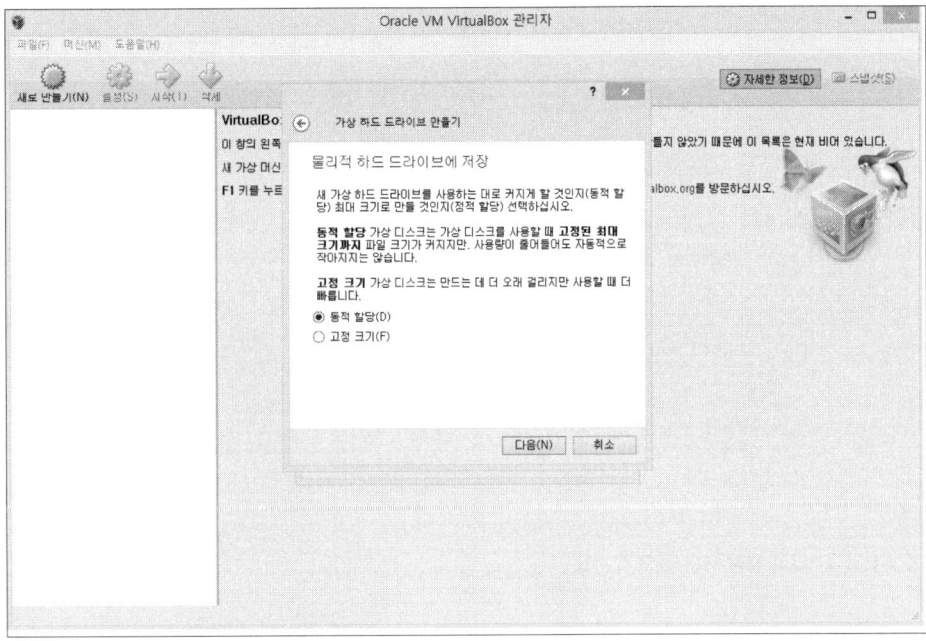

[그림 2-13] 가상 하드디스크의 할당방식 지정

그 다음으로 파일 위치와 크기를 지정한다. 가상 하드디스크가 호스트 PC의 어느 경로에 저장될 것인지와 세부적인 용량을 얼마로 할 것인지를 특별히 변경해야 하는 경우가 아니라면 디폴트로 지정된 사항을 그대로 두고, [만들기] 버튼을 클릭한다.

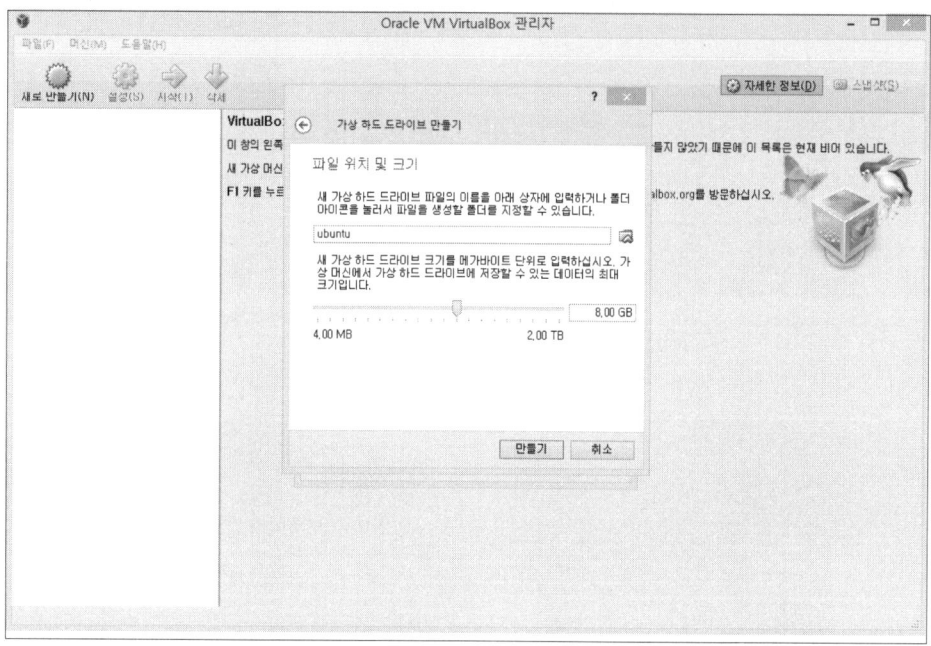

[그림 2-14] 가상 하드디스크의 저장 위치 및 크기 지정

앞의 모든 설정이 정상적으로 진행되었다면 아래와 같이 가상머신이 생성되었을 것이다. 현재의 상태는 ubuntu Linux를 설치하기 위한 가상머신, 즉 빈 PC로 아무 것도 설치되지 않은 물리적인 PC와 비슷한 상태라고 보면 된다.

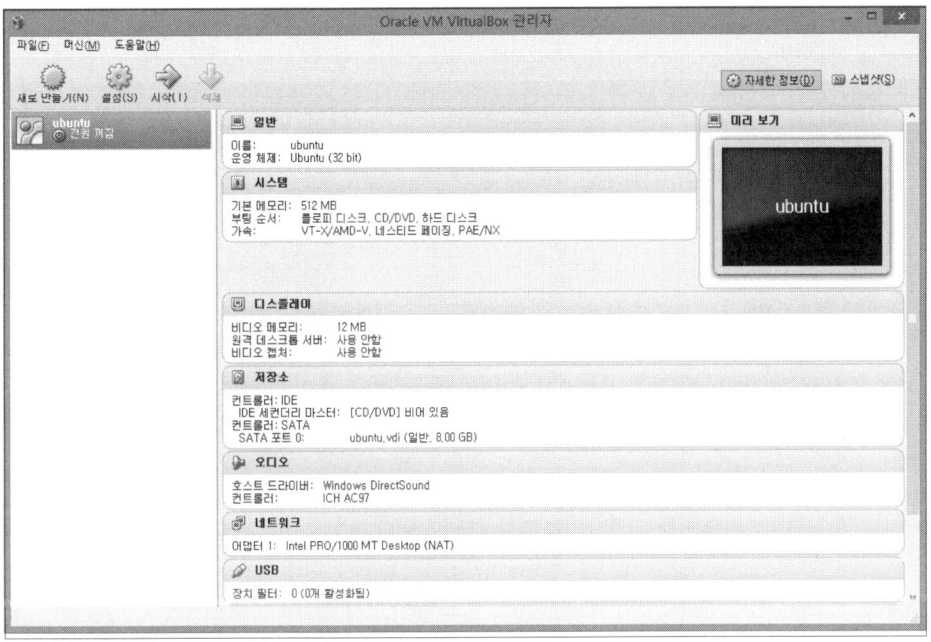

[그림 2-15] 생성된 가상머신

가상머신에 앞서 다운로드한 운영체제를 설치하는 단계로, 상단의 [설정] 버튼을 클릭한다. 시스템 및 디스플레이 등 다양한 설정 부분이 있는데 다른 설정이 필요한 독자가 아니라면 운영체제 iso 파일을 이용해서 가상머신에서 CD 부팅이 되도록 설정한다. 이를 위해서 [저장소] -> [저장소 트리]의 [컨트롤러:IDE]의 'CD-ROM 아이콘'을 선택하고, [가상 CD/DVD 디스크 파일 선택]을 선택하여 다운로드한 운영체제 iso 파일을 선택한다. 물론 iso 파일 이외에 별도의 운영체제 CD/DVD가 있다면 호스트 PC의 ODD 드라이브에 탑재하여 [호스트 드라이브]를 선택한다. 그렇게 하면 가상머신 부팅 시 호스트 PC의 ODD 드라이브에 있는 미디어를 이용해서 부팅한다.

[그림 2-16] 가상머신의 CD/DVD 부팅 설정

이제 가상머신의 부팅을 위한 초기 설정이 모두 끝났다. [시작]을 클릭하면 새로운 창이 생기면서 창 안에 가상의 PC가 구동되는 것이 보일 것이다.

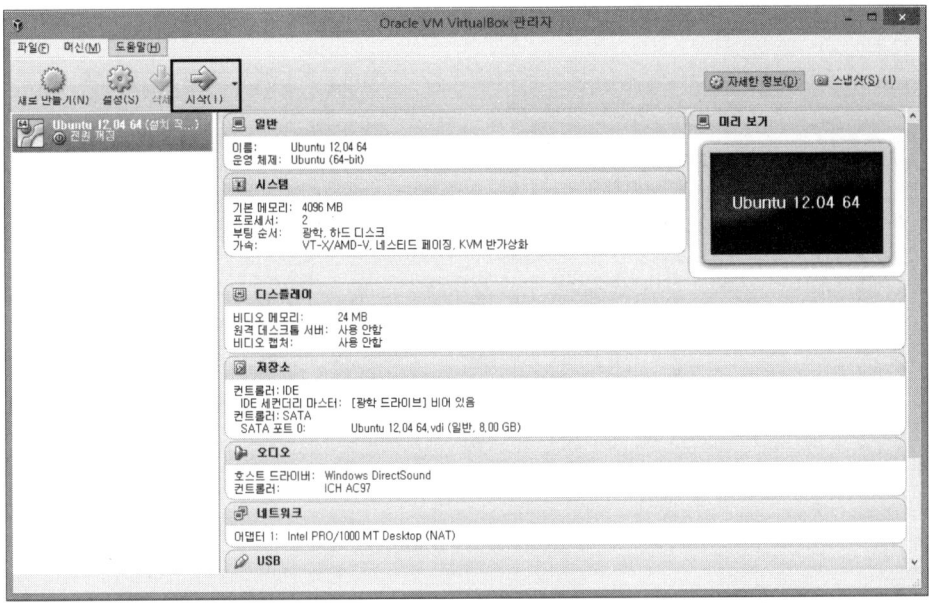

[그림 2-17] 가상머신의 부팅

참고로, 새로운 창에서 가상머신의 운영체제가 구동 중이거나 가상머신이 구동 중인 창의 메뉴 [머신]의 [일시 정지] 기능을 사용하면 VirtualBox 관리자 창의 [시작] 아이콘이 [보내기]로 변경되며 [보내기]를 클릭하면 가상머신이 구동 중인 창이 활성화됨을 기억하기 바란다.

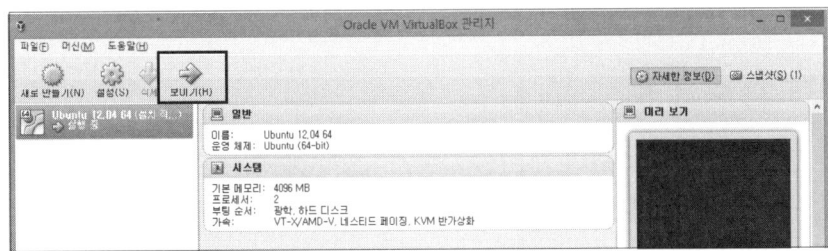

[그림 2-18] 가상머신 구동시의 VirtualBox 관리자 창의 [보내기] 버튼

부팅이 정상적으로 진행되었다면 CD/DVD 부팅이 이루어져서 운영체제 설치 화면을 볼 수 있을 것이다. 운영체제의 설치 방법 및 절차는 많은 UNIX 및 Linux 책자 및 매뉴얼에 소개되어 있으므로 여기서 소개하지는 않겠다. 추가적으로, 필자는 CentOS, SUlinux, Solaris를 추가적으로 설치하여 쉘 스크립트 예제를 테스트하였다. 독자 여러분도 PC의 용량이 허락된다면 다른 운영체제 한두 가지를 같이 설치하여 실습해 보는 것도 괜찮을 것이다.

[그림 2-19] 가상머신에서 Ubuntu Linux 설치 화면

2.2 터미널 접속 환경 구성

가상머신에서 운영체제가 잘 구동되고 있다면 그 자체로 쉘 스크립트 제작을 위한 준비는 완료되었지만 가상머신의 콘솔에서 직접 타이핑하고 작업하는 것 자체가 번거로울 것이다. 그래서 호스트 PC에서 좀 더 편하게 작업할 수 있는 환경을 추가로 소개하겠다.

원격 터미널 접속을 위한 터미널 접속 클라이언트를 시스템에 설치해야 하는데 대표적인 Telnet 및 SSH 클라이언트인 PuTTY를 설치해보도록 하겠다. PuTTY 웹 사이트(http://www.chiark.greenend.org.uk/~sgtatham/putty/)에서 독자 여러분의 PC 환경에 맞는 PuTTY 클라이언트를 다운로드받아 설치한다. 설치 자체는 크게 어려움이 없으므로 설치 과정에 대한 설명은 생략한다.

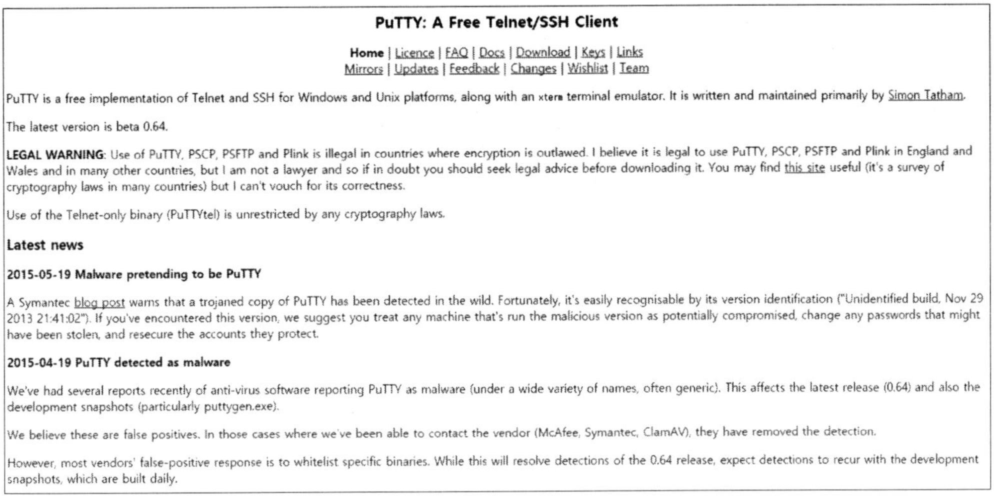

[그림 2-20] 대표적인 Telnet 및 SSH 클라이언트 PuTTY 웹 사이트

설치가 완료되어 PuTTY를 실행하면 아래 그림처럼 설정 화면이 표시된다. [Host Name(or IP address)] 입력박스에 설치된 시스템의 IP 또는 호스트 네임을 입력하고, [Open] 버튼을 클릭하면 접속이 된다. SSH의 기본 포트인 22를 다른 번호로 설정한 독자가 있다면 [Port] 입력박스에 설정한 포트 번호를 입력하고 접속하면 된다.

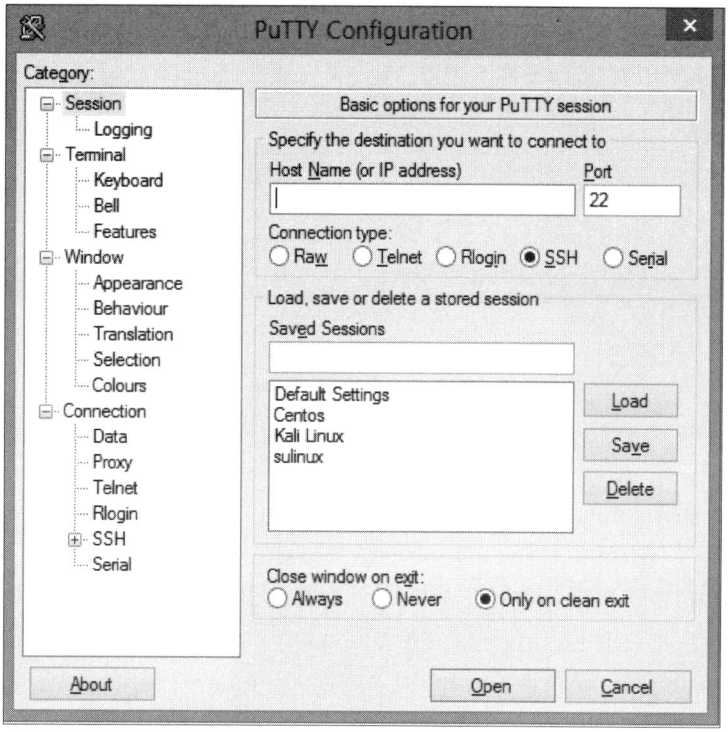

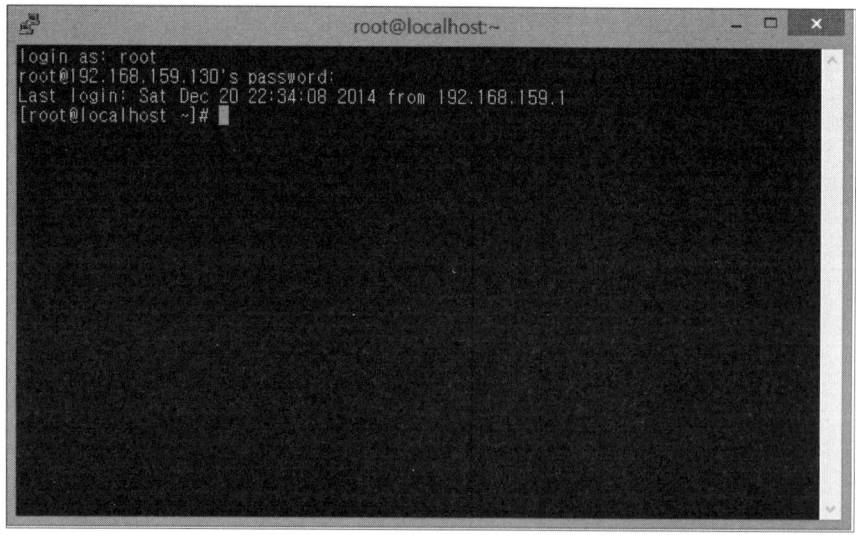

[그림 2-21] PuTTY 실행 화면

[그림 2-22] 정상적인 SSH 접속 화면

PuTTY로 접속하고 나서 한글이 깨지는 현상이 나타나면 아래에서처럼 메뉴에서 [설정 변경]을 클릭한다.

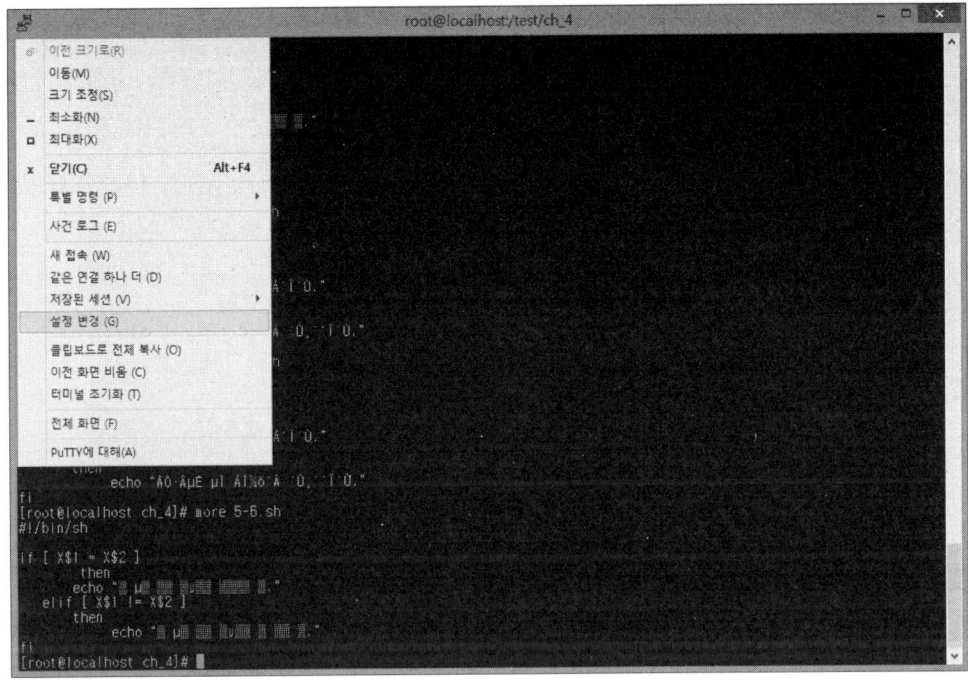

[그림 2-23] **PuTTY의 설정 메뉴**

그런 다음에 [창]->[변환]에서 현재 시스템에서 사용 중인 문자셋과 동일한 설정을 하면 된다. 필자의 시스템에서는 UTF-8 문자셋을 사용하므로 UTF-8을 설정했다.

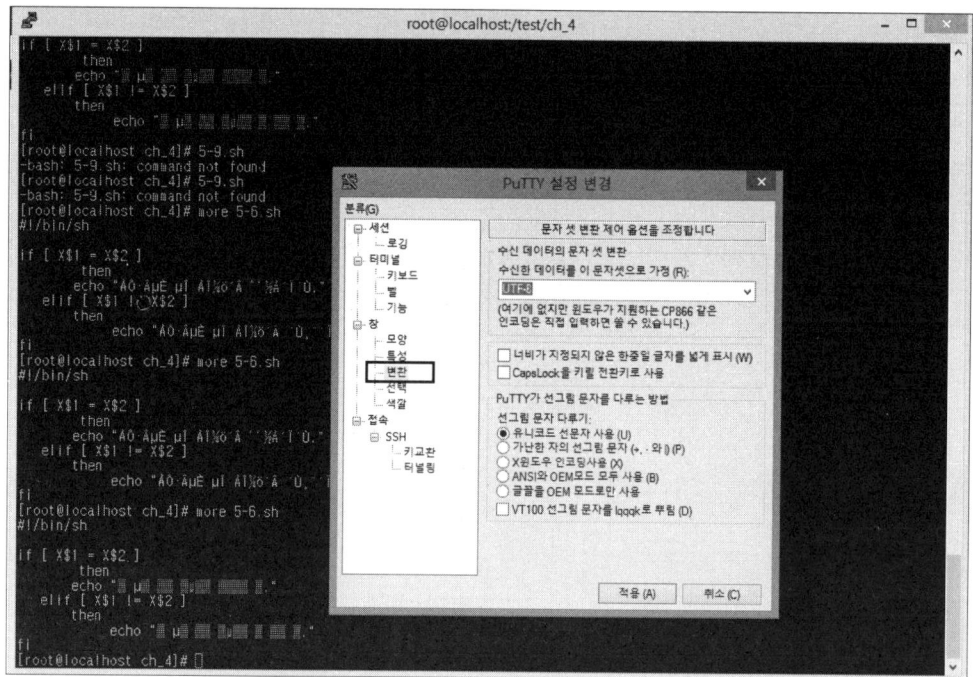

[그림 2-24] PuTTY의 문자셋 설정

뒤에서 설명하겠지만 FTP 기능이 탑재된 에디터와 연동해서 작업할 때 PuTTY의 문자셋을 UTF-8로 설정했음에도 불구하고 터미널의 문자가 뭉개지는 현상이 발생하면 에디터의 문자셋을 확인해서 UTF-8로 설정하면 글자가 정상적으로 표시될 것이다. 아래는 필자가 주로 사용하는 에디터를 기준으로 한 설정 화면이다.

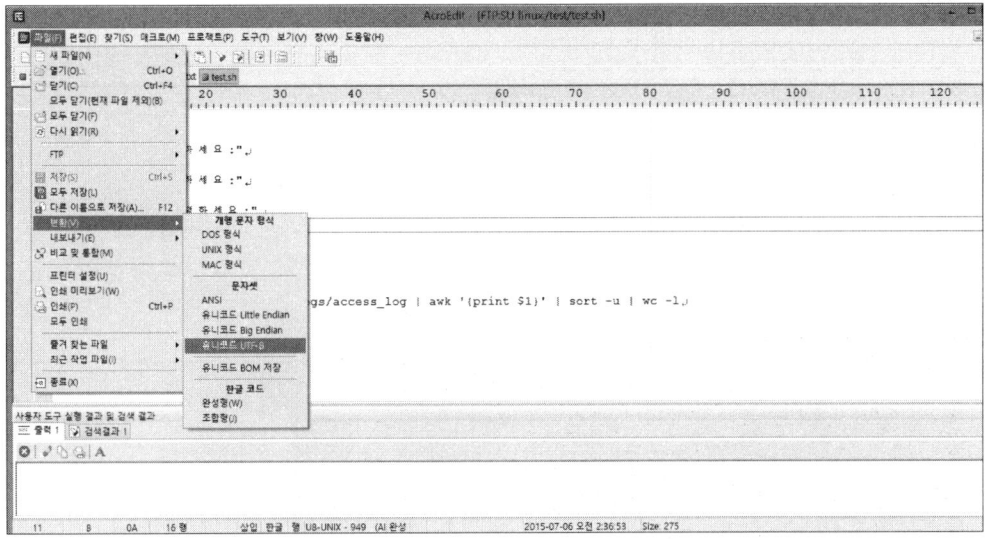

[그림 2-25] 에디터의 문자셋 설정

> **Note**
>
> **Ubuntu Linux에서 SSH 접속하기**
>
> 대부분의 UNIX/Linux 배포본에는 터미널 접속을 위한 SSH 또는 Telnet이 기본적으로 설치되어 있지만 여기서 소개한 Ubuntu 데스크톱 에디션을 설치했다면 SSH 서비스가 설치되어 있지 않아 접속이 안 될 것이다. 터미널 접속 없이 Ubuntu의 터미널을 직접 이용할 수도 있지만 작업의 편의를 위해 SSH 서비스를 설치하는 방법을 소개하겠다.
>
> Ubuntu Linux를 설치하고 별다른 설정을 하지 않았다면 아래처럼 터미널의 명령 프롬프트가 $일 것이다. 최고 관리자인 root가 아니란 뜻이다. 그래서 명령어의 앞부분에 sudo 명령어를 덧붙여 아래처럼 실행한다.
>
> $ sudo apt-get install openssh-server
>
> 명령어를 실행시킬 때 주의할 점은 반드시 인터넷에 연결되어 있어야 한다는 것이다. 인터넷에 연결되어 있지 않다면 별도의 설치 패키지를 받아서 수동으로 설치해야 한다. 설치가 정상적으로 되었다면 아래와 같은 진행 상황을 터미널에서 볼 수 있을 것이다.
>
>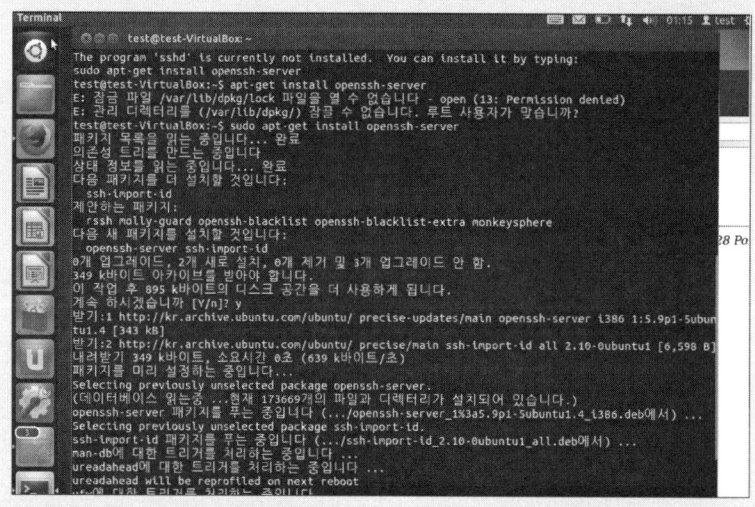
>
> [2-26] Ubuntu에서 SSH 서버 설치

2.3 쉘 스크립트 제작 및 수정 환경 구성

PuTTY를 설치하고 SSH 접속을 통해서 시스템에서 제공하는 에디터(예: vi)를 이용해서 쉘 스크립트를 작성할 수 있지만 Windows 환경의 에디터를 활용할 수 있는 방법이 있다. 별도의 에디터를 이용하면 코드를 좀 더 가독성 있게 작성 및 분석할 수 있는 이점이 있다. 필자의 경우, FTP 연동 기능까지 포함된 무료 에디터인 Acroedit를 활용하고 있다. 독자들도 필요하다면 웹 사이트(http://www.acrosoft.pe.kr/board/)에서 본인의 PC 환경에 맞는 버전을 다운로드하여 설치하기 바란다.

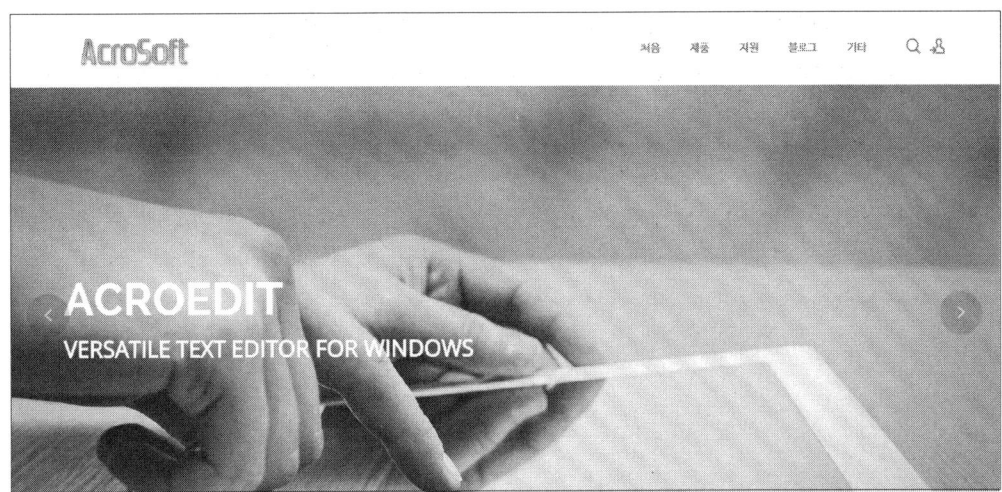

[그림 2-27] Acroedit 웹 사이트

정상적으로 설치가 되었다면 아래 그림처럼 실행이 될 것이다. 호스트 PC에서 작성된 코드가 가상 머신에 저장되도록 설정하는 방법을 알아보자.

[그림 2-28] Acroedit 실행 화면

[파일] 메뉴에서 [FTP]를 클릭하여 [FTP로 열기]를 선택하면 아래 그림처럼 [FTP로 열기] 창이 나타나는데 좌측 상단의 [계정 관리(Alt+A)] 아이콘을 클릭하면 접속할 FTP 정보를 입력하는 창이 나타난다. 여기서 호스트 주소, 사용자 ID, 비밀번호, 사용하는 포트 등을 입력한다. 그렇게 하면 호스트 PC에서 쉘 스크립트를 작성하고 저장을 하면 작성된 쉘 스크립트 파일이 가상머신으로 자동으로 전송된다. 물론 이때 선행되어야 하는 것은 가상머신의 시스템에서 FTP 서비스가 구동 중이어야 한다.

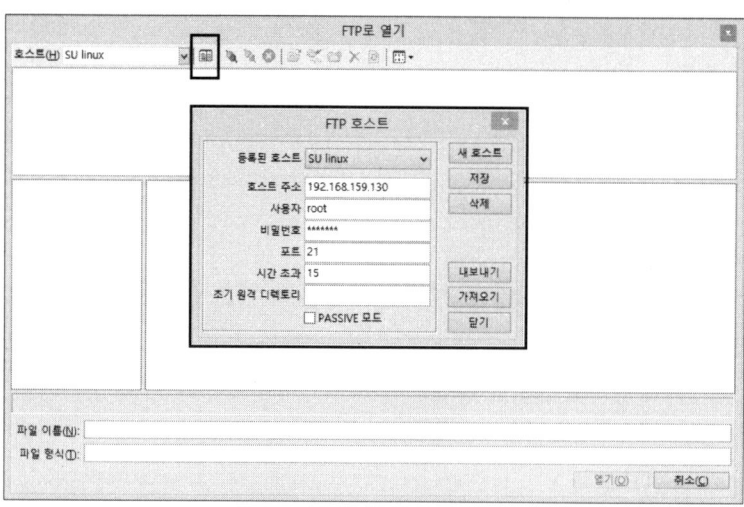

[그림 2-29] Acroedit의 FTP 설정 화면

FTP 설정이 완료되면 [서버 접속(Alt+E)] 아이콘을 클릭한다. 그러면 [그림 2-30]처럼 가상머신의 서버에 접속하여 파일 및 디렉터리 정보를 불러올 것이다.

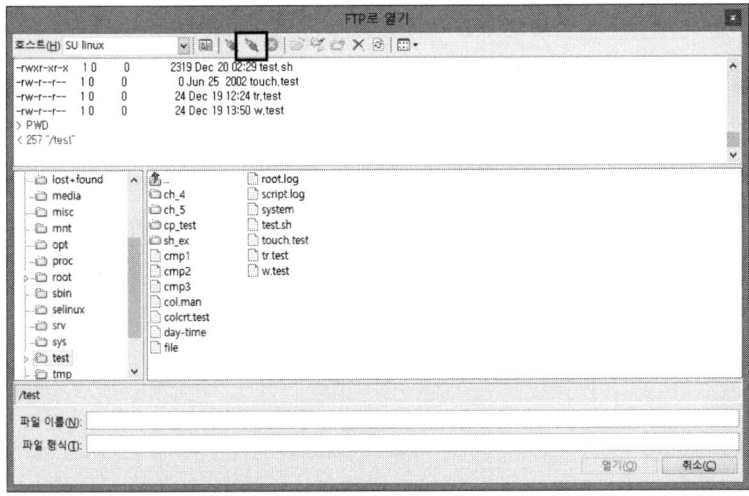

[그림 2-30] FTP 기능을 이용한 가상머신 접속 화면

이후 작업할 파일을 선택하면 [그림 2-31]과 같이 해당 파일을 불러온다. 여기서 변경 사항을 수정하여 저장하면 서버에 바로 저장된다.

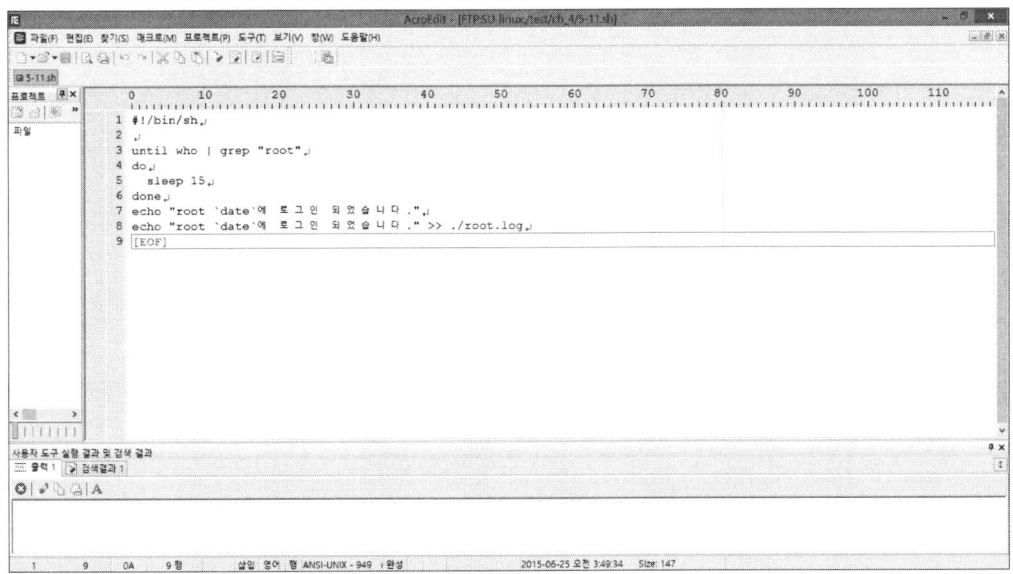

[그림 2-31] FTP 기능을 이용하여 가상머신의 문서를 불러온 화면

2장 실습 환경 구축   53

2.4 정리

2장에서는 앞으로 소개될 쉘 스크립트의 실습을 수행할 수 있는 실습 환경 구축 방법을 살펴보았다. 이 책을 읽는 독자들 중에 언제든지 마음대로 쉘 스크립트를 실습할 수 있는 테스트 베드 환경을 활용할 수 있는 독자는 많지 않을 것이다. 따라서 이번 장에서 소개한 가상화 환경 구축 방법은 아주 유용하게 활용할 수 있을 것이다. 특히, 함께 소개한 ftp와 연계한 텍스트 에디터 설정 부분은 실무에서 서버를 유지 보수할 때 바로 활용이 가능하다. 참고로, 필자의 경우 지사에 쉘 스크립트나 패치를 배포하기 전에 언제든지 충분히 검증을 할 수 있는 테스트 베드 환경을 활용할 수 있음에도 불구하고 추가적으로 별도의 개발 시스템에 다양한 가상머신을 구축하여 활용하고 있다. 가상머신을 구축하여 활용하는 이유는 개발한 쉘 스크립트 또는 패치가 다양한 시스템 환경에서 어떤 영향을 받는지를 적시적으로 확인하고 필요하다면 스냅샷 기능을 통해 상황을 저장하거나 바로 재연할 수 있기 때문이다.

3장에서는 쉘 스크립트의 기능에 핵심이 되는 UNIX/Linux의 기본 명령어에 대해서 알아보도록 하겠다. UNIX/Linux 명령어가 어느 정도 숙달된 독자들은 바로 4장으로 넘어가 쉘 스크립트를 작성하는데 필요한 쉘 프로그래밍 문법을 익혀도 된다. 참고로, 3장에서 소개되는 명령어들은 A~Z 순으로 나열되어 있어 나중에 쉘 스크립트를 제작할 때나 시스템 운용 시 필요한 명령어의 사용법을 바로 찾을 수 있도록 배치하였다.

3장 UNIX/Linux 기본 명령어와 개념

이번 장에서는 쉘 스크립트의 핵심이 되는 UNIX와 Linux의 다양한 시스템 관리 명령어를 알아보고자 한다. 쉘 환경에서 다양한 내·외부 명령어들을 유기적으로 결합하는 문법을 활용하여 시스템 관리자가 필요로 하는 작업을 진행하고 원하는 결과를 얻을 수 있다.

이번 장의 3.1절과 3.2절에서 입출력 재지정과 파이프에 대한 개념을 먼저 살펴보고, 3.3절에서는 시스템 관리를 위한 기본 명령어들을 살펴본다. 3.3절에서는 명령어들을 A에서 Z까지 알파벳순으로 구성하여, 필요 시 명령어를 바로 찾을 수 있도록 배열했다. 그리고 3.4절과 3.5절에서는 텍스트 재처리에 많이 사용되는 sed 명령어와 awk 명령어를 별도로 빼서 설명한다. UNIX/Linux 명령어가 익숙한 독자들은 이번 장에서 잘 모르는 명령어만 참고하고, 4장으로 가서 쉘 스크립트 작성에 관련된 기본 문법을 숙달하기 바란다.

활용성이 높은 쉘 스크립트를 작성하려면 다음 장에서 살펴볼 쉘 스크립트 문법과 이번 장의 내용은 잘 알고 있어야 한다. 특히, 3.3절~3.5절에서 소개하는 UNIX와 Linux의 명령어들은 나중에 실행 결과를 재처리하여 시스템 관리자가 얻고자 하는 결과를 재가공하고 자동화하는 방법의 기반이 된다.

3.1 입출력 재지정(Redirection)

기본적으로, UNIX/Linux 시스템은 쉘에서 프로그램이 실행될 때 세 가지의 파일 입출력 용도인 stdin, stdout, stderr을 지정해서 사용한다. 실행되는 프로그램의 입출력 용도로 사용할 때에는 할당한 숫자를 fd(file descriptor)라 명명하고 다음과 같은 용도로 사용한다.

fd	fd 이름	용도	표준 장치
0	stdin(standard input)	명령어에 입력될 내용을 저장	키보드
1	stdout(standard output)	명령어에서 출력될 내용을 저장	화면
2	stderr(standard error)	명령어에서 출력될 에러 메시지를 저장	화면

예를 들어, 아래 그림처럼 파일의 내용을 읽어서 출력하는 프로그램에 어떤 파일의 데이터를 어떻게 읽을지 인수를 부여해서 지정할 수 있는데, 어떤 파일을 읽을지, 어떻게 읽을지 인수를 지정하지 않는다면 파일의 내용 대신 키보드에 입력된 내용을 파일처럼 처리하고 그 결과를 기본으로 지정된 표준 장치에 출력한다.

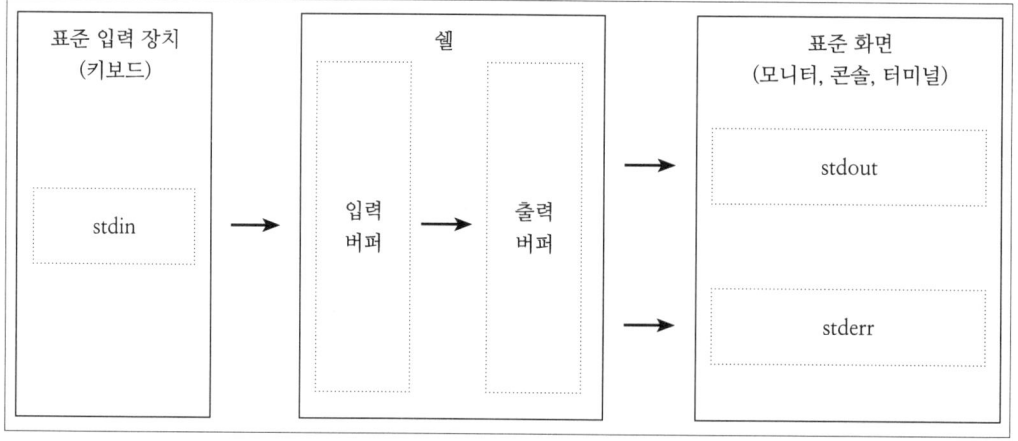

때로는 화면으로 출력된 결과를 다른 프로그램에서 입력받아 처리하거나 결과를 재가공해서 화면에 출력하고자할 때 입출력의 용도를 재지정하여 활용하는 것이 입출력 재지정이다. 앞에서 장황하게 설명했지만 아래 그림으로 간단히 정리하면 최초 어떤 파일이나 키보드의 입력 값을 명령어 ⓐ에서 처리하고 이 결과를 다시 명령어 ⓑ와 명령어 ⓒ의 입력으로 재지정하고 최종 결과 값 중 에러 메시지는 /dev/null로 보내고 남은 출력 값을 표준 출력 장치를 통해 표시하는 것으로 이해하면 되겠다.

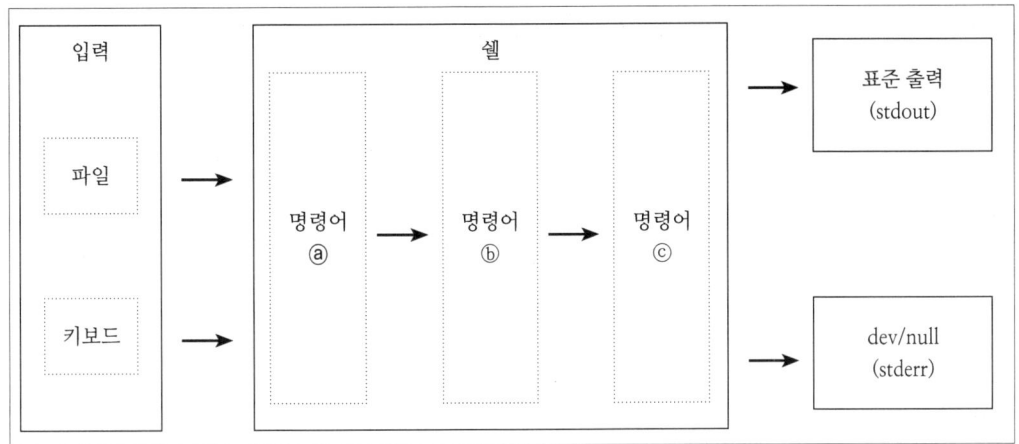

이렇게 키보드 같은 표준 입력 장치가 아닌 파일 등으로 재지정하는 것을 입력 재지정(input redirection)이라고 하고, 명령어의 실행 결과나 에러 메시지 같이 화면에 출력되는 것을 파일 등에 저장하는 것을 출력 재지정(output redirection)이라고 한다. 입출력 재지정은 아래의 표에 있는 형식에서 볼 수 있듯이 〈 와 〉를 이용해서 표시한다. 〈 와 〉 앞에는 프로그램의 입출력 용도를 의미하는 fd(file descriptor) 번호를 기입한다. 이때 〈 와 〉를 fd 번호와 반드시 붙여서 사용한다.

형식	내용
명령어 fd 번호〈 파일	명령어에서 기본 지정된 파일이나 표준 입력 장치가 아닌 재지정된 파일에서 데이터를 입력받는다.
명령어 fd 번호〉 파일	명령어에서 기본 지정된 파일이나 표준 입력 장치가 아닌 재지정된 파일에 데이터를 출력한다.

보통, 입출력 재지정을 사용할 때 〈 와 〉 앞에 있는 fd 번호를 생략할 수 있는데, 입력 재지정 시에는 0이 생략되고 출력 재지정 시에는 1이 생략된 것으로 생각하면 된다.

이러한 입출력 재지정을 활용하면 터미널 환경이나 스케줄에 의한 자동 실행 작업 시 키보드 같은 표준 입력 장치에서 데이터를 일일이 입력해야 하는 수고를 줄일 수 있고, 관리자는 자동화할 수 있는 기회를 얻을 수 있다. UNIX와 Linux 시스템에서는 장치를 비롯해 대부분의 구성을 파일로 관리하기 때문에 겉으로 보기에는 매우 복잡한 구조인 것처럼 보이지만 어느 정도 숙달되면 매우 직관적인 관리가 가능하다. 실제로 필자의 경우, Linux 시스템을 사용하는 SUN의 Cobalt 서버를 이용해서 테스트 베드를 구축한 적이 있었다. 그때 Cobalt 서버의 상태 표시 LCD 창이 시스템에서는 하나의 파일로 지정되어 있었는데 재지정을 이용해서 다양한 출력 메시지를 표시하면서 놀라워했던 기억이 있다. 이렇게 입출력 방향을 조정함으로써, 어떤 명령어의 출력이 다른 명령어의 입력으로, 또는 지정된 파일로 보낼 수 있는데 대부분의 쉘은 stdin, stdout, stderr에 대한 기본적인 재지정을 제공한다. 쉘 별로 추가적인 재지정이 존재하지만 여기서는 앞에서 설명한 기본적인 재지정을 기본으로 진행하겠다.

세부적으로 살펴보면 입력 재지정은 키보드 등 표준 입력 장치로부터 처리할 데이터를 다른 파일 등으로 입력받도록 재지정하는 것으로 < 를 활용해서 아래와 같은 형식으로 사용한다. 0은 생략이 가능하므로 일반적으로 < 만 활용하는 형식을 사용한다.

```
명령어 < 파일
명령어 0< 파일
```

아래는 Linux라는 내용이 저장된 system 파일을 읽어 와서 대문자를 소문자로 변경하여 출력하는 명령어 활용 예이다.

```
[root@localhost test]# cat system
Linux
[root@localhost test]# tr '[A-Z]' '[a-z]' < system
linux
```

출력 재지정은 명령어의 실행 결과가 화면 등 표준 출력 장치로 출력되는 것을 파일 등으로 저장 및 출력하도록 재지정하는 것으로 > 를 활용해서 아래와 같은 형식으로 사용한다. 1은 생략이 가능하므로 일반적으로 > 만 활용하는 형식을 사용한다.

```
명령어 > 파일
명령어 1> 파일
```

하지만 출력 재지정의 경우, > 이후 이름이 같은 파일이 있으면 기존 파일을 덮어쓰기 때문에 주의해야 한다. 기존 파일의 내용을 지우고 새로운 내용을 기입하는 것이 아니라 기존의 내용에 새로운 내용을 추가할 때는 다음의 형식과 같이 >> 를 사용할 수 있다. >> 를 활용하면서 또 하나 기억할 것은 기존의 파일이 없으면 생성을 하고, 이후 같은 명령어를 다시 수행 시 추가되는 내용만 계속 추가한다는 점을 기억하기 바란다.

```
명령어 >> 파일
명령어 1>> 파일
```

아래는 date 명령어가 실행될 때마다 실행 결과를 day-time이라는 파일에 추가하는 활용 예이다. date >> day-time를 처음 실행하면 day-time 파일이 없기 때문에 day-time 파일을 생성한다. 그리고 date의 실행 결과를 day-time 파일의 내용으로 기입한다. 이후 date >> day-time 명령어를 다시 수행하면 전에 기입된 내용 다음에 추가로 다시 기입한다. 나중에 다시 세부적으로 살펴보겠지만 이와 같은 출력 재지정을 활용하면 로그 정보를 주기적으로 생성할 수 있다.

```
[root@localhost test]# date >> day-time
[root@localhost test]# ls
ch_5  day-time  file  root.log  sh_ex  system
[root@localhost test]# cat day-time
2014. 12. 18. (목) 12:54:26 KST
[root@localhost test]# date >> day-time
[root@localhost test]# cat day-time
2014. 12. 18. (목) 12:54:26 KST
2014. 12. 18. (목) 12:55:02 KST
```

에러 재지정은 명령어 실행에서 에러가 발생했을 때 화면 같은 표준 출력 장치로 출력되는 에러 내용을 파일 등으로 저장 및 출력하도록 재지정하는 것이다. 출력 재지정에서처럼 >를 활용하게 되는데 같은 기호를 사용하므로 기호 앞에 에러 지정을 위한 fd 번호 2를 반드시 기입해줘야 한다. 작성 형식은 아래와 같다. 출력 재지정에서처럼 2>가 있고 기존 파일이 존재하면 기존 내용을 지우고 새로운 에러 메시지를 저장한다. 2>>는 기존 파일에 새로운 에러 메시지를 추가로 저장할 때 활용된다.

```
명령어 2> 파일
명령어 2>> 파일
```

출력과 에러 메시지가 동일한 파일에 출력되도록 재지정해야 하는 경우가 있을 수 있는데, 이런 경우에는 다음과 같은 형식을 활용할 수 있다. 명령어의 중복을 막기 위해 >&를 이용할 수 있는데 >& 기호 앞에 fd 번호 1은 생략 가능하지만 >& 기호 뒤에 fd 번호는 생략이 불가함을 기억하기 바란다.

```
명령 > 파일 2> 파일
명령 1> 파일 2> 파일

명령 2> 파일 > 파일
명령 2> 파일 1> 파일

명령 > 파일 2>&1
명령 1> 파일 2>&1

명령 2> 파일 >&2
명령 2> 파일 1>&2

명령 >> 파일 2>> 파일
명령 1>> 파일 2>> 파일

명령 2>> 파일 >> 파일
명령 2>> 파일 1>> 파일

명령 >> 파일 2>>&1 파일
명령 1>> 파일 2>>&1 파일

명령 2>> 파일 >>&2 파일
명령 2>> 파일 1>>&2 파일
```

3.2 파이프(Pipe)

UNIX/Linux 시스템 관리 및 활용에서 입출력 재지정과 함께 많이 활용되는 개념인 파이프는 앞의 명령어의 실행 결과가 뒤의 명령어에 입력되도록 입출력을 연결하는 역할을 한다. 파이프의 역할은 출력 재지정과 유사한데, 출력 재지정의 경우 하드디스크 같은 보조 기억 매체의 입출력 버퍼에 저장하고 재지정된 명령어에 전달하기 때문에 버퍼에 저장하고 처리하는데 시간이 소요된다. 이에 반해 파이프의 경우, 여러 개의 명령어가 파이프로 실행될 때 이들 명령어가 거의 동시에 실행되면서 입출력되는 데이터들이 파이프로 연결되어 처리되므로 상대적으로 처리 시간이 **빠른** 것이 특징이다.

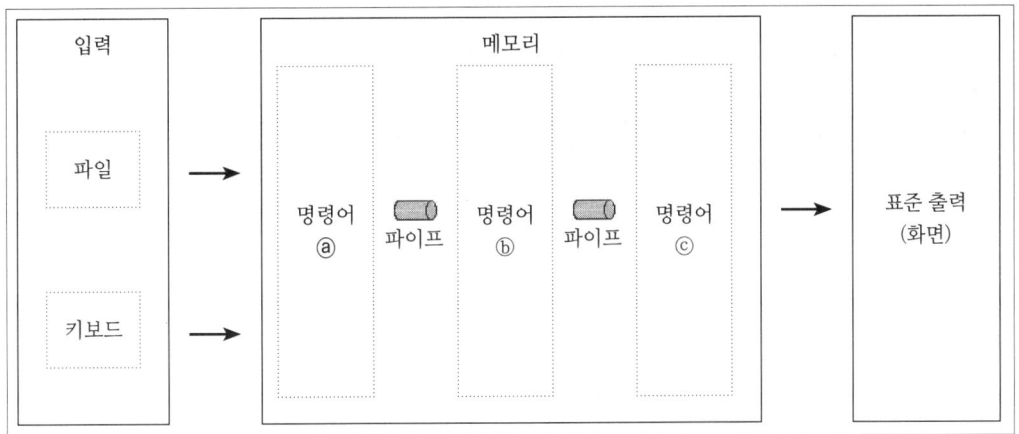

파이프를 통해서 명령어들을 연결하는 형식은 다음과 같다. 파이프를 통해서 연결할 수 있는 명령어의 수에는 제한이 없다. 명령어 ⓐ의 실행 결과를 명령어 ⓑ로 넘겨주고 최종적으로 명령어 ⓒ에 의해 처리된 결과를 확인할 수 있다.

명령어 ⓐ | 명령어 ⓑ | 명령어 ⓒ

아래 실행 예에서는 ls -l 명령어를 이용하여 /var/log의 파일들을 표시하고, 그 결과를 sort -rk 9 명령어로 처리한다. 뒤쪽에서 자세히 살펴보겠지만 sort -rk 9의 의미는 9번째 열의 데이터를 내림차순으로 정렬하라는 의미다. 다시 종합적으로 정리해보면, ls -l 명령어로 /var/log의 파일들을 표시하는데, 표시할 때 파일 이름을 기준으로 내림차순으로 정렬하라는 의미다.

```
[root@localhost ~]# ls -l /var/log | sort -rk 9
-rw-------  1 root root     18042 12월 18 08:59 xferlog
-rw-rw-r--  1 root utmp     33408 12월 18 14:08 wtmp
-rw-------  1 root root         0 12월 17 00:42 tallylog
-rw-------  1 root root         0 12월 17 00:43 spooler
-rw-------  1 root root      6487 12월 18 14:08 secure
drwx------  2 root root      4096  7월 10  2008 samba
drwxr-xr-x  2 root root      4096 12월 18 00:00 sa
-rw-r--r--  1 root root     15571 12월 18 04:02 rpmpkgs
drwxr-xr-x  2 root root      4096 12월 17 04:03 prelink
drwxr-xr-x  2 root root      4096 12월 17 00:47 pm
drwxr-xr-x  3 news news      4096 12월 17 00:45 news
-rw-------  1 root root    150474 12월 18 14:06 messages
```

```
-rw-------  1 root root      2673  12월 18 04:02  maillog
drwxr-xr-x  2 root root      4096  12월 17 00:43  mail
-rw-r--r--  1 root root     27740  12월 18 14:07  lastlog
drwx------  2 root root      4096   7월 10 2008   iptraf
-rw-------  1 root root      2280  12월 17 00:52  faillog
-rw-r--r--  1 root root     38943  12월 17 01:17  dmesg
-rw-------  1 root root     20041  12월 18 14:10  cron
drwxr-xr-x  2 root root      4096   7월  9 2008   conman.old
drwxr-xr-x  2 root root      4096   7월  9 2008   conman
-rw-------  1 root utmp         0  12월 17 00:43  btmp
-rw-------  1 root root         0  12월 17 00:48  boot.log
drwxr-x---  2 root root      4096   7월  9 2008   audit
-rw-------  1 root root     44392  12월 17 00:47  anaconda.syslog
-rw-------  1 root root    303508  12월 17 00:47  anaconda.log
합계 804
```

3.3 UNIX/Linux 시스템 관리를 위한 기본 명령어

이번 절에서는 UNIX/Linux 시스템 관리를 위한 기본적인 명령어들을 살펴보겠다. UNIX와 Linux에 공통으로 활용되는 것을 중심으로 시스템 관리에 주로 사용되는 명령어들을 선별했으며, 향후 명령어를 찾기 쉽도록 A-Z순으로 정리하였다.

쉘 스크립트에서 텍스트 재처리를 위해 많이 사용하는 sed와 awk는 뒤에서 별도로 설명한다. 명령어들에서 주로 활용되는 옵션 중심으로 소개하지만, 기타 옵션에 대한 활용법은 man 페이지를 참고한다.

3.3.1 at 명령어

at 명령어는 명령어나 스크립트 파일이 특정 시간에 실행되도록 예약하는 기능을 수행한다. 시스템 사용이 적은 시간 또는 필요한 시간에 지정된 작업을 자동으로 처리하고자 할 때 유용하다.

사용 형식은 다음과 같다.

at [옵션] [시간] [날짜] [+증가시간]

at 명령어의 주요 옵션과 시간 및 날짜의 표현 방식은 다음과 같다.

구분		설명
옵션	-q queue	queue 이름을 지정한다.
	-m	작업이 완료될 때 사용자에게 메일을 보낸다.
	-f file	file에서 작업 명령을 읽는다.
	-l	예약된 작업 목록을 보여준다.
	-v	작업이 수행될 시간을 보여준다.
	-d	예약된 작업을 삭제한다.
시간	hh:mm	시간:분으로 설정한다(예: 23:10).
	am, pm	am, pm을 이용하여 12 단위로 시간을 표시한다(예: 2:10pm).
날짜	yyyy-mm-dd	년-월-일 구성으로 표현한다(예: 2015-3-8).
	today, tomorrow	오늘, 내일로 지정할 때 사용한다.

다음 예제는 지정된 시간(2015년 3월 8일 0시 40분)에 "This Time is "를 화면에 표시하고, 그 다음에 시간(date 명령어 결과)을 표시한다. at 명령어의 명령 편집줄에서 빠져 나오려면 마지막 예약 작업을 등록한 후에 〈ctrl + d〉 키를 누르면 명령 편집줄 상태에서 빠져 나오면서 등록이 완료된다.

```
[root@localhost ~]# at 00:40 2015-03-08
at> echo "This Time is "
at> date
at> <EOT>
job 2 at 2015-03-08 00:40
```

at -l 명령어로 예약된 작업을 아래와 같이 확인할 수 있다.

```
[root@localhost ~]# at -l
1     2015-03-08 00:40 a root
2     2015-03-08 00:40 a root
```

여기에 등록된 정보의 의미를 살펴보면 다음과 같다.

2	2015-03-08	00:40	a	root
ⓐ 작업 번호	ⓑ 실행 날짜	ⓒ 실행 시간	ⓓ queue 이름	ⓔ 예약 사용자

추가적으로, at 명령어는 /etc/at.allow와 /etc/at.deny 설정을 기반으로 예약 사용자들을 통제할 수 있다. /etc/at.allow에 등록된 사용자가 at 명령어를 사용할 수 있고, /etc/at.allow가 없으면 /etc/at.deny에 등록되지 않은 사용자만 사용할 수 있다. 두 설정 파일이 없다면 root만 사용 가능하다.

> **Note**
>
> 예약 작업을 등록하려고 할 때 Can't open /var/run/atd.pid to signal atd. No atd running? 오류가 발생할 수 있다.
>
> ```
> [root@localhost ~]# at 00:40 2015-03-08
> at> echo "This Time is "
> at> date
> at> <EOT>
> job 1 at 2015-03-08 00:40
> Can't open /var/run/atd.pid to signal atd. No atd running?
> ```
>
> 이는 atd 데몬이 구동되지 않은 상태에서 작업을 예약하려고 해서 발생된 오류이다. 다음과 같이 atd 데몬을 실행시키면 된다.
>
> ```
> [root@localhost ~]# /etc/init.d/atd start
> atd (을)를 시작 중:                    [ OK ]
> ```
>
> 그리고 다시 등록을 시켜주면 정상적으로 등록되는 것을 확인할 수 있다.
>
> ```
> [root@localhost ~]# at 00:40 2015-03-08
> at> echo "This Time is "
> at> date
> at> <EOT>
> job 2 at 2015-03-08 00:40
> ```

3.3.2 chmod 명령어

chmod 명령어는 파일, 디렉터리, 장치 등의 접근 권한(퍼미션)을 바꾼다. 접근 권한은 소유자, 소유그룹, 기타 사용자로 나누어 구분된다. 각 항목별로 읽기(r), 쓰기(w), 실행(e) 권한을 지정할 수 있다.

사용되는 형식은 다음과 같으며, 주로 사용하는 옵션은 -R로 특정 디렉터리 안의 모든 파일의 접근 권한을 변경할 때 사용된다.

> chmod [옵션] [퍼미션 값]

접근 권한(퍼미션) 값은 아래와 같이 ls -al 명령어로 확인할 수 있으며, ⓐ가 퍼미션을 나타나는 부분이다.

```
[root@localhost test]# ls -al file
-rw-r--r-- 1  root   root   103   12월 18 01:30   file
    ⓐ
```

ⓐ 부분을 세부적으로 나누면 아래와 같이 된다. ①은 파일의 타입을 나타내는 부분이다. 디렉터리는 d, 표준 파일은 -, 링크 파일은 l로 표시한다. ②와 ④는 실제 파일의 퍼미션을 나타내는 부분으로, ②는 소유자의 퍼미션을, ③은 소유자의 그룹 퍼미션을, ④는 기타 모든 사용자의 퍼미션을 표시한다.

-	rw-	r--	r--
①	②	③	④

②~④의 퍼미션을 3자리로 표현할 수 있는데 ②~④의 각 항목마다 8진수로 퍼미션 값을 나타낸다.

구분	r	w	x
의미	읽기	쓰기(수정)	실행
퍼미션 값	4	2	1

예를 들어, rw-는 읽기(4) + 쓰기(2)이므로 퍼미션 값은 6이 되고, r--은 읽기(4)이므로 퍼미션 값은 4가 된다. 즉, 위의 퍼미션을 종합해보면 rw-r--r--의 퍼미션 값을 644로 표현할 수 있다.

아래 예제에서는 퍼미션 값이 644(소유자는 읽기와 쓰기, 그룹과 기타 사용자는 읽기만 가능)인 file의 퍼미션 값을 755(소유자는 읽기와 쓰기와 실행, 그룹과 기타 사용자는 읽기와 실행만 가능)로 변경한다.

```
[root@localhost test]# ls -al file
-rw-r--r-- 1 root root  103 12월 18 01:30 file
[root@localhost test]# chmod 755 file
[root@localhost test]# ls -al file
-rwxr-xr-x 1 root root 103 12월 18 01:30 file
```

8진수를 이용한 퍼미션 값 이외에, 권한 기호를 이용해 변경할 수 있는 방법도 있는데 사용 형식은 아래와 같다.

```
chmod [옵션] [ugao] [+-=] [rwx]
```

권한을 표기할 때 사용되는 기호들의 의미는 아래와 같다.

권한 표기	권한
u	소유자
g	소유자가 속한 그룹
o	기타 소유자
a	u, g, o 모두
+	허가 추가
-	허가 삭제
=	옵션 이외는 모두 취소(절대 옵션)
r	읽기 허가
w	쓰기 허가
x	실행 허가

아래 예제는 퍼미션을 표기하는 기호 a-r을 사용하여 소유자, 그룹, 기타 사용자 모두의 읽기(r) 권한을 삭제하는 내용이다.

```
[root@localhost test]# ls -al file
-rwxr-xr-x  1 user1 user1   103 12월 18 01:30 file
[root@localhost test]# chmod a-r file
[root@localhost test]# ls -al file
--wx--x--x  1 user1 user1 103 12월 18 01:30 file
```

> **Note**
>
> **SetUID, SetGID, StickyBit**
>
> chmod 명령어를 통해 권한을 설정할 수 있는 기능 중에는 앞서 살펴본 권한과 성격이 다른 SetUID, SetGID, StickyBit 권한이 있는데 각각의 의미와 예제를 알아보겠다.
>
> ■ SetUID : SetUID 권한이 설정된 파일을 실행할 때 파일의 소유주 권한으로 실행
>
> 기존의 퍼미션 값 앞에 4를 붙이면 된다. 실행 결과를 보면 소유자 권한 부분의 x가 s로 바뀐 것을 알 수 있다. 이제 이 파일을 실행하면 이 파일의 소유주인 user1의 권한으로 실행된다.
>
> ```
> [root@localhost test]# ls -al file
> --wx--x--x 1 user1 user1 103 12월 18 01:30 file
> [root@localhost test]# chmod 4755 file
> [root@localhost test]# ls -al file
> -rwsr-xr-x 1 user1 user1 103 12월 18 01:30 file
> ```
>
> ■ SetGID : SetGID 권한이 설정된 파일을 실행할 때 파일의 그룹 권한으로 실행
>
> 기존의 퍼미션 값 앞에 2를 붙이면 된다. 실행 결과를 보면 소유자 그룹 권한의 x가 s로 바뀐 것을 알 수 있다. 이제 이 파일을 실행하면 이 파일의 소유주 그룹인 user1의 권한으로 실행된다.
>
> ```
> [root@localhost test]# ls -al file
> --wx--x--x 1 user1 user1 103 12월 18 01:30 file
> [root@localhost test]# chmod 2755 file
> [root@localhost test]# ls -al flle
> -rwxr-sr-x 1 user1 user1 103 12월 18 01:30 file
> ```
>
> ■ StickyBit : StickyBit 권한이 설정된 파일의 삭제는 파일을 생성한 사용자 또는 root만 가능
>
> 기존의 퍼미션 값 앞에 1을 붙이면 된다. 실행 결과를 보면 기타 사용자 권한의 x가 t로 바뀐 것을 알 수 있다. 이제, 기타 사용자가 이 파일을 실행 및 수정할 수는 있어도 삭제는 파일을 생성한 사람과 root만 가능하다. 일반적으로 /tmp 공용 디렉터리에서 StickyBit를 많이 설정하여 사용한다.
>
> ```
> [root@localhost test]# ls -al file
> --wx--x--x 1 user1 user1 103 12월 18 01:30 file
> [root@localhost test]# chmod 1755 file
> [root@localhost test]# ls -al file
> -rwxr-xr-t 1 user1 user1 103 12월 18 01:30 file
> ```
>
> 권한 부분을 다시 정리하면 아래 표와 같다.
>
> | 구분 | SetUID | SetGID | StickyBit |
> | --- | --- | --- | --- |
> | 퍼미션 값 | 4 | 2 | 1 |

> **Note**
>
> 다음은 SetUID와 StickyBit 권한 설정을 함께 부여하는 예제이다. 기존의 퍼미션 값 앞에 SetUID(4)와 StickyBit(1)을 더해 5를 붙이면 된다. 실행 결과를 보면 소유자 권한 부분이 s로, 다른 사용자 권한 부분이 t로 변화된 것을 알 수 있다.
>
> ```
> [root@localhost test]# ls -al file
> --wx--x--x 1 user1 user1 103 12월 18 01:30 file
> [root@localhost test]# chmod 5755 file
> [root@localhost test]# ls -al file
> -rwsr-xr-t 1 user1 user1 103 12월 18 01:30 file
> ```

3.3.3 chown 명령어

chown 명령어는 파일 소유자 및 소유 그룹을 바꾸기 위한 명령어로, 시스템 최고 관리자인 root만이 명령어를 사용할 수 있다. chmod 명령어와 같이 주로 활용하는 옵션은 -R로 특정 디렉터리에 있는 모든 파일의 접근 권한을 변경할 때 사용한다.

사용 형식은 다음과 같다.

```
chown [옵션] [소유자].[그룹]
```

아래 예제는 file의 소유자와 그룹을 root에서 user1로 변경하는 내용이다.

```
[root@localhost test]# ls -al file
-rwxr-xr-x 1 root root 103 12월 18 01:30 file
[root@localhost test]# chown user1.user1 file
[root@localhost test]# ls -al file
-rwxr-xr-x 1 user1 user1 103 12월 18 01:30 file
[root@localhost test]#
```

3.3.4 cmp 명령어

cmp는 파일을 비교하여 서로 다른 부분을 알려주는 명령어로 다음에 살펴볼 diff 명령어와 유사하다. 차이점이라면, diff 명령어는 두 파일 간의 차이점을 상세히 표시하지만 cmp 명령어는 차이점의 유무만 나타낸다.

사용 형식은 다음과 같다.

```
cmp [옵션] file1 file2
```

cmp 명령어의 주요 옵션은 다음과 같다.

옵션	설명
-l	각 파일의 서로 다른 바이트 번호를 나타낸다.
-s	메시지에 의한 표시 대신 차이가 없으면 0, 차이가 있으면 1을 남긴다.

다음은 cmp 명령어를 이용하여 cmp1과 cmp2, cmp1과 cmp3에 저장된 내용을 각각 비교한 결과이다. cmp1과 cmp2의 비교 결과, 첫 번째 줄의 첫 번째 바이트부터 차이가 있다. cmp1과 cmp3의 비교 결과, 첫 번째 줄의 13바이트부터 차이가 있음을 확인할 수 있다.

```
[root@localhost test]# cat cmp1
Shell Script
[root@localhost test]# cat cmp2
Linux / UNIX Shell Script
[root@localhost test]# cat cmp3
Shell Script differ
[root@localhost test]# cmp cmp1 cmp2
cmp1 cmp2 differ: byte 1, line 1
[root@localhost test]# cmp cmp1 cmp3
cmp1 cmp3 differ: byte 13, line 1
```

3.3.5 col 명령어

col 명령어는 텍스트 파일 내 개행(특수) 문자와 공백 등을 변환하는 필터 역할을 한다. 즉, ₩n₩r 문자를 ₩n 문자로 변환하거나 공백 문자를 탭 문자로 변환할 때 활용된다.

사용 형식은 다음과 같다.

```
col [옵션]
```

col 명령어의 주요 옵션은 다음과 같다.

옵션	설명
-b	백스페이스 문자는 출력하지 않고 백스페이스 문자와 연결되는 마지막 문자만 출력한다.
-f	밑줄 속성을 가진 문자열을 변환하지 않는다.
-h	중복되는 공백을 출력하지 않고 탭으로 변환한다.
-x	중복되는 공백 문자를 그대로 둔다.
-l 숫자	버퍼 값을 지정하여 메모리에 상주할 수 있는 최대 줄 수를 지정한다(초기값 128).

다음 예제는 col 명령어를 이용하여 col의 man 페이지를 파일로 변환하여 저장한다.

```
[root@localhost test]# man col | col > col.man
[root@localhost test]# more col.man
COL(1)                   BSD General Commands Manual                   COL(1)

NAME
    col - 입력으로부터 줄 바꿈문자(line feed)를 바꾸는 필터

SYNOPSIS
    col [-bfx] [-l num]

DESCRIPTION
    Col 필터는 "\n\r" 문자를 "\n" 문자로 바꾸어 주는 필터이다. 또한 공백문자
    를 탭문자로 바꾸고, 백스페이스 문자를 없애는 기능을 한다. 이 필터는
    nroff(1)와 tbl(1) 출력물의 처리에 아주 유용하게 쓰인다. (이 두 풀그림에
    의해서 만들어지는 대표적인 출력이 man의 cat 파일이다. 즉, cat 파일을 단
    순 텍스트 파일로 바꾸는데 아주 유용하게 쓰인다.)

    Col 필터는 표준 입력으로 받아서 표준 출력으로 보낸다. (즉, 파일로 저장하
    려면, 파이프와 방향 전환이 필요하다.)

    여기서 사용되는 옵션은 다음과 같다:
```

필자의 경험에 비추어 볼 때 원격지에 있는 지사의 시스템을 패치하거나 튜닝할 때 설정 파일을 내부 인트라넷 게시판에 올려서 설치 방법을 공지하는 경우가 있다. 이때 일부 부서에서는 웹에 등록된 설정 파일을 다운로드받아 시스템에 FTP로 업로드하는데, 이 과정에서 많은 개행 문자들이 포함되어 시스템 오류가 발생한 사례가 있었다. 이와 관련하여 파일의 무결성 부분을 사전에 확인하고, 개행 문자가 포함되었다면 col을 이용해 정리하는 것도 시스템 관리를 위해 유용하다.

3.3.6 colcrt 명령어

colcrt 명령어는 밑줄(_)을 감추거나 변환한다.

사용 형식은 다음과 같다.

```
colcrt [옵션]
```

colcrt 명령어의 주요 옵션은 다음과 같다.

옵션	설명
-	밑줄 속성이 있는 문자열을 표시하지 않는다.
-2	밑줄 속성이 있는 문자열 다음 줄에 하이픈(-)을 포함하여 표시한다.

다음 예제에서는 colcrt 명령어를 이용해서 "Linux_UNIX_Shell Script"가 저장되어 있는 colcrt. test 파일의 내용에 포함되어 있는 밑줄(_)을 분리하여 출력한다.

```
[root@localhost test]# cat colcrt.test
Linux_UNIX_Shell Script
[root@localhost test]# colcrt colcrt.test
Linux UNIX Shell Script
   -  -
```

- 옵션을 함께 포함하여 colcrt 명령어를 실행하면 밑줄(_)이 표시되지 않는다. -2 옵션을 함께 포함하여 실행하면 밑줄(_)을 분리하여 표시한다.

```
[root@localhost test]# colcrt - colcrt.test
Linux UNIX Shell Script
[root@localhost test]# colcrt -2 colcrt.test

Linux UNIX Shell Script
   -  -
```

3.3.7 cp 명령어

cp 명령어는 특정 파일을 현재 디렉터리나 다른 디렉터리로 복사한다.

사용 형식은 다음과 같다.

> cp [옵션] 파일명① 파일명②

cp 명령어의 주요 옵션은 다음과 같다.

옵션	설명
-a	원본 파일의 속성, 구조 등을 그대로 유지하면서 복사한다.
-b	복사할 때 같은 이름의 파일이 있으면 백업본을 만든다.
-d	복사할 때 파일이 심볼릭 링크 파일이면 심볼릭 링크의 대상 파일을 복사한다.
-f	복사 대상 파일이 이미 있으면 지우고 복사한다.
-i	복사 시 같은 파일이 있으면 덮어쓸지를 확인한다.
-P	원본 파일의 소유자, 그룹, 권한, 시간 기록을 그대로 복사한다.
-r	디렉터리의 하위 디렉터리의 파일 및 디렉터리까지 복사한다.

다음 예제에서는 -r 옵션을 이용해서 ch_5 디렉터리에 포함된 파일 등을 재귀적으로 cp_ch_5로 복사하고, 복사할 때에는 원본 파일의 소유자, 그룹, 권한 등의 정보를 그대로 복사한다.

```
[root@localhost test]# ls -al ch_5
합계 12
 drwxr-xr-x  2  root  root  4096  12월 20 08:41  .
 drwxrwxrwx  7  root  root  4096  12월 22 13:21  ..
 -rwxr-xr-x  1  root  root   598  12월 20 08:41  5-2.sh
[root@localhost test]# cp -rP ./ch_5 ./cp_ch_5
[root@localhost test]# ls -al cp_ch_5
합계 12
 drwxr-xr-x  2  root  root  4096  12월 22 13:21  .
 drwxrwxrwx  7  root  root  4096  12월 22 13:21  ..
 -rwxr-xr-x  1  root  root   598  12월 22 13:21  5-2.sh
```

3.3.8 cut 명령어

cut 명령어는 텍스트 파일이나 파이프된 결과 중에 지정된 부분만 표시한다. 이 명령어는 시스템 관리 실무에서 awk 명령어와 더불어 텍스트 파일 출력 편집용으로 많이 사용된다. 별도의 구분자 없이 사용했을 때에는 바이트 단위로 구분하지만 별도의 구분자(예: 콜론(:), 세미콜론(;) 등)를 지정하였을 경우에는 지정한 구분자를 기준으로 표시한다.

사용 형식은 다음과 같다.

> cut [옵션]

cut 명령어의 주요 옵션은 다음과 같다.

옵션	설명
-b	바이트 단위로 나타낸다.
-c	문자 단위로 나타낸다.
-d	기본 필드 구분자인 탭 대신 지정된 구분자를 이용한다.
-f	지정된 필드만 구성하여 표시한다.
-s	필드 구분자에 포함되어 있지 않은 행은 표시하지 않는다

-b, -c, -f 옵션에서는 숫자 범위를 지정할 수 있는데 다음과 같이 지정할 수 있다.

구분	설명
A	A 번째
A-	A 번째 부터
A-B	A부터 B까지
-B	B까지

다음 예제는 /etc/passwd에서 시스템에 등록되어 있는 계정과 연계된 쉘 부분만 표시한다. 이를 위해 cut 명령어를 사용한다. 그리고 기본 구분자인 탭 대신 콜론(:)을 구분자로 하여 1번과 7번 필드를 표시하도록 옵션을 주었다.

```
[root@localhost test]# cut -d":" -f1,7 /etc/passwd
root:/bin/bash
bin:/sbin/nologin
daemon:/sbin/nologin
adm:/sbin/nologin
gopher:/sbin/nologin
ftp:/sbin/nologin
nobody:/sbin/nologin
rpm:/sbin/nologin
dbus:/sbin/nologin
nscd:/sbin/nologin
vcsa:/sbin/nologin
rpc:/sbin/nologin
named:/sbin/nologin
avahi:/sbin/nologin
ntp:/sbin/nologin
mailnull:/sbin/nologin
smmsp:/sbin/nologin
sshd:/sbin/nologin
rpcuser:/sbin/nologin
nfsnobody:/sbin/nologin
pcap:/sbin/nologin
distcache:/sbin/nologin
haldaemon:/sbin/nologin
mysql:/bin/bash
```

cut 명령어의 -b, -c, -f 옵션은 숫자 범위를 지정할 수 있는데 다음 예제는 /etc/passwd에서 시스템에 등록되어 있는 계정명, UID, GID 정보를 표시하는 명령어와 옵션이다. 이를 위해 -f 옵션 뒤에 1번 필드와 3번에서 4번 필드까지의 범위를 지정하였다.

```
[root@study ~]# cut -d":" -f1,3-4 /etc/passwd
root:0:0
~~ (중략)
user101:510:510
user102:511:511
```

기존의 명령어 및 다양한 텍스트 정보를 관리자의 필요에 따라 재처리하고 가독성 있게 재구성할 때 cut 명령어를 많이 활용하므로 잘 기억하기 바란다.

3.3.9 date 명령어

date 명령어는 시스템의 날짜와 시간을 알려주거나 설정한다. 옵션 없이 사용하면 시스템의 현재 시간과 날짜를 표시하고, 특정 형식을 지정하면 형식에 맞춰서 시간이 표시된다.

사용 형식은 다음과 같다.

> date [옵션] [+형식]

date 명령어의 주요 옵션과 형식은 다음과 같다.

구분		설명
옵션	-d	지정된 날짜를 표시한다.
	-f	지정한 파일에서 각 행에 대한 날짜를 표시한다.
	-r	지정한 파일이 마지막 수정된 날짜를 표시한다.
	-s	지정된 값으로 시간을 맞춘다.
형식	%d	월의 일(01~31)
	%j	년의 일(01~366)
	%k	24시간의 시간(0~23)
	%l	12시간의 시간(0~12)
	%m	년의 월(1~12)
	%n	새로운 줄 입력
	%p	AM / PM

다음은 date 명령어의 기본 결과 값이다.

```
[root@localhost ~]# date
2014. 12. 19. (금) 02:31:02 KST
```

다음은 올해 며칠이 지났는지를 표시하고, 오늘 날짜를 지정된 형식(월-일-년)으로 표시하는 예제이다.

```
[root@localhost ~]# date +%j
353
[root@localhost ~]# date +%m-%d-%Y
12-19-2014
```

date 명령어는 날짜를 표시하는 간단한 명령어이다. 그러나 쉘 스크립트를 작성할 때, 로그를 저장할 때, 예약된 작업 결과를 자동으로 저장할 때 등 파일이나 내용의 날짜를 표기해야 하는 상황에서 많이 사용된다. 따라서 주로 사용하는 옵션과 형식을 잘 기억해 두기 바란다.

3.3.10 df 명령어

df 명령어는 파일 시스템의 디스크 공간을 확인해서 표시한다.

사용 형식은 다음과 같다.

```
df [옵션]
```

df 명령어의 주요 옵션은 다음과 같다.

옵션	설명
-a	모든 파일 시스템을 표시한다.
-B	지정된 크기를 블록 단위로 정하여 용량을 표시한다.
-h	사람이 인지하기 좋은 kilo, mega, giga 단위로 표시한다.
-H	사람이 인지하기 좋도록 1KB를 1,000 단위로 산출하여 표시한다.
-i	아이노드의 남은 공간, 사용 공간, 사용율 정보를 표시한다.
-k	1KB 단위로 표시한다.

다음 예제에서는 df 명령어를 이용하여 현재의 모든 파일 시스템을 사람이 인지하기 좋은 단위로 산출하여 표시한다.

```
[root@localhost ~]# df -ah
Filesystem                      Size  Used  Avail Use% Mounted on
/dev/mapper/VolGroup00-LogVol00  7.2G  1.6G  5.2G  24% /
proc                               0     0     0    -  /proc
sysfs                              0     0     0    -  /sys
devpts                             0     0     0    -  /dev/pts
/dev/sda1                        99M   12M   82M  13% /boot
tmpfs                           125M     0  125M   0% /dev/shm
none                               0     0     0    -  /proc/sys/fs/binfmt_misc
```

3.3.11 diff 명령어

diff 명령어는 파일을 비교하여 다른 부분을 표시한다.

사용 형식은 다음과 같다.

```
diff [옵션] file1 file2
```

diff 명령어의 주요 옵션은 다음과 같다.

옵션	설명
-a	모든 파일을 텍스트 파일로 취급하여 행간 비교를 한다.
-b	중복된 공백은 무시한다.
-i	대소문자를 구별하지 않는다.
-H	큰 파일을 빠르게 처리하기 위해 사용한다.
-l	pr 명령어를 통해 페이지를 출력한다.
-L	파일 이름 대신 지정된 라벨을 사용한다.
-N	존재하지 않는 파일이면 빈 파일로 인식한다.
-r	비교 대상의 하위 디렉터리의 파일까지 비교한다.
-s	비교하는 대상의 파일이 서로 같을 경우 비교 결과가 같음을 출력한다.
-w	각 줄을 비교할 때 공백은 무시한다.

다음 예제에서는 diff1과 diff2를 비교하여 서로 다른 부분을 출력한다. diff diff1 diff2 명령어의 실행 결과에서 1,2c1,2는 diff1과 diff2의 첫 번째 줄과 두 번째 줄이 다르다는 의미이고, 15c15,16은 diff1의 열다섯 번째 줄과 diff2의 열다섯 번째, 열여섯 번째 줄이 다르다는 의미이다.

```
[root@localhost ~]# ls -al
합계 132
drwxr-x---   4 root root   4096 12월 17 23:13 .
drwxr-xr-x  23 root root   4096 12월 17 01:34 ..
-rw-------   1 root root   6556 12월 19 03:16 .bash_history
-rw-r--r--   1 root root     24  7월 14 2008  .bash_logout
-rw-r--r--   1 root root    224 12월 17 00:43 .bash_profile
-rw-r--r--   1 root root    208 12월 17 00:43 .bashrc
-rw-r--r--   1 root root    100  7월 14 2008  .cshrc
-rw-------   1 root root     35 12월 19 03:05 .lesshst
-rw-r--r--   1 root root    129  7월 14 2008  .tcshrc
-rw-------   1 root root   4780 12월 17 23:13 .viminfo
-rw-------   1 root root   2730 12월 17 00:47 anaconda-ks.cfg
drwxr-xr-x   7 root root   4096 12월 17 01:54 bin
drwxr-xr-x   2 root root   4096 12월 17 00:56 conf
-rw-r--r--   1 root root  20442 12월 17 00:47 install.log
-rw-r--r--   1 root root   3394 12월 17 00:46 install.log.syslog
[root@localhost ~]# ls -al >> diff1
[root@localhost ~]# ls -al
합계 136
drwxr-x---   4 root root   4096 12월 19 03:18 .
drwxr-xr-x  23 root root   4096 12월 17 01:34 ..
-rw-------   1 root root   6556 12월 19 03:16 .bash_history
-rw-r--r--   1 root root     24  7월 14 2008  .bash_logout
-rw-r--r--   1 root root    224 12월 17 00:43 .bash_profile
-rw-r--r--   1 root root    208 12월 17 00:43 .bashrc
-rw-r--r--   1 root root    100  7월 14 2008  .cshrc
-rw-------   1 root root     35 12월 19 03:05 .lesshst
-rw-r--r--   1 root root    129  7월 14 2008  .tcshrc
-rw-------   1 root root   4780 12월 17 23:13 .viminfo
-rw-------   1 root root   2730 12월 17 00:47 anaconda-ks.cfg
```

```
drwxr-xr-x   7  root  root    4096  12월 17 01:54   bin
drwxr-xr-x   2  root  root    4096  12월 17 00:56   conf
-rw-r--r--   1  root  root     880  12월 19 03:18   diff1
-rw-r--r--   1  root  root   20442  12월 17 00:47   install.log
-rw-r--r--   1  root  root    3394  12월 17 00:46   install.log.syslog
[root@localhost ~]# ls -al >> diff2
[root@localhost ~]# diff diff1 diff2
1,2c1,2
< 합계 132
<
< drwxr-x---  4  root  root    4096  12월 19 03:18   .
---
> 합계 136
> drwxr-x---  4  root  root    4096  12월 19 03:19   .
15c15,16
< -rw-r--r--  1  root  root       0  12월 19 03:18   diff1
---
>  rw r  r    1  root  root     880  12월 19 03:18   diff1
> -rw-r--r--  1  root  root       0  12월 19 03:19   diff2
```

다음 예제에서는 diff 명령어의 -s 옵션과 -w 옵션에 대해 알아보도록 하겠다. -s 옵션은 비교하는 두 파일이 같을 경우 비교 결과가 같음을 출력하는데 w.test 파일과 w.test2 파일의 내용이 같기 때문에 비교 결과가 같다는 결과가 출력되었다. -w 옵션은 파일 비교 시 각 줄의 공백을 무시하고 비교를 하는데 w.test 파일과 w.test3 파일은 내용이 실제로 다르지만 -w 옵션을 통해 공백은 무시되어서 비교 결과가 서로 같다고 인식하였다.

```
[root@study test]# cat w.test
Linux_UNIX_Shell Script
[root@study test]# cat w.test2
Linux_UNIX_Shell Script
[root@study test]# cat w.test3
Linux_UNIX_ShellScript
[root@study test]# diff -s w.test w.test2
Files w.test and w.test2 are identical
[root@study test]# diff w.test w.test3
1c1
< Linux_UNIX_Shell Script
---
> Linux_UNIX_ShellScript
[root@study test]# diff -w w.test w.test3
```

3.3.12 domainname 명령어

domainname 명령어는 운영체제에 설정된 도메인명 정보를 확인한다.

사용 형식은 다음과 같다.

> domainname [옵션] 도메인명

domainname 명령어의 주요 옵션은 다음과 같다.

옵션	설명
-s	간단한 호스트명을 출력한다.
-a	엘리어스(별명)를 출력한다.
-i	호스트 IP 주소를 출력한다.
-f	전체 호스트명을 출력한다.
-d	DNS 도메인명을 출력한다.

다음 예제에서는 domainname 명령어를 이용하여 도메인 정보를 확인하고 변경한다. -f 옵션을 이용하면 hostname 명령어와 동일한 결과를 확인할 수 있다.

```
[root@localhost ~]# domainname
shellscript.co.kr
[root@localhost ~]# domainname -f
localhost.localdomain
[root@localhost ~]# domainname shell.co.kr
[root@localhost ~]# domainname
shell.co.kr
```

3.3.13 du 명령어

du 명령어는 현재 디렉터리의 사용량을 표시한다. 옵션 없이 사용하면 현재 디렉터리의 크기를 MB 단위로 출력한다.

사용 형식은 다음과 같다.

```
du [옵션]
```

du 명령어의 주요 옵션은 다음과 같다.

옵션	설명
-a	현재 디렉터리의 모든 파일과 하부 디렉터리의 사용량을 출력한다.
-b	바이트 크기로 사용량을 출력한다.
-h	사용자가 보기 쉬운 형태로 정보를 표시한다.
-k	사용량을 1KB 형태로 표시한다.
-s	간단히 총 사용량만 표시한다.

다음 예제에서는 du 명령어를 이용하여 현재의 디렉터리의 사용량을 확인한다.

```
[root@localhost ~]# du
12      ./conf
60      ./bin/apm
236     ./bin/log
56      ./bin/conf
744     ./bin/chkrootkit
256     ./bin/sbin
1516    ./bin
1644    .
```

-s 옵션을 사용하면 지정한 파일이나 디렉터리의 사용량을 간단히 나타낼 수 있다.

```
[root@localhost test]# du -s sh_ex
120220    sh_ex
```

-h 옵션을 사용하면 파일이나 디렉터리의 사용량을 사용자가 알기 쉽게 표시할 수 있다.

```
[root@localhost ~]# du -h
12K     ./conf
60K     ./bin/apm
236K    ./bin/log
56K     ./bin/conf
744K    ./bin/chkrootkit
256K    ./bin/sbin
1.5M    ./bin
1.7M    .
```

3.3.14 echo 명령어

echo 명령어는 지정된 문자열을 출력한다. 현재 쉘의 환경 변수를 확인할 때도 활용하며, 쉘 스크립트 작성 시 각종 문자나 기호를 출력하거나 재지정을 통해 로그를 만들 때에도 많이 활용한다.

사용 형식은 다음과 같다.

```
echo [옵션][출력 문자열]
```

echo 명령어의 주요 옵션은 다음과 같다.

옵션	설명
-n	화면상의 커서를 다음 줄로 옮기는 역할을 한다.
-e	₩(옵션)에 설정된 기능을 수행한다. * ₩(옵션) 설정의 의미

옵션	설명
₩a	경고음(벨) 소리를 낸다.
₩b	백스페이스이다.
₩c	마지막 개행 문자를 사용하지 않는다.
₩n	개행 문자를 출력한다.
₩t	수평 탭이다.
₩v	수직 탭이다.
₩₩	백슬래시이다.

다음 예제에서는 echo 명령어를 이용하여 현재 쉘의 환경 변수 값을 확인한다. echo와 '$환경변수 명'을 실행하여 등록되어 있는 정보를 확인할 수 있다.

```
[root@localhost ~]# set
BASH=/bin/bash
BASH_ARGC=()
BASH_ARGV=()
BASH_LINENO=()
BASH_SOURCE=()
BASH_VERSINFO=([0]="3" [1]="2" [2]="25" [3]="1" [4]="release" [5]="i686-redhat-linux-gnu")
BASH_VERSION='3.2.25(1)-release'
COLORS=/etc/DIR_COLORS.xterm
COLUMNS=168
CVS_RSH=ssh
```

```
DIRSTACK=()
EUID=0
GROUPS=()
G_BROKEN_FILENAMES=1
HISTFILE=/root/.bash_history
HISTFILESIZE=1000
HISTSIZE=1000
HOME=/root
HOSTNAME=localhost.localdomain
HOSTTYPE=i686
~~ (중략)
SSH_CLIENT='192.168.159.1 49692 22'
SSH_CONNECTION='192.168.159.1 49692 192.168.159.130 22'
SSH_TTY=/dev/pts/1
TERM=xterm
UID=0
USER=root
_=/root

[root@localhost ~]# echo $USER
root
```

옵션 없이 문자열을 사용하면 해당 문자열을 출력한다. -n 옵션을 사용하면 커서가 바로 옆으로 이동하고, -e와 함게 ₩a를 같이 사용하면 컴퓨터의 경고음과 함께 지정된 문자열이 출력된다. 경고음이 많이 활용되지는 않지만 쉘 스크립트를 실행하면서 사용자에게 무언가를 경고하거나 사용자의 주의를 환기시켜야 할 때 종종 사용된다.

```
[root@localhost ~]# echo Shell Scipt
Shell Script
[root@localhost ~]# echo -n Shell Script
Shell Script[root@localhost ~]#
[root@localhost ~]# echo -e "\a Shell Script"
 Shell Script
```

3.3.15 find 명령어

find 명령어는 운영체제에서 조건에 맞는 파일을 찾고자 할 때 사용한다.

사용 형식은 다음과 같다.

> free [경로] [조건식] [액션]

find 명령어의 주요 조건식과 액션은 다음과 같다.

구분		설명
조건식	-name	파일명과 일치하는 파일을 찾을 수 있도록 지정한다.
	-atime	지정된 날짜 이전에 액세스된 파일을 찾는다.
	-ctime	지정된 날짜 이전에 퍼미션이 변경된 파일을 찾는다.
	-atime	지정된 날짜 이전에 파일 수정 날짜가 변경된 파일을 찾는다.
	-size	파일의 크기가 지정된 숫자만큼의 블록인 파일을 찾는다. 바이트 단위로 검색을 하려면 지정된 숫자 뒤에 c를 붙인다.
	-group	지정된 그룹 소유의 파일을 찾는다.
	-user	지정된 유저 소유의 파일을 찾는다.
	-type	파일의 종류가 어떤 형태인지 검색한다. * 일반 파일(f), 블록 디바이스(b), 캐릭터 디바이스(c), 심볼릭 링크(l), 디렉터리(d)
	-perm	지정된 퍼미션이 부여된 파일을 찾는다.
액션	-delete	검색된 파일을 삭제한다.
	-exec 명령어;	검색 후 지정된 명령어를 실행한다.
	-print	검색된 파일들의 전체 경로를 표준 출력으로 출력한다.

아래 예제에서는 /test/ch_4 디렉터리에서 root가 소유한 파일을 찾는다. -user 조건식을 이용하여 root를 지정하고, -print 조건식을 이용하여 검색 결과를 나열한다.

```
[root@localhost test]# find /test/ch_4 -user root -print
/test/ch_4
/test/ch_4/5-6.sh
/test/ch_4/5-14.sh
/test/ch_4/5-11.sh
/test/ch_4/5-10.sh
/test/ch_4/5-13.sh
/test/ch_4/5-12.sh
/test/ch_4/5-7.sh
/test/ch_4/5-1.sh
/test/ch_4/5-7-1.sh
/test/ch_4/5-3.sh
/test/ch_4/5-3-1.sh
/test/ch_4/5-4.sh
/test/ch_4/5-9.sh
/test/ch_4/5-15.sh
/test/ch_4/5-2.sh
/test/ch_4/5-8.sh
/test/ch_4/5-5.sh
```

다음 예제에서는 /test/ch_4 디렉터리에서 .bak이 포함된 파일을 찾아 삭제한다. 이를 위해 '-exec rm {} \;' 액션을 이용한다. -exec 액션을 통해 다양한 명령어들을 활용할 수 있지만 rm 같이 파일을 삭제하는 명령어를 사용할 때는 항상 주의하기 바란다.

```
[root@localhost ch_4]# ls -al
합계 76
drwxr-xr-x   2 root root 4096 12월 21 21:19 .
drwxrwxrwx   6 root root 4096 12월 21 19:26 ..
-rwxr-xr-x   1 root root   64 12월 17 09:37 5-1.sh
-rwxr-xr-x   1 root root   89 12월 18 05:28 5-10.sh
-rwxr-xr-x   1 root root  147 12월 18 05:59 5-11.sh
-rwxr-xr-x   1 root root  137 12월 18 06:18 5-12.sh
-rwxr-xr-x   1 root root  220 12월 18 07:11 5-13.sh
-rwxr-xr-x   1 root root  231 12월 18 07:59 5-14.sh
-rwxr-xr-x   1 root root  369 12월 18 08:59 5-15.sh
-rwxr-xr-x   1 root root   38 12월 17 13:33 5-2.sh
-rwxr-xr-x   1 root root  362 12월 17 23:47 5-3-1.sh
-rwxr-xr-x   1 root root  451 12월 17 23:40 5-3.sh
-rwxr-xr-x   1 root root  109 12월 18 00:38 5-4.sh
-rwxr-xr-x   1 root root  119 12월 18 00:59 5-5.sh
-rwxr-xr-x   1 root root  164 12월 18 02:42 5-6.sh
-rwxr-xr-x   1 root root   73 12월 18 04:26 5-7-1.sh
-rwxr-xr-x   1 root root   84 12월 18 03:51 5-7.sh
-rwxr-xr-x   1 root root   93 12월 18 04:55 5-8.sh
-rwxr-xr-x   1 root root  196 12월 18 05:12 5-9.sh
-rw-r--r--   1 root root    0 12월 21 21:19 abc.bak
[root@localhost ch_4]# find /test/ch_4 -name *.bak -exec rm {} \;
[root@localhost ch_4]# ls -al
합계 76
drwxr-xr-x   2 root root 4096 12월 21 21:19 .
drwxrwxrwx   6 root root 4096 12월 21 19:26 ..
-rwxr-xr-x   1 root root   64 12월 17 09:37 5-1.sh
-rwxr-xr-x   1 root root   89 12월 18 05:28 5-10.sh
-rwxr-xr-x   1 root root  147 12월 18 05:59 5-11.sh
-rwxr-xr-x   1 root root  137 12월 18 06:18 5-12.sh
-rwxr-xr-x   1 root root  220 12월 18 07:11 5-13.sh
-rwxr-xr-x   1 root root  231 12월 18 07:59 5-14.sh
-rwxr-xr-x   1 root root  369 12월 18 08:59 5-15.sh
-rwxr-xr-x   1 root root   38 12월 17 13:33 5-2.sh
```

```
-rwxr-xr-x  1  root  root   362  12월 17 23:47  5-3-1.sh
-rwxr-xr-x  1  root  root   451  12월 17 23:40  5-3.sh
-rwxr-xr-x  1  root  root   109  12월 18 00:38  5-4.sh
-rwxr-xr-x  1  root  root   119  12월 18 00:59  5-5.sh
-rwxr-xr-x  1  root  root   164  12월 18 02:42  5-6.sh
-rwxr-xr-x  1  root  root    73  12월 18 04:26  5-7-1.sh
-rwxr-xr-x  1  root  root    84  12월 18 03:51  5-7.sh
-rwxr-xr-x  1  root  root    93  12월 18 04:55  5-8.sh
-rwxr-xr-x  1  root  root   196  12월 18 05:12  5-9.sh
```

3.3.16 free 명령어

free 명령어는 운영체제에서 사용하는 메모리와 사용하지 않는 메모리를 물리적 메모리와 스왑 메모리 등으로 구분하여 전체적인 현황을 살펴볼 때 유용하다.

사용 형식은 다음과 같다.

```
free [옵션]
```

free 명령어의 주요 옵션은 다음과 같다.

옵션	설명
-b	메모리의 양을 Byte로 표시한다.
-k	메모리의 양을 KB 단위로 표시한다.
-m	메모리의 양을 MB 단위로 표시한다.
-t	총계가 포함된 줄을 출력한다.
-s	지정된 초마다 출력하게 한다.

-m 옵션을 사용하여 MB 단위로 메모리의 사용 현황을 출력하고, -s 옵션을 사용하여 3초 단위로 명령을 수행하는 예제이다.

```
[root@localhost ~]# free -m
              total      used      free    shared   buffers    cached
Mem:            249       239        10         0        60       123
-/+ buffers/cache:         55       193
Swap:           511         0       511
[root@localhost ~]# free -s 3
              total      used      free    shared   buffers    cached
Mem:         255592    245152     10440         0     61468    126672
-/+ buffers/cache:      57012    198580
Swap:        524280       108    524172

              total      used      free    shared   buffers    cached
Mem:         255592    245152     10440         0     61472    126672
-/+ buffers/cache:      57008    198584
Swap:        524280       108    524172

              total      used      free    shared   buffers    cached
Mem:         255592    245152     10440         0     61472    126672
-/+ buffers/cache:      57008    198584
Swap:        524280       108    524172
```

3.3.17 ftp 명령어

FTP(File Transfer Protocol)는 네트워크상에서 파일을 서로 주고받을 수 있도록 하는 서비스 프로토콜이다. Windows 등에서 활용할 수 있는 GUI 기반의 FTP 클라이언트 프로그램들이 많이 있지만, 콘솔이나 터미널 작업 시에는 텍스트 환경에서 제어하는 방법도 알아야 한다. 셸 스크립트 작성 시 다양한 정보 및 파일을 주고받기 위해서 ftp 명령어를 활용해야 할 수 있으므로 이 명령어를 잘 기억해 두기 바란다.

사용 형식은 다음과 같다.

ftp [옵션] 호스트 네임 / 주소

ftp 명령어의 주요 옵션과 내장 명령어는 다음과 같다.

구분		설명
옵션	-i	여러 개의 파일 전송 중 ftp 프롬프트의 상호작용을 비활성화한다.
	-t	패킷 추적을 가능하도록 설정한다.
내장 명령어	ascii	주고받는 파일을 텍스트 형식 파일로 설정한다.
	binary	주고받는 파일을 바이너리 형식 파일로 설정한다.
	case	파일의 이름을 대소문자 구별하지 않도록 설정한다.
	ls(dir)	서버의 파일 및 디렉터리 목록을 나열한다.
	cd	서버의 디렉터리로 이동한다.
	lcd	로컬(자신의 시스템)의 디렉터리를 변경한다.
	get	서버에서 하나의 파일을 다운로드한다.
	mget	서버에서 여러 개의 파일을 다운로드한다.
	put	로컬(자신의 시스템)에 있는 하나의 파일을 서버로 업로드한다.
	mput	로컬(자신의 시스템)에 있는 여러 개의 파일을 서버로 업로드한다.
	delete	서버에서 하나의 파일을 삭제한다.
	mdelete	서버에서 여러 개의 파일을 삭제한다.
	mkdir	서버에 새로운 디렉터리를 만든다.
	rmdir	서버에 있는 디렉터리를 삭제한다.
	!명령어	로컬(자신의 시스템)의 명령어를 실행한다.
	quit / bye	ftp를 종료한다.

IP로 ftp에 접속하면 계정 및 패스워드 확인이 진행된다.

```
[root@localhost ~]# ftp 192.168.159.130
Connected to 192.168.159.130.
220 (vsFTPd 2.0.5)
530 Please login with USER and PASS.
530 Please login with USER and PASS.
KERBEROS_V4 rejected as an authentication type
Name (192.168.159.130:root): root
331 Please specify the password.
Password:
230 Login successful.
Remote system type is UNIX.
Using binary mode to transfer files.
ftp>
```

ftp> 프롬프트 상에서 내장 명령어 open을 이용하여 접속하는 방법으로 'open IP 주소'로도 동일하게 접속할 수 있다.

```
[root@localhost ~]# ftp
ftp> open 192.168.159.130
Connected to 192.168.159.130.
220 (vsFTPd 2.0.5)
530 Please login with USER and PASS.
530 Please login with USER and PASS.
KERBEROS_V4 rejected as an authentication type
Name (192.168.159.130:root): root
331 Please specify the password.
Password:
230 Login successful.
Remote system type is UNIX.
Using binary mode to transfer files.
ftp>
```

ftp 내장 명령어를 이용하여 서버의 /test 디렉터리로 이동하고, 파일 및 디렉터리 목록을 나열하는 예제이다.

```
ftp> cd /test
250 Directory successfully changed.
ftp> ls
200 PORT command successful. Consider using PASV.
150 Here comes the directory listing.
drwxr-xr-x   2   0   0   4096   Dec 18 00:13   ch_4
drwxr-xr-x   2   0   0   4096   Dec 19 23:41   ch_5
-rw-r--r--   1   0   0     13   Dec 18 15:48   cmp1
-rw-r--r--   1   0   0     26   Dec 18 15:48   cmp2
-rw-r--r--   1   0   0     20   Dec 18 15:53   cmp3
-rw-r--r--   1   0   0   2832   Dec 18 16:37   col.man
-rw-r--r--   1   0   0     24   Dec 18 16:53   colcrt.test
drwxr-xr-x   2   0   0   4096   Dec 18 00:13   cp_test
-rw-r--r--   1   0   0     66   Dec 18 03:55   day-time
-rw-r--r--   1   0   0    103   Dec 17 16:30   file
-rw-r--r--   1   0   0    118   Dec 17 20:59   root.log
-rw-r--r--   1   0   0    614   Dec 19 08:54   script.log
drwxr-xr-x   3   0   0   4096   Dec 19 22:30   sh_ex
-rw-r--r--   1   0   0      6   Dec 18 03:38   system
-rwxr-xr-x   1   0   0   2319   Dec 20 02:29   test.sh
-rw-r--r--   1   0   0      0   Jun 25 2002    touch.test
-rw-r--r--   1   0   0     24   Dec 19 12:24   tr.test
-rw-r--r--   1   0   0     24   Dec 19 13:50   w.test
226 Directory send OK.
ftp>
```

이번 예제에서는 내장 명령어인 lcd를 이용하여 로컬(현재 본인이 접속 중인 시스템) 시스템의 /tmp 디렉터리로 이동한다. 그리고 get 명령어를 이용하여 서버의 script.log를 로컬 시스템의 /tmp로 다운로드받는다. 그런 다음에 '!명령어'를 이용하여 로컬 시스템의 명령어를 실행한다. 그리고 !ls 명령어로 script.log 파일이 다운로드된 것을 확인할 수 있다.

```
ftp> lcd /tmp
Local directory now /tmp
ftp> get script.log
local: script.log remote: script.log
200 PORT command successful. Consider using PASV.
150 Opening BINARY mode data connection for script.log (614 bytes).
226 File send OK.
614 bytes received in 0.35 seconds (1.7 Kbytes/s)
ftp> lls /tmp
script.log
ftp>
```

3.3.18 ifconfig 명령어

ifconfig 명령어는 운영체제의 네트워크 인터페이스의 설정을 확인 및 변경한다.

사용 형식은 다음과 같다.

```
ifconfig [네트워크 인터페이스] [타입] [옵션] [설정값]
```

-a 옵션과 함께 실행하여 네트워크 인터페이스에 설정되어 있는 정보를 확인할 수 있다.

```
[root@localhost ~]# ifconfig -a
eth0  Link encap:Ethernet  HWaddr 00:0C:29:2B:33:C9
      inet addr:192.168.159.130  Bcast:192.168.159.255  Mask:255.255.255.0
      inet6 addr: fe80::20c:29ff:fe2b:33c9/64 Scope:Link
      UP BROADCAST RUNNING MULTICAST  MTU:1500  Metric:1
      RX packets:334887 errors:0 dropped:0 overruns:0 frame:0
      TX packets:573109 errors:0 dropped:0 overruns:0 carrier:0
      collisions:0 txqueuelen:1000
      RX bytes:80629997 (76.8 MiB)  TX bytes:78131708 (74.5 MiB)
      Interrupt:67 Base address:0x2000
```

```
lo      Link encap:Local Loopback
        inet addr:127.0.0.1  Mask:255.0.0.0
        inet6 addr: ::1/128 Scope:Host
        UP LOOPBACK RUNNING  MTU:16436  Metric:1
        RX packets:74 errors:0 dropped:0 overruns:0 frame:0
        TX packets:74 errors:0 dropped:0 overruns:0 carrier:0
        collisions:0 txqueuelen:0
        RX bytes:12395 (12.1 KiB)  TX bytes:12395 (12.1 KiB)

sit0    Link encap:IPv6-in-IPv4
        NOARP  MTU:1480  Metric:1
        RX packets:0 errors:0 dropped:0 overruns:0 frame:0
        TX packets:0 errors:0 dropped:0 overruns:0 carrier:0
        collisions:0 txqueuelen:0
        RX bytes:0 (0.0 b)  TX bytes:0 (0.0 b)
```

특정 네트워크 인터페이스에서 IP를 설정하는 방법은 아래의 예와 같다. 대부분의 UNIX 및 Linux에서는 IP 변경 등 주요 정보 설정을 처리하는 자동화된 프로그램이나 스크립트를 제공한다. 그러나 콘솔 접속을 통해 IP를 설정해야 할 때 ifconfig 명령어를 유용하게 사용할 수 있다.

```
[root@localhost ~]# ifconfig etho 192.168.0.100 netmask 255.255.255.0
```

3.3.19 grep 명령어

grep 명령어는 텍스트 형식으로 된 파일의 내용이나 명령어의 실행 결과를 특정 문자나 단어로 검색한다. 이 명령어는 단독으로 쓰이기보다 다른 명령어에 파이프 형태로 결합하여 사용된다. 단독으로 사용될 때에는 텍스트 파일 또는 결과의 특정 문자나 단어가 포함된 행이 출력된다. 기본적으로, 검색 대상 문자의 대소문자를 구별하여 검색한다.

사용 형식은 다음과 같다.

```
grep [옵션] [패턴]
```

grep 명령어의 주요 옵션과 정규표현식은 다음과 같다.

구분		설명
옵션	-c	해당 패턴이 포함된 행의 개수를 출력한다.
	-i	패턴의 대소문자를 구별 없이 검색한다.
	-n	해당 패턴이 포함된 행의 행 번호를 포함하여 출력한다.
	-v	해당 패턴을 제외하고 출력한다.
정규표현식	^	행의 첫 시작을 의미한다.
	$	행의 끝을 의미한다.
	.	한 글자를 의미한다.
	*	문자열을 의미한다.
	[ ]	[ ] 안의 문자열 중 하나를 선택한다.
	[^]	정규표현식 [ ]와 반대의 개념으로 [^] 안의 문자열을 제외한다.
	₩	특수 문자를 문자로 인식한다.

정규표현식만 정확히 이해하는데도 꽤 많은 시간이 소요되므로 이 책에서는 grep 명령어를 이용해서 파일 내부의 문자 패턴을 간단히 검색할 수 있을 정도만 설명한다. 정규표현식에 대해 더 자세히 알고 싶으면 관련 책자나 문서를 참고하기 바란다.

첫 번째 명령은 5-8.sh 파일의 내용 중에서 $'Var 문자열이 포함된 행을 표시하도록 하였고, 두 번째 명령에서는 [0-9] 표현을 이용하여 5-8.sh 파일에서 숫자가 포함된 행을 표시하도록 하였다.

```
[root@localhost ch_4]# more 5-8.sh
#!/bin/sh

Var=0
while (($Var < 10))
do
   echo "$Var"
   Var=`expr $Var + 1`
done
echo "END"
```

```
[root@localhost ch_4]# more 5-8.sh | grep '$Var'
while (($Var < 10))
    echo "$Var"
    Var=`expr $Var + 1`
[root@localhost ch_4]# more 5-8.sh | grep '[0-9]'
Var=0
while (($Var < 10))
    Var=`expr $Var + 1`
[root@localhost ch_4]#
```

다음은 파이프를 이용하여 test 디렉터리의 파일 및 디렉터리 목록 중에서 실제 존재하는 디렉터리 목록만 나열하도록 한 예제이다. 디렉터리는 d로 시작하므로 행의 시작이 d인 행을 표시하기 위해 ^d 옵션을 사용했다. 하지만 현재 디렉터리를 나타내는 . 와 상위 디렉터리를 나타내는 .. 도 포함되므로 이 결과를 추가적으로 제거하기 위해 [.] 옵션을 사용했다.

```
[root@localhost test]# ls -al
합계 64
drwxrwxrwx   6 root root 4096 12월 21 19:26 .
drwxr-xr-x  23 root root 4096 12월 21 05:57 ..
drwxr-xr-x   2 root root 4096 12월 18 09:13 ch_4
drwxr-xr-x   2 root root 4096 12월 20 08:41 ch_5
-rw-r--r--   1 root root 2832 12월 19 01:37 col.man
-rw-r--r--   1 root root   24 12월 19 01:53 colcrt.test
drwxr-xr-x   2 root root 4096 12월 18 09:13 cp_test
-rw-r--r--   1 root root   66 12월 18 12:55 day-time
-rw-r--r--   1 root root  103 12월 18 01:30 file
-rw-r--r--   1 root root  118 12월 18 05:59 root.log
-rw-r--r--   1 root root  614 12월 19 17:54 script.log
drwxr-xr-x   3 root root 4096 12월 20 07:30 sh_ex
-rw-r--r--   1 root root    6 12월 18 12:38 system
-rwxr-xr-x   1 root root 2319 12월 20 11:29 test.sh
-rw-r--r--   1 root root    0  6월 25 2002 touch.test
-rw-r--r--   1 root root   24 12월 19 22:50 w.test
```

```
[root@localhost test]# ls -al | grep '^d' | grep -v '[.]'
drwxr-xr-x   2   root   root   4096   12월 18 09:13   ch_4
drwxr-xr-x   2   root   root   4096   12월 20 08:41   ch_5
drwxr-xr-x   2   root   root   4096   12월 18 09:13   cp_test
drwxr-xr-x   3   root   root   4096   12월 20 07:30   sh_ex
```

test 디렉터리에서 .log 파일만 검색하기 위해 ₩을 이용하여 . 을 문자로 인식하게 하고 $를 이용하여 행의 마지막 부분을 기준으로 문자를 검색하도록 했다.

```
[root@localhost test]# ls -al | grep '\.log$'
-rw-r--r--   1   root   root   118   12월 18 05:59   root.log
-rw-r--r--   1   root   root   614   12월 19 17:54   script.log
```

> **Note**
>
> **정규표현식**
>
> 정규표현식은 파일 및 디렉터리 검색 시 활용하는 와일드카드와 유사하지만 파일 내 글자를 찾을 때 활용된다. 정규표현식에서 사용되는 기호는 와일드카드와 다른 의미로 사용되는 것들이 있으므로 주의해서 사용해야 한나.
>
> 정규표현식(正規表現式, regular expression, regexp, regex)은 특정한 규칙을 가진 문자열의 집합을 표현하기 위해 사용되는 형식 언어이다. 많은 텍스트 편집기와 프로그래밍 언어에서 문자열의 검색과 치환을 위해 정규표현식을 지원하고 있으며, 특히 펄과 Tcl은 언어 자체에 강력한 정규표현식을 구현하고 있다.
>
> **정규표현식의 문법**
>
> | 식 | 기능 | 설명 |
> |---|---|---|
> | . | 문자 | 1개의 문자와 일치한다. 단일행 모드에서는 새 줄 문자를 제외한다. |
> | \ | 이스케이프 | 특수 문자를 식에 문자 자체로 포함한다. |
> | \| | 선택 | 여러 식 중에서 하나를 선택한다. 예를 들어, abc\|adc는 abc와 adc 문자열을 모두 포함한다. |
> | ^ | 부정 | 문자 클래스 안의 문자를 제외한 나머지를 선택한다. 예를 들어, [^abc]d는 ad, bd, cd는 포함하지 않고 ed, fd 등을 포함한다. [^a-z]는 알파벳 소문자로 시작하지 않는 모든 문자를 의미한다. |
>
> 〈뒤에 계속〉

> **Note**
>
> **정규표현식의 문법**
>
> | 식 | 기능 | 설명 |
> |---|---|---|
> | [] | 문자 클래스 | [과] 사이의 문자 중 하나를 선택한다. ¦를 여러 개 쓴 것과 같은 의미이다. 예를 들어, [abc]d는 ad, bd, cd를 뜻한다. 또한, - 기호와 함께 쓰면 범위를 지정할 수 있다. [a-z]는 a부터 z까지 중 하나, [1-9]는 1부터 9까지 중 하나를 의미한다. |
> | () | 하위식 | 여러 식을 하나로 묶을 수 있다. abc¦adc와 a(b¦d)c는 같은 의미이다. |
> | * | 0회 이상 | 0개 이상의 문자를 포함한다. a*b는 b, ab, aab, aaab를 포함한다. |
> | + | 1회 이상 | a+b는 ab, aab, aaab를 포함하지만 b는 포함하지 않는다. |
> | ? | 0 또는 1회 | a?b는 b와 ab를 포함한다. |
> | {m} | m회 | a{3}b는 aaab만 포함한다. |
> | {m,} | m회 이상 | a{2,}b는 aab, aaab, aaaab를 포함한다. ab는 포함되지 않는다. |
> | {m, n} | m회 이상 n회 이하 | a{1,3}b는 ab, aab, aaab를 포함하지만, b나 aaaab는 포함하지 않는다. |
>
> 〈 출처: 위키백과 "공통 정규표현식" 중에서 〉

3.3.20 logger 명령어

logger 명령어는 운영체제의 주요 로그 저장 파일(/var/log/messages)에 메시지를 저장한다. SMS나 ESM 등 통합관제체계를 운용하는 곳에서 점검 결과 및 메시지를 연동시킬 때 유용하게 사용된다.

사용 형식은 다음과 같다.

```
logger [옵션] [메시지]
```

logger 명령어의 주요 옵션은 다음과 같다.

옵션	설명
-f	파일에 로그를 기록한다.
-i	작성되는 로그마다 프로세스 ID를 포함한다.
-p	우선권이 있는 메시지를 지정한다.

다음 예제에서는 logger 명령어를 이용하여 현재 시간과 프로세스 ID를 포함하여 지정된 메시지를 /var/log/messages에 작성한다.

> [root@localhost ~]# **logger -i `date` Shell Scripting!**
>
> [root@localhost log]# **tail /var/log/messages**
> Dec 19 06:25:12 localhost dhclient: DHCPREQUEST on eth0 to 192.168.159.254 port 67
> Dec 19 06:25:12 localhost dhclient: DHCPACK from 192.168.159.254
> Dec 19 06:25:12 localhost dhclient: bound to 192.168.159.130 -- renewal in 835 seconds.
> Dec 19 06:39:07 localhost dhclient: DHCPREQUEST on eth0 to 192.168.159.254 port 67
> Dec 19 06:39:07 localhost dhclient: DHCPACK from 192.168.159.254
> Dec 19 06:39:07 localhost dhclient: bound to 192.168.159.130 -- renewal in 849 seconds.
> Dec 19 06:53:16 localhost dhclient: DHCPREQUEST on eth0 to 192.168.159.254 port 67
> Dec 19 06:53:16 localhost dhclient: DHCPACK from 192.168.159.254
> Dec 19 06:53:16 localhost dhclient: bound to 192.168.159.130 -- renewal in 901 seconds.
> **Dec 19 06:54:32 localhost root[30738]: 2014. 12. 19. (금) 06:54:32 KST Shell Scripting!**

3.3.21 lsof 명령어

lsof(list open files) 명령어는 시스템에서 열린 파일 목록을 알려주고 사용하는 프로세스, 디바이스 정보, 파일의 종류 등을 표시한다.

사용 형식은 다음과 같다.

> lsof [옵션]

lsof 명령어의 주요 옵션은 다음과 같다.

옵션	설명
-u	사용자를 지정하여 출력한다.
-i	특정 포트를 사용하는 프로세스를 출력한다. * 단일 포트 지정 : lsof -i TCP:80 * 포트 범위 지정 : lsof -i TCP:22-1024
-c	특정 명령어가 사용하는 프로세스를 출력한다. * 사용 예 : lsof -c httpd

옵션	설명
+D	지정된 디렉터리 하위에 열려 있는 프로세스를 출력한다. * 사용 예 : lsof +D /home/user1

다음은 lsof 명령어를 이용하여 현재 시스템에서 80번 포트를 사용하는 프로세스를 출력한 결과이다.

```
[root@study etc]# lsof -i TCP:80
COMMAND    PID    USER   FD   TYPE  DEVICE  SIZE  NODE  NAME
httpd      2711   root   3u   IPv6  8165          TCP   *:http (LISTEN)
httpd      2814   nobody 3u   IPv6  8165          TCP   *:http (LISTEN)
httpd      2815   nobody 3u   IPv6  8165          TCP   *:http (LISTEN)
httpd      2816   nobody 3u   IPv6  8165          TCP   *:http (LISTEN)
httpd      2817   nobody 3u   IPv6  8165          TCP   *:http (LISTEN)
httpd      2818   nobody 3u   IPv6  8165          TCP   *:http (LISTEN)
httpd      2875   nobody 3u   IPv6  8165          TCP   *:http (LISTEN)
```

다음은 시스템의 로그들이 저장되는 messages 파일을 사용한 프로세스를 출력한 결과이다.

```
[root@study log]# lsof /var/log/messages
COMMAND    PID    USER   FD   TYPE  DEVICE   SIZE    NODE   NAME
syslogd    2514   root   1w   REG   253,0    282576  65841  messages
```

3.3.22 netstat 명령어

netstat 명령어는 현재 시스템에 연결되어 있는 네트워크 연결 상태 및 포트 정보를 표시한다.

사용 형식은 다음과 같다.

```
netstat [옵션]
```

netstat 명령어의 주요 옵션은 다음과 같다.

옵션	설명
-r	커널의 라우팅 테이블 정보를 출력한다.
-i	네트워크 인터페이스 테이블 정보를 출력한다.
-g	멀티캐스트 그룹 정보를 출력한다.
-s	네트워크 통계 요약을 출력한다.
-M	매스커레이드된 연결 목록을 출력한다.
-v	상세한 정보를 출력한다.
-n	숫자 형태의 IP 주소로 출력한다.
-c	매초마다 정보를 최신화하여 출력한다.
-p	소켓을 사용하는 프로그램의 PID를 출력한다.
-l	LISTENING 상태의 소켓을 출력한다.

다음 예제에서는 netstat 명령어를 이용하여 현재 시스템과 연결된 시스템들의 정보를 출력한다.

```
[root@localhost ~]# netstat
Active Internet connections (w/o servers)
Proto  Recv-Q  Send-Q  Local Address      Foreign Address      State
tcp     0       132    [UNKNOWN]:ssh      [UNKNOWN]:49518      ESTABLISHED
Active UNIX domain sockets (w/o servers)
Proto RefCnt Flags  Type      State    I-Node  Path
unix  10     [ ]    DGRAM              7701    /dev/log
unix  2      [ ]    DGRAM              1533    @/org/kernel/udev/udevd
unix  2      [ ]    DGRAM              77103
unix  2      [ ]    DGRAM              9225
unix  2      [ ]    DGRAM              8180
unix  2      [ ]    DGRAM              8137
unix  2      [ ]    DGRAM              8086
unix  2      [ ]    DGRAM              8057
unix  2      [ ]    DGRAM              7895
unix  2      [ ]    DGRAM              7709
```

-nr 옵션을 이용하면 숫자 형태의 IP 주소와 커널의 라우팅 테이블 정보를 출력한다. 결과는 route 명령어의 실행 결과와 동일함을 알 수 있다.

```
[root@localhost ~]# netstat -nr
Kernel IP routing table
Destination     Gateway         Genmask         Flags   MSS     Window  irtt    Iface
192.168.159.0   0.0.0.0         255.255.255.0   U       0       0       0       eth0
169.254.0.0     0.0.0.0         255.255.0.0     U       0       0       0       eth0
0.0.0.0         192.168.159.2   0.0.0.0         UG      0       0       0       eth0
[root@localhost ~]# route
Kernel IP routing table
Destination     Gateway         Genmask         Flags   Metric  Ref     Use     Iface
192.168.159.0   *               255.255.255.0   U       0       0       0       eth0
169.254.0.0     *               255.255.0.0     U       0       0       0       eth0
default         192.168.159.2   0.0.0.0         UG      0       0       0       eth0
```

3.3.23 nl 명령어

nl 명령어는 텍스트 형태의 파일을 읽어 행 번호를 부여한다.

사용 형식은 다음과 같다.

> nl [옵션] [텍스트 형태 파일]

nl 명령어의 주요 옵션은 다음과 같다.

옵션	설명
-b	본문에 번호를 붙이는 데 스타일을 사용한다.
-d	논리적 페이지를 구분한다.
-f	꼬리말에 번호를 붙인다
-h	머리말에 번호를 붙인다.
-i	각 줄의 줄 번호를 증가시킨다.
-l	지정된 숫자만큼의 줄은 하나로 취급한다.

다음 예제에서는 nl 명령어를 이용하여 파일(/etc/passwd)에 행 번호를 부여한다.

```
[root@localhost ~]# nl /etc/passwd
     1  root:x:0:0:root:/root:/bin/bash
     2  bin:x:1:1:bin:/bin:/sbin/nologin
     3  daemon:x:2:2:daemon:/sbin:/sbin/nologin
     4  adm:x:3:4:adm:/var/adm:/sbin/nologin
     5  lp:x:4:7:lp:/var/spool/lpd:/sbin/nologin
     6  sync:x:5:0:sync:/sbin:/bin/sync
     7  shutdown:x:6:0:shutdown:/sbin:/sbin/shutdown
     8  halt:x:7:0:halt:/sbin:/sbin/halt
     9  mail:x:8:12:mail:/var/spool/mail:/sbin/nologin
    10  news:x:9:13:news:/etc/news:
    11  uucp:x:10:14:uucp:/var/spool/uucp:/sbin/nologin
    12  operator:x:11:0:operator:/root:/sbin/nologin
    13  games:x:12:100:games:/usr/games:/sbin/nologin
    14  gopher:x:13:30:gopher:/var/gopher:/sbin/nologin
    15  ftp:x:14:50:FTP User:/var/ftp:/sbin/nologin
    16  nobody:x:99:99:Nobody:/:/sbin/nologin
    17  rpm:x:37:37::/var/lib/rpm:/sbin/nologin
    18  dbus:x:81:81:System message bus:/:/sbin/nologin
    19  nscd:x:28:28:NSCD Daemon:/:/sbin/nologin
    20  vcsa:x:69:69:virtual console memory owner:/dev:/sbin/nologin
    21  rpc:x:32:32:Portmapper RPC user:/:/sbin/nologin
    22  named:x:25:25:Named:/var/named:/sbin/nologin
    23  avahi:x:70:70:Avahi daemon:/:/sbin/nologin
    24  ntp:x:38:38::/etc/ntp:/sbin/nologin
    25  mailnull:x:47:47::/var/spool/mqueue:/sbin/nologin
    26  smmsp:x:51:51::/var/spool/mqueue:/sbin/nologin
    27  sshd:x:74:74:Privilege-separated SSH:/var/empty/sshd:/sbin/nologin
    28  rpcuser:x:29:29:RPC Service User:/var/lib/nfs:/sbin/nologin
    29  nfsnobody:x:65534:65534:Anonymous NFS User:/var/lib/nfs:/sbin/nologin
    30  pcap:x:77:77::/var/arpwatch:/sbin/nologin
    31  distcache:x:94:94:Distcache:/:/sbin/nologin
    32  haldaemon:x:68:68:HAL daemon:/:/sbin/nologin
    33  mysql:x:27:27::/home/mysql:/bin/bash
```

3.3.24 ntpdate 명령어

ntpdate 명령어는 지정된 time 서버로부터 시간 정보를 동기화시킨다.

사용 형식은 다음과 같다.

```
ntpdate [옵션] [time 서버 주소]
```

ntpdate 명령어의 주요 옵션은 다음과 같다.

옵션	설명
-d	시간 동기화 실패 시 원인을 위해 디버깅을 할 때 활용한다.
-q	시스템의 시간을 설정하지 않고 시간 정보만 확인한다.
-s	표준 시간 정보를 시스템 로그(syslog)에 전달한다.
-t	timeout 대기 시간을 설정한다.
-v	상세 정보를 출력한다.

nuri.net 시간 서버에서 시간 정보 동기화를 실행시켰는데 서버와 동기화가 되지 않는 결과를 확인하고 나서 -d 옵션을 이용하여 디버깅을 실시하는 예제이다.

```
root@test-VirtualBox:~# ntpdate time.nuri.net
26 Jun 02:07:59 ntpdate[2837]: no server suitable for synchronization found
root@test-VirtualBox:~# ntpdate -d time.nuri.net
26 Jun 02:09:01 ntpdate[2840]: ntpdate 4.2.6p3@1.2290-o Mon Apr 13 13:41:46 UTC 2015 (1)
Looking for host time.nuri.net and service ntp
host found : ntp1.sjtel.net
transmit(211.115.194.21)
transmit(211.115.194.21)
transmit(211.115.194.21)
transmit(211.115.194.21)
transmit(211.115.194.21)
211.115.194.21: Server dropped: no data
server 211.115.194.21, port 123
stratum 0, precision 0, leap 00, trust 000
```

```
refid [211.115.194.21], delay 0.00000, dispersion 64.00000
transmitted 4, in filter 4
reference time: 00000000.00000000  Thu, Feb  7 2036 15:28:16.000
originate timestamp: 00000000.00000000  Thu, Feb  7 2036 15:28:16.000
transmit timestamp: d936b434.09028710  Fri, Jun 26 2015  2:09:08.035
filter delay: 0.00000  0.00000  0.00000  0.00000  0.00000  0.00000  0.00000  0.00000
filter offset: 0.000000 0.000000 0.000000 0.000000  0.000000 0.000000 0.000000 0.000000
delay 0.00000, dispersion 64.00000
offset 0.000000

26 Jun 02:09:10 ntpdate[2840]: no server suitable for synchronization found
root@test-VirtualBox:~#
```

3.3.25 ping 명령어

ping 명령어는 ICMP 프로토콜을 이용하여 네트워크에 연결된 호스트의 연결 상태를 확인하고, 호스트 간에 패킷이 왕복된 시간을 측정하여 표시한다.

사용 형식은 다음과 같다.

```
ping [옵션] [호스트 주소]
```

ping 명령어의 주요 옵션은 다음과 같다.

옵션	설명
-b	브로드캐스트(broadcast) 주소로 패킷을 보낸다.
-c	지정된 숫자만큼만 패킷을 보낸다.
-i	지정된 간격으로 패킷을 보낸다.

다음은 ping 명령어와 -c 옵션을 이용하여 보내는 패킷을 5회로 지정하고, 지정된 호스트로의 패킷 왕복 시간을 확인하는 예제이다.

```
[root@localhost ~]# ping -c 5 192.168.159.130
PING 192.168.159.130 (192.168.159.130) 56(84) bytes of data.
64 bytes from 192.168.159.130: icmp_seq=1 ttl=64 time=0.022 ms
64 bytes from 192.168.159.130: icmp_seq=2 ttl=64 time=0.023 ms
64 bytes from 192.168.159.130: icmp_seq=3 ttl=64 time=0.023 ms
64 bytes from 192.168.159.130: icmp_seq=4 ttl=64 time=0.032 ms
64 bytes from 192.168.159.130: icmp_seq=5 ttl=64 time=0.024 ms

--- 192.168.159.130 ping statistics ---
5 packets transmitted, 5 received, 0% packet loss, time 4001ms
rtt min/avg/max/mdev = 0.022/0.024/0.032/0.007 ms
```

3.3.26 pmap 명령어

pmap 명령어는 시스템의 프로세스 ID를 기준으로 메모리 맵 정보를 출력한다.

사용 형식은 다음과 같다.

```
pmap [옵션] [PID]
```

pmap 명령어의 주요 옵션은 다음과 같다.

옵션	설명
-x	확장된 형식으로 출력한다.
-d	디바이스 형식으로 출력한다.
-q	간단한 요약 정보로 출력한다.

다음 예제에서는 ps 명령어를 이용하여 특정 프로세스의 PID를 확인한 후 pmap 명령어와 -x 옵션을 이용하여 2755 PID를 사용하는 프로세스의 메모리 상태를 확인한다.

```
[root@localhost ~]# ps aux
USER       PID   %CPU  %MEM  VSZ    RSS   TTY    STAT  START   TIME  COMMAND
root       1     0.0   0.2   2064   584   ?      Ss    Dec17   0:00  init [3]
root       2     0.0   0.0   0      0     ?      S<    Dec17   0:00  [migration/0]
root       3     0.0   0.0   0      0     ?      SN    Dec17   0:00  [ksoftirqd/0]
root       4     0.0   0.0   0      0     ?      S<    Dec17   0:00  [watchdog/0]
root       5     0.0   0.0   0      0     ?      S<    Dec17   0:00  [events/0]
root       6     0.0   0.0   0      0     ?      S<    Dec17   0:00  [khelper]
root       7     0.0   0.0   0      0     ?      S<    Dec17   0:00  [kthread]
root       10    0.0   0.0   0      0     ?      S<    Dec17   0:01  [kblockd/0]
(중략)
root       2750  0.0   0.4   2860   1232  ?      Ss    Dec17   0:00  login -- root
root       2751  0.0   0.1   1652   448   tty2   Ss+   Dec17   0:00  /sbin/mingetty tty2
root       2752  0.0   0.1   1656   448   tty3   Ss+   Dec17   0:00  /sbin/mingetty tty3
root       2753  0.0   0.1   1652   448   tty4   Ss+   Dec17   0:00  /sbin/mingetty tty4
root       2754  0.0   0.1   1652   448   tty5   Ss+   Dec17   0:00  /sbin/mingetty tty5
root       2755  0.0   0.1   1652   448   tty6   Ss+   Dec17   0:00  /sbin/mingetty tty6
root       28069 0.0   0.1   2240   456   ?      Ss    00:04   0:00  /usr/sbin/atd
root       30890 0.0   1.1   9876   2844  ?      Ss    07:18   0:00  sshd: root@pts/1
root       30892 0.0   0.5   5736   1420  pts/1  Ss    07:18   0:00  -bash
root       32366 0.0   0.3   5448   932   pts/1  R+    14:19   0:00  ps aux
[root@localhost ~]# pmap -x 2755
2755:  /sbin/mingetty tty6
Address    Kbytes   RSS   Anon  Locked Mode    Mapping
00661000   104      -     -     -      r-x--   ld-2.5.so
0067b000   4        -     -     -      r-x--   ld-2.5.so
0067c000   4        -     -     -      rwx--   ld-2.5.so
0093f000   4        -     -     -      r-x--   [ anon ]
00e30000   1268     -     -     -      r-x--   libc-2.5.so
00f6d000   8        -     -     -      r-x--   libc-2.5.so
00f6f000   4        -     -     -      rwx--   libc-2.5.so
00f70000   12       -     -     -      rwx--   [ anon ]
```

```
08048000        12        -        -        - r-x--    mingetty
0804b000         4        -        -        - rw---    mingetty
0999d000       132        -        -        - rw---    [ anon ]
b7fa6000         8        -        -        - rw---    [ anon ]
b7faf000         4        -        -        - rw---    [ anon ]
bf8e3000        84        -        -        - rw---    [ stack ]
--------     --------  --------  --------  -----------------
total kB      1652        -        -           -
```

3.3.27 pr 명령어

pr 명령어는 텍스트 파일을 인쇄가 가능한 표준 출력 형식으로 변환한다.

사용 형식은 다음과 같다.

pr [파일]

pr 명령어의 주요 옵션은 다음과 같다.

옵션	설명
-D	머리말의 날짜 형태를 지정한다.
-e	탭의 너비를 지정한다.
-J	모든 행을 합친다.
-s	열 구분자를 지정한다.
-n	행의 번호를 지정한다.
-t	머리말과 꼬리말을 생략한다.

다음은 시스템의 프로세스 상태를 출력할 수 있도록 ps 명령어의 결과를 pr 명령어로 파이프 지정한 예제이다. 페이지 상단부에 날짜와 페이지 번호가 기입되는 것을 확인할 수 있다.

```
[root@localhost ~]# ps -ef | pr

2014-12-19 14:28                            Page 1


UID      PID   PPID   C STIME  TTY     TIME   CMD
root      1     0     0 Dec17   ?    00:00:00 init [3]
root      2     1     0 Dec17   ?    00:00:00 [migration/0]
root      3     1     0 Dec17   ?    00:00:00 [ksoftirqd/0]
root      4     1     0 Dec17   ?    00:00:00 [watchdog/0]
(중략)
root     2449   1     0 Dec17   ?    00:00:00 /sbin/dhclient -1 -q -lf /var/lib/dhclient/
dhclient-eth0.leases -pf /var/run/dhclient-eth0.pid eth0
root     2514   1     0 Dec17   ?    00:00:00 syslogd -m 0
root     2517   1     0 Dec17   ?    00:00:00 klogd -x
root     2585   1     0 Dec17   ?    00:00:00 /usr/sbin/sshd
root     2601   1     0 Dec17   ?    00:00:00 xinetd -stayalive -pidfile /var/run/xinetd.pid
root     2630   1     1 Dec17   ?    00:00:00 /bin/sh /usr/local/mysql_5.0.67/bin/
mysqld_safe --datadir=/usr/local/mysql_5.0.67/data --pid-file=/usr/local/mysql_5.0.67/
data/localhost.localdomain.pid
mysql    2660  2630   0 Dec17   ?    00:00:01 /usr/local/mysql_5.0.67/libexec/mysqld
--basedir=/usr/local/mysql_5.0.67 --datadir=/usr/local/mysql_5.0.67/data --user=mysql
--pid-file=/usr/local/mysql_5.0.67/data/localhost.localdomain.pid --skip-external-locking
--port=3306 --socket=/tmp/mysql.sock


2014-12-19 14:28                            Page 2


UID      PID   PPID   C STIME  TTY     TIME   CMD
root     2852  2817   0 Dec17  tty1  00:00:03 jfbterm -q
root     2857  2852   0 Dec17  pts/0 00:00:00 /bin/bash
root     3021   1     0 Dec17   ?    00:00:00 usr/sbin/vsftpd /etc/vsftpd/vsftpd.conf
nobody   4662  2709   0 Dec17   ?    00:00:00 /usr/local/apache_2.0.63/bin/httpd
-k start
root    28069   1     0 00:04   ?    00:00:00 /usr/sbin/atd
root    30890  2585   0 07:18   ?    00:00:00 sshd: root@pts/1
```

3.3.28 ps 명령어

ps 명령어는 현재 시스템의 프로세스 상태를 출력한다.

사용 형식은 다음과 같다.

```
ps [옵션]
```

ps 명령어의 주요 옵션은 다음과 같다.

옵션	설명
-A	모든 프로세스를 출력한다.
-e	커널 프로세스를 제외한 모든 프로세스를 출력한다.
-C	지정된 명령어에 대한 정보를 출력한다.
-G	지정된 그룹 ID에 대한 정보를 출력한다.
-t	tty를 지정하여 정보를 출력한다.
-f	모든 형태의 정보를 출력한다.
-H	프로세스를 계층형으로 출력한다.
-m	쓰레드 정보를 출력한다.
-u	사용자 ID를 지정한다.

다음 예제에서는 ps 명령어, -u 옵션, -f 옵션을 이용하여 nobody 사용자의 모든 형태의 정보를 확인한다.

```
[root@localhost ~]# ps -u nobody -f
UID        PID  PPID  C STIME TTY          TIME CMD
nobody    2810  2709  0 Dec17 ?        00:00:00 /usr/local/apache_2.0.63/bin/httpd -k start
nobody    2811  2709  0 Dec17 ?        00:00:00 /usr/local/apache_2.0.63/bin/httpd -k start
nobody    2812  2709  0 Dec17 ?        00:00:00 /usr/local/apache_2.0.63/bin/httpd -k start
nobody    2813  2709  0 Dec17 ?        00:00:00 /usr/local/apache_2.0.63/bin/httpd -k start
nobody    2814  2709  0 Dec17 ?        00:00:00 /usr/local/apache_2.0.63/bin/httpd -k start
nobody    4662  2709  0 Dec17 ?        00:00:00 /usr/local/apache_2.0.63/bin/httpd -k start
```

3.3.29 pwd 명령어

pwd 명령어는 현재 작업 중인 디렉터리명을 출력한다. 특별한 옵션이나 형식은 없지만 사용 빈도가 높으므로 알아두도록 하자. 시스템의 쉘 환경에 따라 다르겠지만 명령 프롬프트에 경로가 표시되도록 환경 변수를 설정하는 경우도 있으니 참고하기 바란다.

```
[root@localhost test]# pwd
/test
```

3.3.30 route 명령어

route 명령어는 네트워크 라우팅 테이블을 출력하거나 설정한다.

사용 형식은 다음과 같다.

```
route [옵션] [명령]
```

route 명령어의 주요 옵션 및 명령은 다음과 같다.

구분		설명
옵션	-v	자세한 정보를 출력한다.
	-n	숫자인 IP 주소 형태로 출력한다.
	-e	라우팅 테이블 정보를 확장된 형태로 출력한다.
	-F	시스템 커널의 FIB(Forwarding Information Base) 라우팅 테이블 정보를 출력한다.
명령어	add	IP 주소를 입력한다.
	gw	게이트웨이를 설정한다.
	netmask	넷마스크를 설정한다.
	dev	장치를 설정한다.
	mss	최대 TCP 세그먼트 사이즈를 설정한다.
	del	IP 주소를 삭제한다.

다음 예제에서는 route 명령어와 -n 옵션을 이용하여 IP 주소 형태로 라우팅 정보를 확인한다.

```
[root@localhost ~]# route -n
Kernel IP routing table
Destination     Gateway         Genmask         Flags   Metric  Ref     Use Iface
192.168.159.0   0.0.0.0         255.255.255.0   U       0       0       0 eth0
169.254.0.0     0.0.0.0         255.255.0.0     U       0       0       0 eth0
0.0.0.0         192.168.159.2   0.0.0.0         UG      0       0       0 eth0
```

add 명령어를 이용하여 default 게이트웨이를 추가할 수 있다.

```
[root@localhost ~]# route add default gw 192.168.159.10
[root@localhost ~]# route
Kernel IP routing table
Destination     Gateway         Genmask         Flags   Metric  Ref     Use Iface
192.168.159.0   *               255.255.255.0   U       0       0       0 eth0
169.254.0.0     *               255.255.0.0     U       0       0       0 eth0
default         192.168.159.10  0.0.0.0         UG      0       0       0 eth0
```

del 명령어를 이용하여 앞에서 추가했던 default 게이트웨이를 삭제할 수 있다.

```
[root@localhost ~]# route del default
[root@localhost ~]# route
Kernel IP routing table
Destination     Gateway         Genmask         Flags   Metric  Ref     Use Iface
192.168.159.0   *               255.255.255.0   U       0       0       0 eth0
169.254.0.0     *               255.255.0.0     U       0       0       0 eth0
```

3.3.31 script 명령어

script 명령어는 터미널에서 수행하는 작업들을 텍스트 형식으로 저장한다.

사용 형식은 다음과 같다.

script [옵션] [저장 파일]

script 명령어의 주요 옵션은 다음과 같다.

옵션	설명
-a	기존 파일에 작업 내용을 추가한다.
-f	출력 화면을 깨끗하게 정리한다.
-q	메시지를 출력하지 않는다.

다음 예제는 터미널에서 작업한 내용을 script.log에 저장하기 위해 script 명령어를 이용한다. Script 명령어를 실행하면 "Script started, file is script.log" 표시와 함께 이후에 터미널에서 작업한 모든 내용을 script.log 파일에 저장한다. script 명령어를 종료하려면 프롬프트 상에서 exit 명령어 실행하면 된다. 추가적으로 pr 명령어를 사용하면 저장된 내용을 보기 좋게 맞춰서 다시 확인할 수 있다.

외부 서버 유지보수 요원이 시스템에서 작업하는 사항을 확인하기 위해 script 명령어를 이용할 수 있다. 그리고 사용자 profile에 script 명령어를 추가하여 특정 계정 사용자들이 로그인해서 작업한 내용을 확인해야 할 때도 유용하게 활용할 수 있다.

```
[root@localhost test]# script script.log
Script started, file is script.log
[root@localhost test]# ls
ch_5  cmp1  cmp2  cmp3  col.man  colcrt.test  day-time  file  root.log  script.log  sh_ex  system
[root@localhost test]# ps
  PID TTY          TIME CMD
  766 pts/2    00:00:00 bash
  783 pts/2    00:00:00 ps
[root@localhost test]# exit
Script done, file is script.log
[root@localhost test]# pr script.log | more

2014-12-19 17:54                script.log              Page 1

Script started on 2014년 12월 19일 (금) 오후 05시 53분 47초
```

```
[root@localhost test]# ls
ch_5 cmp1 cmp2 cmp3 col.man colcrt.test day-
time file root.log script.log sh_ex system
[root@localhost test]# ps
  PID TTY          TIME CMD
  766 pts/2    00:00:00 bash
  783 pts/2    00:00:00 ps
[root@localhost test]# exit

Script done on 2014년 12월 19일 (금) 오후 05시 54분 03초
```

3.3.32 sort 명령어

sort 명령어는 텍스트 파일을 행 단위로 정렬한다. 셸 스크립트 제작이 아니더라도 디렉터리의 파일을 용량별로 또는 파일명 기준으로 정렬할 때도 자주 활용되는 명령어다.

사용 형식은 다음과 같다.

```
sort [옵션] [파일]
```

sort 명령어의 주요 옵션은 다음과 같다.

옵션	설명
-d	알파벳과 숫자를 사전순으로 정렬한다.
-f	대소문자를 구별하지 않는다.
-r	내림차순(역순)으로 정렬한다.
-m	이미 정렬된 파일을 병합한다.
-t	필드를 구분하는 구분자를 지정한다.
-k	각 행의 지정된 필드를 기준으로 정렬한다.

다음은 test 디렉터리의 파일 및 디렉터리를 용량을 기준으로 내림차순(역순)으로 정렬한 예제다. sort 명령어를 단독으로 사용하지 않고, ls 명령어의 결과를 파이프를 통해 정렬하도록 하였다. sort 명령어의 옵션을 살펴보면 내림차순 정렬을 위해 -r을 사용했고, 정렬을 위한 필드 지정을 위해 -k 5를 사용해서 5번째 열(용량)을 기준으로 정렬했다.

```
[root@localhost test]# ls -al
합계 80
drwxrwxrwx   6 root root  4096 12월 20 08:41 .
drwxr-xr-x  23 root root  4096 12월 17 01:34 ..
drwxr-xr-x   2 root root  4096 12월 18 09:13 ch_4
drwxr-xr-x   2 root root  4096 12월 20 08:41 ch_5
-rw-r--r--   1 root root    13 12월 19 00:48 cmp1
-rw-r--r--   1 root root    26 12월 19 00:48 cmp2
-rw-r--r--   1 root root    20 12월 19 00:53 cmp3
-rw-r--r--   1 root root  2832 12월 19 01:37 col.man
-rw-r--r--   1 root root    24 12월 19 01:53 colcrt.test
drwxr-xr-x   2 root root  4096 12월 18 09:13 cp_test
-rw-r--r--   1 root root    66 12월 18 12:55 day-time
-rw-r--r--   1 root root   103 12월 18 01:30 file
-rw-r--r--   1 root root   118 12월 18 05:59 root.log
-rw-r--r--   1 root root   614 12월 19 17:54 script.log
drwxr-xr-x   3 root root  4096 12월 20 07:30 sh_ex
-rw-r--r--   1 root root     6 12월 18 12:38 system
-rwxr-xr-x   1 root root  2319 12월 20 11:29 test.sh
-rw-r--r--   1 root root     0  6월 25  2002 touch.test
-rw-r--r--   1 root root    24 12월 19 21:24 tr.test
-rw-r--r--   1 root root    24 12월 19 22:50 w.test
[root@localhost test]# ls -al | sort -rk 5
drwxr-xr-x   2 root root  4096 12월 20 08:41 ch_5
drwxrwxrwx   6 root root  4096 12월 20 08:41 .
drwxr-xr-x   3 root root  4096 12월 20 07:30 sh_ex
drwxr-xr-x   2 root root  4096 12월 18 09:13 cp_test
drwxr-xr-x   2 root root  4096 12월 18 09:13 ch_4
drwxr-xr-x  23 root root  4096 12월 17 01:34 ..
-rw-r--r--   1 root root  2832 12월 19 01:37 col.man
-rwxr-xr-x   1 root root  2319 12월 20 11:29 test.sh
-rw-r--r--   1 root root   614 12월 19 17:54 script.log
-rw-r--r--   1 root root   118 12월 18 05:59 root.log
-rw-r--r--   1 root root   103 12월 18 01:30 file
-rw-r--r--   1 root root    66 12월 18 12:55 day-time
```

```
-rw-r--r--   1  root  root      26  12월 19 00:48   cmp2
-rw-r--r--   1  root  root      24  12월 19 22:50   w.test
-rw-r--r--   1  root  root      24  12월 19 21:24   tr.test
-rw-r--r--   1  root  root      24  12월 19 01:53   colcrt.test
-rw-r--r--   1  root  root      20  12월 19 00:53   cmp3
-rw-r--r--   1  root  root      13  12월 19 00:48   cmp1
-rw-r--r--   1  root  root       6  12월 18 12:38   system
-rw-r--r--   1  root  root       0   6월 25 2002    touch.test
합계 80
```

3.3.33 tail 명령어

tail 명령어는 텍스트 파일의 마지막 행의 내용부터 출력한다.

사용 형식은 다음과 같다.

> tail [옵션] [파일]

tail 명령어의 주요 옵션은 다음과 같다.

옵션	설명
-c	지정된 마지막 바이트 만큼 내용을 출력한다.
-f	명령을 종료하지 않고 추가되는 내용을 실시간 출력한다.
-n	마지막 행부터 n행 까지의 내용을 출력한다.

다음은 tail 명령어를 이용하여 마지막 행에서 7번째 행까지의 내용을 출력하는 예제이다.

```
[root@localhost test]# tail -7 /var/log/messages
Dec 19 18:20:52 localhost dhclient: bound to 192.168.159.130 -- renewal in 771 seconds.
Dec 19 18:33:43 localhost dhclient: DHCPREQUEST on eth0 to 192.168.159.254 port 67
Dec 19 18:33:43 localhost dhclient: DHCPACK from 192.168.159.254
Dec 19 18:33:43 localhost dhclient: bound to 192.168.159.130 -- renewal in 811 seconds.
Dec 19 18:47:14 localhost dhclient: DHCPREQUEST on eth0 to 192.168.159.254 port 67
Dec 19 18:47:14 localhost dhclient: DHCPACK from 192.168.159.254
Dec 19 18:47:14 localhost dhclient: bound to 192.168.159.130 -- renewal in 815 seconds.
```

'-f' 옵션을 이용하면 추가되는 로그가 실시간 출력되므로 터미널에서 지정된 파일의 로그를 모니터링할 때 주로 활용한다.

```
[root@localhost test]# tail -f /var/log/messages
Dec 19 18:08:37 localhost dhclient: bound to 192.168.159.130 -- renewal in 735 seconds.
Dec 19 18:20:52 localhost dhclient: DHCPREQUEST on eth0 to 192.168.159.254 port 67
Dec 19 18:20:52 localhost dhclient: DHCPACK from 192.168.159.254
Dec 19 18:20:52 localhost dhclient: bound to 192.168.159.130 -- renewal in 771 seconds.
Dec 19 18:33:43 localhost dhclient: DHCPREQUEST on eth0 to 192.168.159.254 port 67
Dec 19 18:33:43 localhost dhclient: DHCPACK from 192.168.159.254
Dec 19 18:33:43 localhost dhclient: bound to 192.168.159.130 -- renewal in 811 seconds.
Dec 19 18:47:14 localhost dhclient: DHCPREQUEST on eth0 to 192.168.159.254 port 67
Dec 19 18:47:14 localhost dhclient: DHCPACK from 192.168.159.254
Dec 19 18:47:14 localhost dhclient: bound to 192.168.159.130 -- renewal in 815 seconds.
```

3.3.34 tar 명령어

tar 명령어는 보통 UNIX/Linux에서 여러 파일들을 하나의 파일로 묶는다. Windows 계열 운영체제에서 사용되는 대부분의 압축 프로그램(예: 알집)은 여러 파일을 묶으면서 압축을 진행하지만 여기서는 묶기와 압축을 따로 수행해야 한다.

사용 형식은 다음과 같다.

> tar [옵션] [생성 파일.tar] [묶을 대상 파일]

tar 명령어의 주요 옵션은 다음과 같다.

옵션	설명
-c	tar 파일을 만들 때 사용한다.
-x	묶어진 파일을 해제할 때 사용한다.
-v	파일을 묶거나 해제할 때 파일들의 이름과 크기를 표시한다.
-f	사용할 tar 파일을 지정한다.
-t	묶여진 tar 파일의 내용물을 출력한다.

다음은 -cvf 옵션을 사용하여 /test/ch_4의 파일 및 디렉터리를 ch_4.tar로 묶는 예제이다.

```
[root@localhost test]# tar -cvf ch_4.tar /test/ch_4
tar: Removing leading `/' from member names
/test/ch_4/
/test/ch_4/5-6.sh
/test/ch_4/5-14.sh
/test/ch_4/5-11.sh
/test/ch_4/5-10.sh
/test/ch_4/5-13.sh
/test/ch_4/5-12.sh
/test/ch_4/5-7.sh
/test/ch_4/5-1.sh
/test/ch_4/5-7-1.sh
/test/ch_4/5-3.sh
/test/ch_4/5-3-1.sh
/test/ch_4/5-4.sh
/test/ch_4/5-9.sh
/test/ch_4/5-15.sh
/test/ch_4/5-2.sh
/test/ch_4/5-8.sh
/test/ch_4/5-5.sh
[root@localhost test]# ls -al
합계 92
```

```
drwxrwxrwx   7 root  root    4096 12월 22 13:44 .
drwxr-xr-x  23 root  root    4096 12월 21 05:57 ..
drwxr-xr-x   2 root  root    4096 12월 21 21:19 ch_4
-rw-r--r--   1 root  root   20480 12월 22 13:44 ch_4.tar
drwxr-xr-x   2 root  root    4096 12월 20 08:41 ch_5
-rw-r--r--   1 root  root    2832 12월 19 01:37 col.man
-rw-r--r--   1 root  root      24 12월 19 01:53 colcrt.test
drwxr-xr-x   2 root  root    4096 12월 22 13:21 cp_ch_5
drwxr-xr-x   2 root  root    4096 12월 18 09:13 cp_test
-rw-r--r--   1 root  root      66 12월 18 12:55 day-time
-rwxr-xr-x   1 user1 user1    103 12월 18 01:30 file
-rw-r--r--   1 root  root     118 12월 18 05:59 root.log
-rw-r--r--   1 root  root     614 12월 19 17:54 script.log
-rw-r--r--   1 root  root    1055 12월 22 00:14 sed_test
drwxr-xr-x   3 root  root    4096 12월 20 07:30 sh_ex
-rw-r--r--   1 root  root       6 12월 18 12:38 system
-rwxr-xr-x   1 root  root    2319 12월 20 11:29 test.sh
-rw-r--r--   1 root  root       0  6월 25 2002 touch.test
-rw-r--r--   1 root  root      24 12월 19 22:50 w.test
```

묶인 tar 파일을 풀 때는 -xvf 옵션을 사용하여 아래와 같이 묶은 것을 해제한다.

```
tar -xvf ch_4.tar
```

3.3.35 time 명령어

time 명령어는 특정 프로세스나 명령어에 사용된 시스템 자원 정보를 출력한다.

사용 형식은 다음과 같다.

```
time [옵션] [명령어]
```

time 명령어의 주요 옵션은 다음과 같다.

옵션	설명
-f	지정한 출력 형식에 맞춰 표시한다.
-p	지정된 형식으로 정보를 출력한다. * %(형식)의 의미 | 옵션	설명
%E	경과된 시간
%S	커널 모드에서 프로세스가 사용한 CPU 시간
%U	유저 모드에서 프로세스가 사용한 CPU 시간
%P	작업 시 사용한 CPU 작업량(%)
%M	프로세스가 실행되는 동안의 최대 resident 크기
%t	프로세스의 평균 resident 크기
%K	프로세스 전체 메모리 사용량
%D	프로세스가 공유하지 않은 평균 데이터 크기
%p	프로세스가 공유하지 않는 평균 스택 크기
%X	프로세스의 공유된 텍스트 공간의 평균 크기
%Z	시스템의 페이지 크기
%F	프로세스 실행 시 발생하는 페이지 오류 횟수
%R	복구 가능한 페이지 오류 횟수
%W	메모리에서 스왑된 프로세스의 수
%c	타임 슬라이스가 만료되어 발생된 프로세스의 수
%w	I/O 작동이 완료되는 동안 발생한 프로그램 수
%I	프로세스에서 발생한 파일 시스템 입력의 수
%O	프로세스에서 발생한 파일 시스템 출력의 수
%r	프로세가 받은 소켓 메시지 수
%s	프로세가 보낸 소켓 메시지 수
%k	프로세스로 보낸 시그널 수	

다음은 time 명령어를 통해 ls 명령어를 수행했을 때 사용 중인 시스템 자원의 정보를 출력하는 예제이다.

```
[root@localhost test]# time ls
ch_5  cmp1  cmp2  cmp3  col.man  colcrt.test  day-time  file  root.log  script.log  sh_ex  system

real    0m0.001s
user    0m0.000s
sys     0m0.000s
```

3.3.36 touch 명령어

touch 명령어는 0바이트의 빈 파일을 생성하거나, 기존 파일이 있을 경우 파일의 수정 시간을 현재 시간으로 변경한다.

사용 형식은 다음과 같다.

touch [옵션] [파일]

touch 명령어의 주요 옵션은 다음과 같다.

옵션	설명
-a	최근 파일 사용 시간을 변경한다.
-c	파일이 이미 존재하지 않는다면 새로 만들지 않는다.
-t	현재 시간 대신 지정된 시간으로 변경한다.
-m	최근 파일 변경 시간을 변경한다.

다음은 용량이 0바이트인 touch.test 파일을 생성하는 예제이다.

```
[root@localhost test]# touch touch.test
[root@localhost test]# ls -al
합계 60
drwxrwxrwx   4 root  root  4096 12월 19 21:04 .
drwxr-xr-x  23 root  root  4096 12월 17 01:34 ..
drwxr-xr-x   2 root  root  4096 12월 18 09:13 ch_5
-rw-r--r--   1 root  root    13 12월 19 00:48 cmp1
-rw-r--r--   1 root  root    26 12월 19 00:48 cmp2
```

```
-rw-r--r--   1 root   root      20 12월 19 00:53 cmp3
-rw-r--r--   1 root   root    2832 12월 19 01:37 col.man
-rw-r--r--   1 root   root      24 12월 19 01:53 colcrt.test
-rw-r--r--   1 root   root      66 12월 18 12:55 day-time
-rw-r--r--   1 root   root     103 12월 18 01:30 file
-rw-r--r--   1 user1  user1    118 12월 18 05:59 root.log
-rw-r--r--   1 root   root     614 12월 19 17:54 script.log
drwxr-xr-x   3 root   root    4096 12월 18 00:53 sh_ex
-rw-r--r--   1 root   root       6 12월 18 12:38 system
-rw-r--r--   1 root   root       0 12월 19 21:04 touch.test
```

다음 예제는 -t 옵션을 이용하여 기존의 touch.test 파일의 생성 또는 변경 시간을 2002년 6월 25일 23시 10분으로 조정한다.

```
[root@localhost test]# touch -t 200206252310 touch.test
[root@localhost test]# ls -al
합계 60
drwxrwxrwx   4 root   root    4096 12월 19 21:04 .
drwxr-xr-x  23 root   root    4096 12월 17 01:34 ..
drwxr-xr-x   2 root   root    4096 12월 18 09:13 ch_5
-rw-r--r--   1 root   root      13 12월 19 00:48 cmp1
-rw-r--r--   1 root   root      26 12월 19 00:48 cmp2
-rw-r--r--   1 root   root      20 12월 19 00:53 cmp3
-rw-r--r--   1 root   root    2832 12월 19 01:37 col.man
-rw-r--r--   1 root   root      24 12월 19 01:53 colcrt.test
-rw-r--r--   1 root   root      66 12월 18 12:55 day-time
-rw-r--r--   1 root   root     103 12월 18 01:30 file
-rw-r--r--   1 user1  user1    118 12월 18 05:59 root.log
-rw-r--r--   1 root   root     614 12월 19 17:54 script.log
drwxr-xr-x   3 root   root    4096 12월 18 00:53 sh_ex
-rw-r--r--   1 root   root       6 12월 18 12:38 system
-rw-r--r--   1 root   root       0  6월 25 2002 touch.test
```

3.3.37 tr 명령어

tr 명령어는 특정 문자를 다른 문자로 변경할 때 사용되며, 대부분 재지정 시 활용된다.

사용 형식은 다음과 같다.

```
tr [옵션] [문자열1] [문자열2]
```

tr 명령어의 주요 옵션은 다음과 같다.

옵션	설명
-d	지정된 문자열을 삭제한다.
-s	지정된 문자열에서 반복되는 문자를 삭제한다.
-t	문자열 1을 문자열 2의 길이로 자른다.

다음 예제에서는 tr.test 파일의 내용을 모두 대문자로 변경한다.

```
[root@localhost test]# more tr.test
Linux_UNIX_Shell Script
[root@localhost test]# tr "a-z" "A-Z" < tr.test
LINUX_UNIX_SHELL SCRIPT
```

-d 옵션을 이용해서 지정된 문자열인 밑줄(_)을 모두 삭제한다.

```
[root@localhost test]# more tr.test
Linux_UNIX_Shell Script
[root@localhost test]# tr -d "_" < tr.test
LinuxUNIXShell Script
```

3.3.38 traceroute 명령어

traceroute 명령어는 네트워크 경로를 확인하기 위해 패킷이 거쳐 가는 경로를 추적하여, 경로 중에 네트워크 부하가 높은 곳을 찾을 때 활용된다.

사용 형식은 다음과 같다.

> traceroute [옵션] [호스트 주소]

traceroute 명령어의 주요 옵션은 다음과 같다.

옵션	설명
-m	홉 수를 지정한다.
-n	IP 주소가 안보이도록 설정한다.
-q	패킷 수를 지정한다.
-w	timeout을 지정한다.

3.3.39 uptime 명령어

uptime 명령어는 평균 시스템 부하 정보를 출력하며, 특별한 옵션이나 형식은 따로 없다.

다음 예제에서는 uptime 명령어를 이용하여 평균 시스템 부하를 출력한다. 시스템이 시작된 시간, 현재 사용자 수, 평균 부하량을 확인할 수 있다.

```
[root@localhost test]# uptime
 22:10:33 up 2 days, 20:53,  3 users,  load average: 0.00, 0.00, 0.00
```

3.3.40 vmstat 명령어

vmstat 명령어는 가상 메모리 상태를 확인한다.

사용 형식은 다음과 같다.

> vmstat [옵션]

다음 예제에서는 1초마다 3번 점검한다.

```
[root@localhost test]# vmstat 1 3
procs -----------memory---------- --swap-- -----io---- --system--- -------cpu--------
 r  b   swpd   free   buff  cache   si   so    bi    bo   in   cs us sy id wa st
 0  0    108   5068  70432 123120    0    0     1     3  141   36  0  0 99  1  0
 0  0    108   5072  70432 123120    0    0     0     0 1002   32  0  0 100 0  0
 0  0    108   5072  70432 123120    0    0     0     0 1003   33  0  0 100 0  0
```

점검 결과의 항목별 의미는 다음과 같다.

구분		설명
procs (프로세스 관련 항목)	r	CPU 접근 대기 중인 프로세스 수
	b	인터럽트가 불가능한 프로세스 수
memory (메모리 관련 항목)	swpd	사용된 가상 메모리 양
	free	여유 메모리
	buff	버퍼에 사용된 메모리
	cache	캐시에 사용된 메모리
swap (스왑 관련 항목)	si	디스크로부터 스왑된 메모리 양
	so	디스크에 스왑된 메모리 양
io (입출력 관련 항목)	bi	블록 장치로 보낸 블록
	bo	블록 장치에서 받아온 블록
system (시스템 관련 항목)	in	초당 인터럽트 수
	cs	초당 컨텍스트 스위칭 작업 수
cpu (CPU 관련 항목)	us	커널 코드가 아닌 작업의 구동 시간
	sy	커널 코드의 작업 구동 시간
	id	유휴 대기 시간
	wa	입출력을 위한 대기 시간
	st	가상머신으로부터 손실된 시간

3.3.41 w 명령어

w 명령어는 시스템에 로그인한 사용자의 정보를 출력한다.

사용 형식은 다음과 같다.

```
w [옵션]
```

w 명령어의 주요 옵션은 다음과 같다.

옵션	설명
-h	헤더 정보를 출력하지 않는다.
-s	간략한 요약 정보를 출력한다.

다음은 w 명령어를 이용해서 시스템에 로그인된 사용자의 작업 내용을 확인하는 예제이다.

```
[root@localhost test]# w
 22:45:31 up 2 days, 21:28,  3 users,  load average: 0.00, 0.00, 0.00
USER     TTY      FROM             LOGIN@   IDLE   JCPU   PCPU  WHAT
root     tty1     -                Wed01    28:44  3.43s  0.03s -bash
root     pts/0    -                Wed01    28:44  0.13s  0.13s /bin/bash
root     pts/1    192.168.159.1    22:17    0.00s  0.01s  0.00s w
```

3.4 스트림 편집기 sed

UNIX와 Linux의 대표적인 텍스트 처리 유틸리티로 sed(steam editor의 약어)가 있다. sed는 셸 스크립트 작성 및 명령 결과의 텍스트 처리 또는 치환에서 활용도가 높다. 앞서 설명한 grep에서처럼 정규표현식을 사용하며, 파이프를 이용해서 사용자가 필요로 하는 결과로 재처리할 수도 있다. 독자 여러분은 sed를 에디터로 생각하지 않을지도 모르지만 sed는 기본적으로 비대화형 모드 에디터라고 불려진다.

사용 형식은 다음과 같다.

```
sed [연산자]
```

일반적으로 다음과 같이 파이프를 이용해 앞에 있는 명령어 ⓐ의 결과를 처리하여 명령어 ⓑ로 전달하는 형태로 많이 활용된다.

```
명령어 ⓐ | sed [연산자] | 명령어 ⓑ
```

파이프에 의한 처리뿐만 아니라 하나 이상의 편집 명령을 실행할 때는 -e 옵션을 이용하며, 여러 연산자를 연속해서 처리할 수 있다.

```
sed -e [연산자 ①] -e | [연산자 ②]
```

sed는 표준 입력 및 파일로부터 텍스트 라인을 입력받은 후 주어진 라인들에 대해 한 번에 한 라인씩 처리한 다음 그 결과를 표준 출력이나 파일로 보내는 구조이다. 여기에 기인해서 sed의 특징을 크게 정리하면 다음 두 가지가 된다.

1. sed는 편집하고 있는 파일을 바꾸지 않는다.
2. sed의 연산자들은 입력받은 모든 라인에 적용된다.

위의 두 특징은 sed가 처리하는 동작 구조 때문에 생긴다. sed는 입력받은 텍스트 파일의 라인 또는 다른 명령어의 실행 결과를 표준 입력받아 임시 버퍼에 저장하고 사용자가 지정한 연산자 및 정규표현식에 맞춰 처리하여 결과를 표준 출력하는 구조로 작동된다.

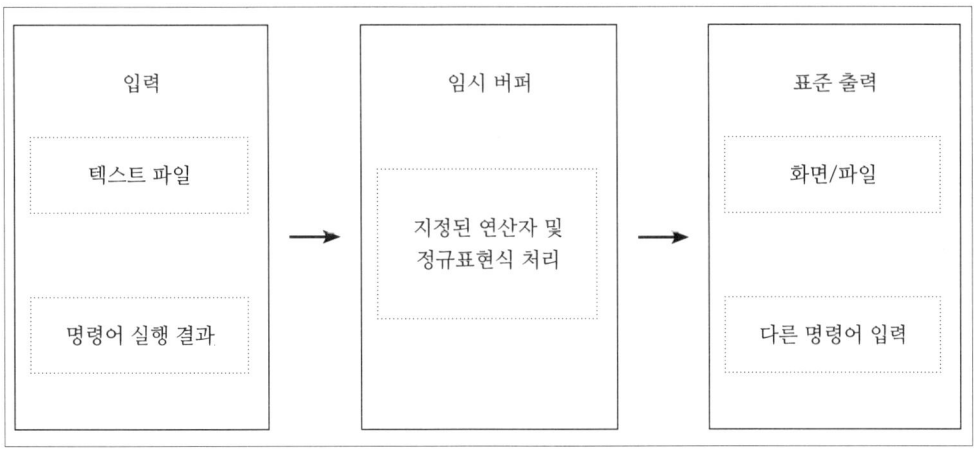

sed 명령어의 주요 옵션은 다음과 같다.

옵션	설명
-n	지정된 문자열과 일치하는 라인만 출력한다.
-e	-e 옵션 다음에 기술되는 문자열을 편집 명령어로 인식한다.
-f	편집할 명령어 및 연산자를 파일에서 읽어서 처리한다.

sed를 이용하는 대표적인 기능으로 표준 출력(print), 삭제(delete), 치환(substitution)이 있으며, 주로 사용하는 연산자는 아래의 표와 같다. 주의해야 할 사항으로, 텍스트 내용 중 지정된 문자를 모두 치환할 때에는 반드시 g 연산자를 같이 사용해야 한다. 그렇지 않으면 텍스트 라인에 지정된 문자열이 여러 번 일치하더라도 처음 일치한 문자열만 치환하게 된다.

연산자	설명
[범위]/p	지정된 범위를 출력한다.
[범위]/d	지정된 범위를 삭제한다.
s/문자/문자2/	한 라인에 처음 나타난 문자를 문자2로 치환한다.
[범위]/문자/문자2/	지정된 범위의 처음 나타난 문자를 문자2로 치환한다.
g	모든 라인에서 입력과 일치하는 패턴에 동작한다.

sed 명령어를 이용할 때 주로 사용하는 정규표현식들은 다음과 같다.

정규표현식	설명
^	라인의 처음
$	라인의 끝
[]	하나의 문자 매치
&	검색 문자열을 치환
₩<	단어의 시작
₩>	단어의 끝
x₩{m,n₩}	m회~n회 사이 반복

아래의 예제에서는 /test/sed_test 파일의 내용 중 라인의 처음에 문자열 root가 포함된 라인만 출력되도록 -n 옵션을 사용하였다.

```
[root@localhost test]# cat -n sed_test
     1  root:x:0:0:root:/root:/bin/bash
     2  bin:x:1:1:bin:/bin:/sbin/nologin
     3  daemon:x:2:2:daemon:/sbin:/sbin/nologin
     4  adm:x:3:4:adm:/var/adm:/sbin/nologin
     5  shutdown:x:6:0:shutdown:/sbin:/sbin/shutdown
     6  mail:x:8:12:mail:/var/spool/mail:/sbin/nologin
     7  uucp:x:10:14:uucp:/var/spool/uucp:/sbin/nologin
     8  operator:x:11:0:operator:/root:/sbin/nologin
     9  ftp:x:14:50:FTP User:/var/ftp:/sbin/nologin
    10  nobody:x:99:99:Nobody:/:/sbin/nologin
    11  rpm:x:37:37::/var/lib/rpm:/sbin/nologin
    12
    13  nscd:x:28:28:NSCD Daemon:/:/sbin/nologin
    14  rpc:x:32:32:Portmapper RPC user:/:/sbin/nologin
    15  named:x:25:25:Named:/var/named:/sbin/nologin
    16  ntp:x:38:38::/etc/ntp:/sbin/nologin
    17
    18  mailnull:x:47:47::/var/spool/mqueue:/sbin/nologin
    19  smmsp:x:51:51::/var/spool/mqueue:/sbin/nologin
    20  sshd:x:74:74:Privilege-separated SSH:/var/empty/sshd:/sbin/nologin
    21  nfsnobody:x:65534:65534:Anonymous NFS User:/var/lib/nfs:/sbin/nologin
    22
    23  mysql:x:27:27::/home/mysql:/bin/bash
    24  user1:x:500:500::/home/user1:/bin/bash
    25  user2:x:501:501::/home/user2:/bin/bash
    26  user10:x:502:502::/home/user10:/bin/bash
    27  user100:x:503:503::/home/user100:/bin/bash
[root@localhost test]# sed -n "/^root/p" sed_test
root:x:0:0:root:/root:/bin/bash
```

다음은 /test/sed_test 파일의 내용 중 1번부터 19번 라인을 삭제하라는 예제이다.

```
[root@localhost test]# cat -n sed_test | sed 1,19d
  20  sshd:x:74:74:Privilege-separated SSH:/var/empty/sshd:/sbin/nologin
  21  nfsnobody:x:65534:65534:Anonymous NFS User:/var/lib/nfs:/sbin/nologin
  22
  23  mysql:x:27:27::/home/mysql:/bin/bash
  24  user1:x:500:500::/home/user1:/bin/bash
  25  user2:x:501:501::/home/user2:/bin/bash
  26  user10:x:502:502::/home/user10:/bin/bash
  27  user100:x:503:503::/home/user100:/bin/bash
```

다음은 /test/sed_test 파일의 내용 중 1번부터 19번 라인을 삭제하라는 예제이다.

```
[root@localhost test]# cat -n sed_test | sed 1,19d
  20  sshd:x:74:74:Privilege-separated SSH:/var/empty/sshd:/sbin/nologin
  21  nfsnobody:x:65534:65534:Anonymous NFS User:/var/lib/nfs:/sbin/nologin
  22
  23  mysql:x:27:27::/home/mysql:/bin/bash
  24  user1:x:500:500::/home/user1:/bin/bash
  25  user2:x:501:501::/home/user2:/bin/bash
  26  user10:x:502:502::/home/user10:/bin/bash
  27  user100:x:503:503::/home/user100:/bin/bash
```

아래 예제에서는 /test/sed_test 파일의 내용 중 문자열 user가 포함된 라인을 ShellScript로 문자열을 치환하고, nologin이 포함된 문자열을 모두 삭제한다.

```
[root@localhost test]# cat -n sed_test | sed -e 's/user/ShellScript/g' -e '/nologin/d'
     1  root:x:0:0:root:/root:/bin/bash
     5  shutdown:x:6:0:shutdown:/sbin:/sbin/shutdown
    12
    17
    22
    23  mysql:x:27:27::/home/mysql:/bin/bash
    24  ShellScript1:x:500:500::/home/ShellScript1:/bin/bash
    25  ShellScript2:x:501:501::/home/ShellScript2:/bin/bash
    26  ShellScript10:x:502:502::/home/ShellScript10:/bin/bash
    27  ShellScript100:x:503:503::/home/ShellScript100:/bin/bash
```

3.5 awk

awk('오크'라고도 읽음)는 대부분의 UNIX와 Linux 환경에서 텍스트 형태의 데이터를 행과 열로 구분하여 처리하고 결과를 출력하는 기능의 도구로 앨프리드 에이호, 피터 와인버거, 브라이언 커니핸 세 명의 개발자 초성을 따서 awk라고 명명되었다.

awk의 사용 형식은 다음과 같다.

```
awk '표현식 {액션}' 파일
awk -f [awk 명령 스크립트 파일] 파일
```

awk는 작은따옴표('')로 둘러싼 표현식이나 액션을 입력받아 처리하며, 입력된 라인들을 공백 또는 탭을 기준으로 분리하여 처리하고 결과를 표시한다. awk 명령줄이 길어질 경우에는 명령 스크립트 파일을 별도로 제작하고, -f 옵션을 이용하여 실행할 수 있다.

3.5.1 awk의 필드 인식 구조

AWK 프로그램은 기본적으로 패턴과 패턴을 처리하는 명령어 짝을 늘어놓는 구조로 이루어져 있다. 입력으로부터 한 줄씩을 읽어서 정규표현식으로 조건이 맞는지를 검사하고 참으로

판명되면 그 줄에 대해 명령어를 실행하는 형식이다.[1]

위에 언급한 위키백과의 내용처럼 awk는 기본적으로 텍스트를 입력받아 필드를 구분 짓는데 디렉터리 및 파일을 표시하는 명령어이다. awk의 필드 구분에 대한 이해를 돕기 위해 ls -al 명령어를 이용해서 알아보겠다. 아래 ls -l 명령어의 실행 결과 값을 기준으로 전체 필드는 $0 값으로 지정된다. 공백 및 탭을 기준으로 구분되는 각각의 필드는 좌측에서 우측으로 $1, $2……$9 값으로 각각의 필드에 지정된다.

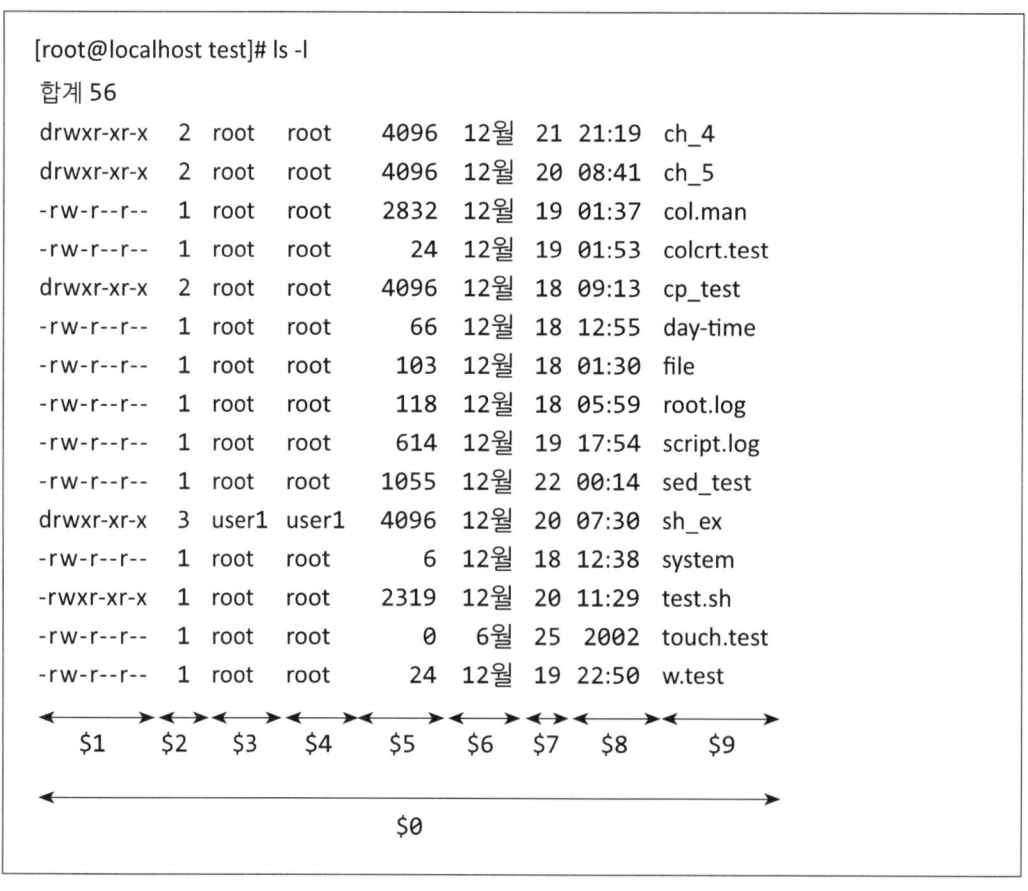

각 필드로 구분되어 지정되는 값들은 상대적임을 기억하기 바란다. 아래에서 awk 명령어의 조건식을 이용해서 줄 번호 필드가 추가되면 각 필드에 지정된 값들이 1씩 증가하게 된다.

---

1) 출처: 위키백과 "awk" 중에서

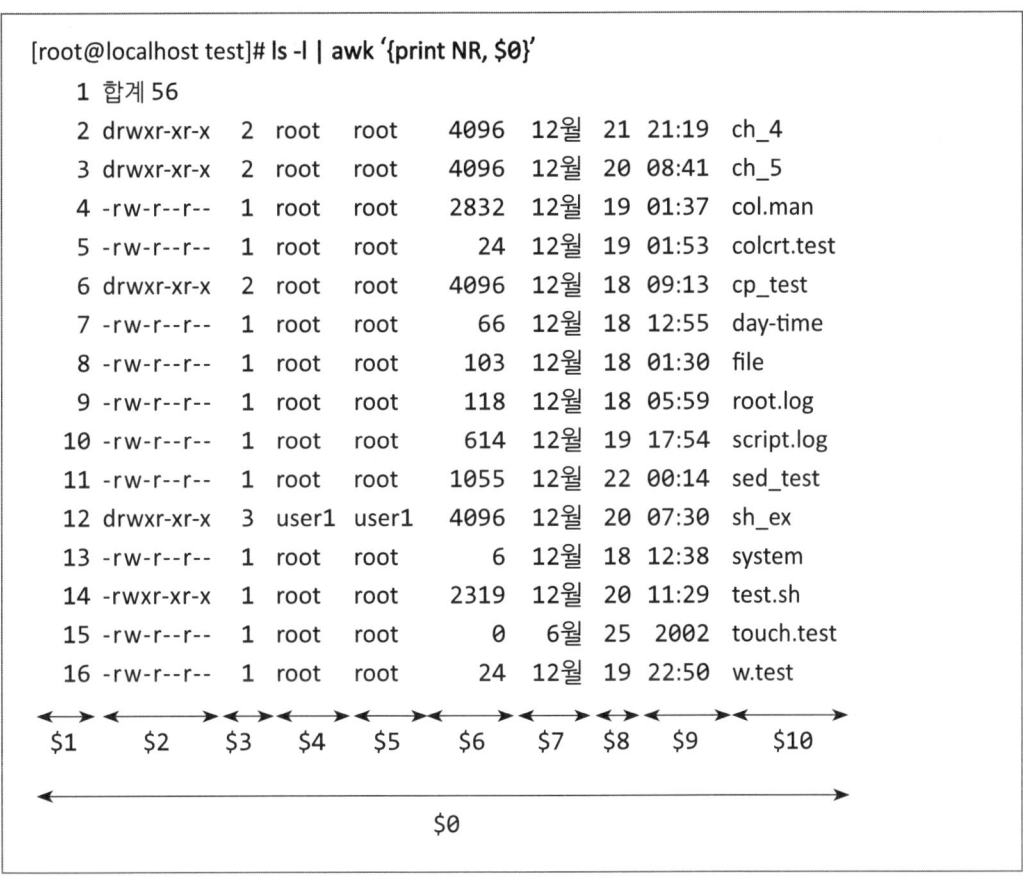

기본적으로 필드를 나누는 구분자는 공백이나 탭이지만, 때로는 공백이 아닌 다른 구분자를 이용하는 경우가 있는데 이런 경우 구분자를 지정하는 옵션으로 -F를 사용한다. 계정 관련 정보를 추출하기 위해 자주 활용하는 /etc/passwd 파일의 경우 각 정보를 구분하는 것이 공백이 아닌 콜론(:)으로 되어 있어 -F 옵션을 이용해 각 필드들을 구분할 수 있다.

다음은 user 계정의 현황과 그 계정이 사용하는 홈 디렉터리의 경로를 확인하기 위한 예제이다. 처음 접하면 명령 줄이 길게 나열되어 조금 복잡할 수 있으나 하나하나 살펴보면 /etc/passwd 파일을 awk 명령어의 -F 옵션을 이용해 콜론(:)으로 필드를 구분하고 문자열이 user로 시작하는 행의 첫 번째($1), 여섯 번째 필드($6)를 표시하라는 스크립트이다.

```
[root@localhost test]# cat /etc/passwd | awk -F: '/^user/{print $1,$6}'
user1 /home/user1
user2 /home/user2
user10 /home/user10
user100 /home/user100
```

3.5.2 awk에서 활용 가능한 정규표현식

awk에서 이용할 수 있는 정규표현식들은 다음과 같다.

정규표현식	설명
^	라인의 처음
$	라인의 끝
.	문자 한 개
[]	하나의 문자 매치
[^]	문자열에 포함된 문자는 제외; [^abc]d는 ad, bd, cd는 포함하지 않고 ed, fd 등을 포함한다.
|	전·후 문자열 중에서 하나를 선택(or); abc|adc는 abc와 adc 문자열을 모두 포함한다.
&	검색 문자열을 치환
+	앞의 문자를 1회 이상 포함; a+b는 ab, aab, aaab를 포함하지만 b는 포함하지 않는다.
*	앞의 문자를 0회 이상 포함; a*b는 b, ab, aab, aaab를 포함한다.

3.5.3 awk의 조건문

awk의 조건문에 대한 표현식의 형식은 다음과 같다. 조건문의 표현식은 물음표(?)와 콜론(:)을 활용하는데 if/else 문장의 역할과 같다.

> awk 표현식 ① ? 표현식 ② : 표현식 ③

위의 형식이 간단하기는 하지만 가독성이 떨어지므로 활용도가 높지는 않기 때문에 다음과 같은 표현식을 많이 사용한다.

```
{
   if(표현식 ①)
      표현식 ②
   else
      표현식 ③
}
```

조건식에서 주로 활용할 수 있는 awk의 연산자는 다음과 같다.

구분		설명
비교 연산자	<	작다
	<=	작거나 같다
	==	같다
	!=	같지 않다
	>	크다
	>=	크거나 같다
산술 연산자	+	더하기
	-	빼기
	*	곱하기
	/	나누기
	%	나머지 연산
논리 연산자	&&	AND 연산
	||	OR 연산
	!	NOT 연산

위의 표에서처럼 awk에서 비교 및 산술 연산자는 기존 프로그래밍 언어에서 사용하는 형식(<, <=, ==, != 등)과 비슷하게 사용할 수 있다. 그리고 산술 연산자 형식(+, -, *, / 등)도 기존 형식과 비슷하게 사용 가능하다.

아래 예제에서는 파일 시스템 사용률이 10% 이상인 파일 시스템을 추출하는 스크립트에 대해 알아보겠다. 먼저, df -k 명령어를 이용해서 파일 시스템 전체의 사용량을 KB 단위로 확인해보니 사용률이 10% 이상인 파일 시스템은 /boot 파일 시스템인 것을 알 수 있다.

그럼, 파일 시스템 전체가 아닌 사용률이 10% 이상인 파일 시스템만 확인하는 방법에 대해 알아보겠다. 먼저 df -k 명령어의 최종 결과에서 불필요한 df 명령어의 레이블 정보를 제거하기 위해 grep -v를 이용하여 Filesystem이 포함된 행을 제거한다. 파일 시스템의 사용률이 표시되는 필드가 5번째 필드($5)에 위치함을 확인하였다. 5번째 필드의 값이 10% 초과 여부의 비교가 필요한데 퍼센트(%) 기호 때문에 산술적인 비교를 할 수 없다. 그래서 명령 실행 결과에 포함되어 있는 퍼센트(%) 기호를 sed -e s/%//g 명령어를 이용해 제거한다. 이제 퍼센트(%) 기호가 제거된 5번째 필드($5)의 값 중 10을 초과하는 파일 시스템만 표시하도록 하였다.

현재, 실습을 위해서 가상머신에서 명령을 실행했기 때문에 파일 시스템의 종류가 많지 않고 각 파일 시스템의 용량이 크지 않지만 독자 여러분이 관리하는 실제 시스템에서 파일 시스템의 사용률을 85%에서 90% 정도로 지정해서 활용하면 시스템 관리자 입장에서 관심 있게 지켜봐야 하는 파일 시스템을 미리 식별할 수 있다.

```
[root@localhost ~]# df -k
Filesystem                      1K-blocks      Used  Available  Use%  Mounted on
/dev/mapper/VolGroup00-LogVol00   7491040   1756684    5347696   25%  /
/dev/sda1                          101086     11933      83934   13%  /boot
tmpfs                              127796         0     127796    0%  /dev/shm
[root@localhost ~]# df -k | grep -v Filesystem | sed -e s/%//g | awk '$5 > 10 {print $0}'
/dev/sda1                          101086     11933      83934   13%  /boot
tmpfs                              127796         0     127796    0%  /dev/shm
```

awk에서는 기본적으로 if/else 조건문을 이용할 수 있는데, if 문장이 참이면 if 다음 문장을 실행하고 거짓이면 else 다음 문장을 실행한다.

다음 예제는 apache 웹 서버 설정이 저장되어 있는 /etc/etc/httpd.conf 파일의 내용 중에서 서비스 포트 지정 부분을 grep '^Listen' /etc/httpd.conf 명령어로 발췌하고, awk의 if/else 조건문을 이용하여 서비스 포트가 80이면 Http Service Port is 80을 출력하고 포트가 80이 아니면 Http Service Port is Not 80을 출력하는 스크립트이다.

이것이 단순한 기능이지만 시스템을 관리하다 보면 체크리스트까지 만들어 일일이 점검을 하지만 역시 사람이 직접 작업하다 보면 누락될 수도 있고 착각할 수도 있다. 아래 예제에서 소개한 스크립트를 응용하여 가독성 있는 문구로 점검한다면 점검 누락이나 실수를 조금이나마 줄일 수 있다.

```
[root@localhost test]# more /etc/httpd.conf
~~ (중략)
# MaxRequestsPerChild: Maximum number of connections per server process
<IfModule mpmt_os2.c>
StartServers            2
MinSpareThreads         5
MaxSpareThreads         10
MaxRequestsPerChild     0
</IfModule>

#
# Listen: Allows you to bind Apache to specific IP addresses and/or
# ports, instead of the default. See also the <VirtualHost>
# directive.
#
# Change this to Listen on specific IP addresses as shown below to
# prevent Apache from glomming onto all bound IP addresses (0.0.0.0)
#
#Listen 12.34.56.78:80

Listen 80

#
# Dynamic Shared Object (DSO) Support
[root@localhost test]# grep '^Listen' /etc/httpd.conf | awk '{if($2 == 80) print "Http Service Port is 80" ;else print "Http Service Port is Not 80"}'

Http Service Port is 80
[root@localhost test]#
```

3.5.4 BEGIN / END 표현식

awk에서 BEGIN 표현식은 입력되는 텍스트 라인들을 처리하기 전에 실행된다.

다음은 /etc/passwd에서 user로 시작되는 첫 번째, 여섯 번째 열을 출력하기에 앞서 User / Home Dir이란 타이틀을 작성한 예제이다.

```
[root@localhost test]# cat /etc/passwd | awk -F: 'BEGIN{print "User / Home Dir"};/^user/
{print $1,$6}'

User    / Home Dir
user1   /home/user1
user2   /home/user2
user10  /home/user10
user100 /home/user100
```

END 표현식은 BEGIN 표현식과 반대로 awk의 모든 표현식이 종료되면 처리된다.

아래 예제는 모든 표현식이 종료되고 - END -를 표시한다. 당연한 얘기이지만 이때 END 표현식의 위치는 상관없다.

```
[root@localhost test]# cat /etc/passwd | awk -F: 'END{print "- END -"};/^user/{print $1,$6}'
user1   /home/user1
user2   /home/user2
user10  /home/user10
user100 /home/user100
- END -

[root@localhost test]# cat /etc/passwd | awk -F: '/^user/{print $1,$6};END{print "- END -"}'
user1   /home/user1
user2   /home/user2
user10  /home/user10
user100 /home/user100
- END -
```

3.5.5 파이프 라인

awk 프로그램 내에서 파이프 라인을 사용할 수 있는데 파이프 라인 이후에 오는 명령어는 반드시 큰따옴표("")로 묶어야 한다.

아래 예제는 /etc/passwd에서 라인의 끝이 nologin인 계정을 오름차순으로 정렬한다. 즉, 시스템에 로그인을 못하게 설정한 계정을 확인하는 스크립트이다.

```
[root@localhost test]# cat /etc/passwd | awk -F: '/[nologin]$/{print $1 | "sort"}'
adm
avahi
bin
daemon
dbus
distcache
ftp
games
gopher
haldaemon
lp
mail
mailnull
named
nfsnobody
nobody
nscd
ntp
operator
pcap
rpc
rpcuser
rpm
shutdown
smmsp
sshd
uucp
vcsa
```

3.6 vi 편집기

2장에서 구성한 Windows 기반의 에디터를 이용하면 이 책에 나오는 대부분의 쉘 스크립트 예제들을 작성할 수 있다. 그러나 시스템을 관리하면서 터미널 접속 또는 콘솔을 이용해야 할 상황에서는 시스템에 설치되어 있는 터미널용 에디터를 사용해야 한다. 이때 대부분의 UNIX/Linux에 기본적으로 설치되어 있는 vi 에디터를 이용해서 쉘 스크립트를 작성해야 한다. 이번 절에서는 vi 에디터의 사용법을 간략하게 살펴본다.

3.6.1 vi 모드

vi를 처음 접하는 독자라면 모드의 개념 때문에 vi와 친숙하기가 어려울 것이다. 필자가 지금까지 vi를 사용하면서 처음부터 어떤 원리를 깨우쳐서 활용했다기 보다는 그냥 사용하다보니 익숙해진 것 같다. 따라서 너무 고민하지 말고 여기서 소개하는 내용을 쭉 확인하면서 자주 사용해보기를 권장한다.

명령 프롬프트에서 vi를 실행한다.

```
[root@localhost test]# vi
```

그러면 [그림 3-1]처럼 vi 에디터가 실행이 되는데 무척 단순하다. GUI 환경에서라면 탭이란 개념 또는 다른 창을 선택하는 것으로 입력과 명령을 구분할 수 있었겠지만 vi 모드의 작업 환경은 문자로 가득한 CUI 환경이다. 그래서 모드라는 개념을 적용한 것이 아니었을까, 필자 나름대로 추정한다. 어찌 되었든 모드를 변경해보겠다.

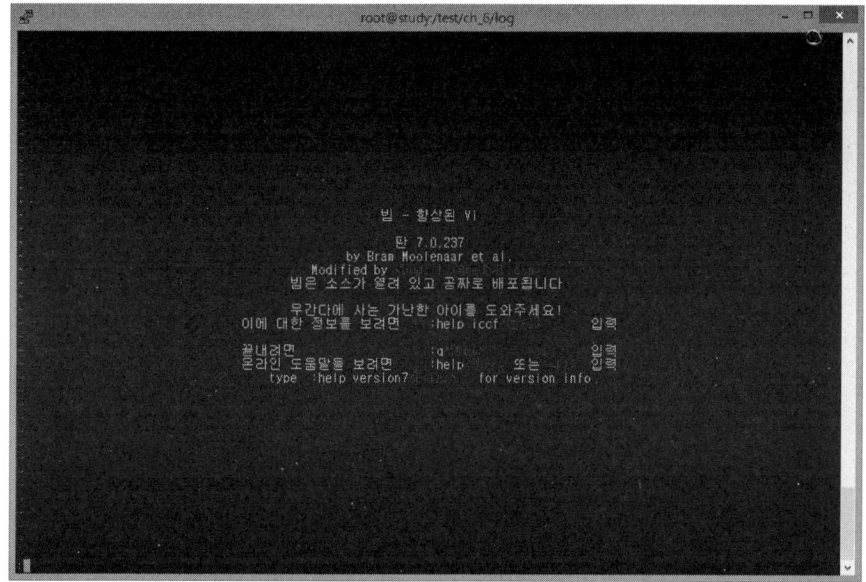

[그림 3-1] vi 실행 화면

[그림 3-1] 화면에서 i를 눌러보자. 느껴지는가? 아마도 대부분의 독자들은 "뭐가 변한거야?" 라고 여길 수 있다. 왼쪽 하단을 잘 살펴보자 '끼워넣기'라고 표기되어 있다([그림 3-2] 참고). 운영체제에 따라 한글화가 안 되어 있다면 영문으로 표시될 것이다. 독자 여러분은 인정하지 않을지 모르겠지만 이것이 입력 모드다. 말 그대로 여기에다 뭔가를 쓰고 할 수 있는 모드인 것이다.

[그림 3-2] vi 입력 모드

[그림 3-1]의 상태는 Windows에서 아래한글 프로그램을 처음에 실행하면 새로운 파일을 만들기 위해 아무 것도 없는 빈 페이지가 뜨는 것과 같다고 보면 된다. 하지만 늘 새로운 파일만 생성하는 것이 아니라 때로는 기존의 파일을 수정할 수도 있다. 아래와 같이 기존의 파일을 불러오면 처음에 파일들의 내용이 표시된다. 여기서 다시 i를 눌러보자 좌측 하단이 '끼워넣기'로 바뀐 것을 볼 수 있다. 느껴지는가? 이것이 입력 모드이다.

```
[root@localhost test]# vi vi.test
```

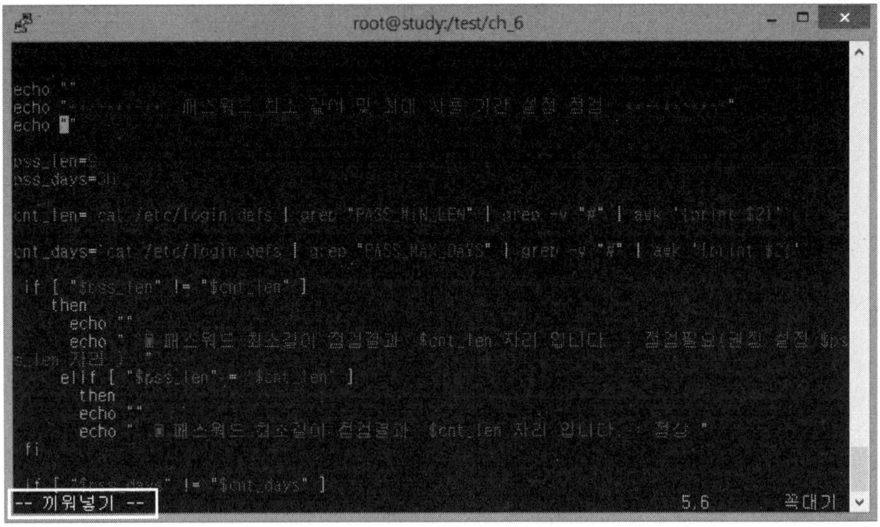

[그림 3-3] vi 입력 모드

입력 모드에 대해 조금 더 설명을 하자면, 입력 모드로 전환하는 키로, i, a, o, O 등이 있다. 이 모든 키가 입력 모드로 진입할 때 사용되지만 조금씩 의미가 다르다. 우선 i 키는 커서가 위치한 앞자리부터 입력을 할 수 있다. a 키는 커서 뒤부터 입력을 할 수 있다. o 키는 커서가 위치한 다음 행으로 이동하여 입력을 시작한다. O 키는 커서가 위치한 이전 행으로 이동하여 입력을 실시한다. 이외에, I 키와 A 키가 있지만, 필자가 생각하기에 활용도가 떨어지므로 이들 키에 대한 설명은 생략하겠다.

여기까지 vi의 노멀 모드와 입력 모드에 대해 알아봤다. 모드가 이렇게 두 개면 좋겠지만 불행하게도 두 개의 모드가 더 있다. 모드를 전체적으로 알아보고, 나머지 모드도 알아보도록 하겠다.

[그림 3-4]를 보면 노멀 모드를 중심으로 앞서 살펴본 입력 모드를 비롯해서 명령 모드와 비주얼 모드가 있음을 알 수 있다. 여기서 눈에 띄는 것이 모든 모드 간에 전환을 위해서는 반드시 노멀 모드를 거쳐 가야함을 알 수 있다. 연속적으로 생각해보자. 예를 들어 입력 모드에서 작업을 하다가 명령 모드로 변환을 하고자 할 때는 현재 입력 모드 상태이므로 Esc 키를 누르고 콜론(:)을 입력하면 명령 모드로 전환된다. 다시 말해서, 터미널에서 작업하는 상황에서는 Esc, 콜론(:) 키를 연달아 누른 것과 같다. 독자 여러분은 느끼지 못했을 수도 있으나 vi의 모드 개념에서는 입력 모드 → 노멀 모드 → 명령 모드로 전환된 것이다.

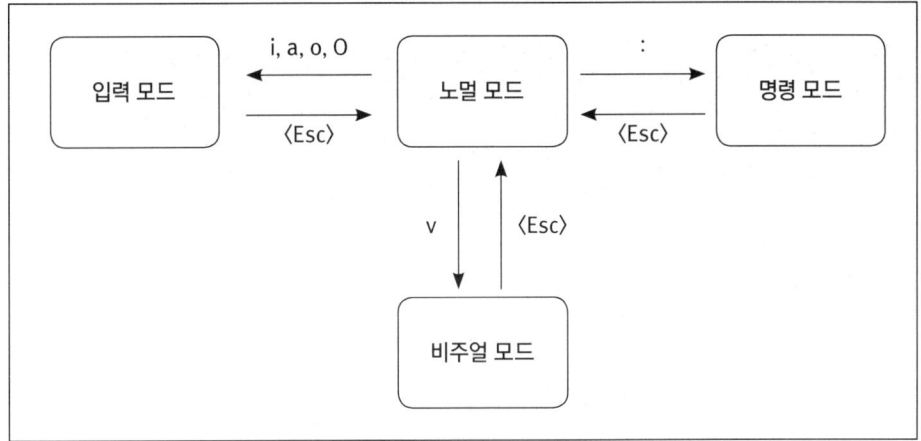

[그림 3-4] vi 모드

이번에는 [그림 3-3]의 vi 입력 모드 상태에서 Esc 키를 누르고 콜론(:) 키를 눌러보겠다. 왼쪽 하단의 모양이 : 으로 바뀌었다. 여기에 타이핑을 하면 그 행에 타이핑되는 것을 알 수 있다. 이것이 vi에서 다양한 명령을 하달하는 명령 모드이다. 마치 한글 프로그램의 메뉴와 비슷한 개념이라고 생각하면 되겠다.

[그림 3-5] vi 명령 모드

이번에도 Esc 키를 눌러 노멀 모드로 전환한 뒤 v 키를 눌러보자. 왼쪽 하단에 "비주얼"이란 문구가 표시된 것을 볼 수 있다. 비주얼 모드로 변환되었다. 이제 방향키로 아래위로 움직여 보자. 마치 드래그를 해서 문자열을 선택하는 것처럼 문자열을 선택할 수 있다는 것을 알 수 있다.

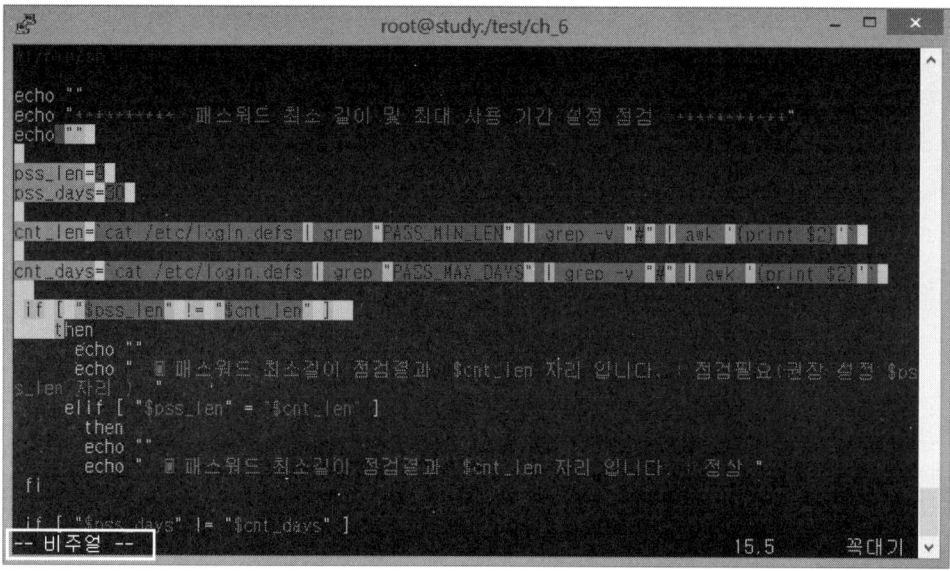

[그림 3-6] vi 비주얼 모드

사실 필자가 생각하기에는 여기까지 이해가 되었다면 vi를 사용하기 위한 기본적인 소양은 다 갖추었다고 보인다. 이후 설명할 기능에 대해서는 필요하면 찾아서 활용하면 된다. 한글 프로그램을 사용할 때 모든 기능을 완벽하게 익힌 상태에서 문서를 작업하는 사람이 많지 않은 것처럼 vi의 모든 기능을 모두 다 활용해서 편집하는 사람도 별로 없다.

3.6.2 vi 종료하고 파일 저장하기

vi를 종료하고 파일을 저장하는 작업은 vi의 명령 모드에서 이뤄진다. 기억나는가? 왼쪽 하단이 : 로 변경된 상황에서 아래 명령을 입력하면 기능이 작동된다.

종료와 저장 관련 명령은 다음과 같다.

명령	설명
q	vi에서 작업한 것이 없을 때 그냥 종료한다.
q!	작업한 내용을 저장하지 않고 종료한다.
w	작업한 내용을 저장한다. 파일명을 지정하면 새 파일로 저장한다.
wq	작업한 내용을 저장하고 vi를 종료한다.

3.6.3 커서 이동하기

vi에서 기본적인 커서 이동은 노멀 모드와 비주얼 모드에서 이뤄지는데 커서 이동키를 아래 키보드 그림과 표로 정리해두었으니 참고하기 바란다. 최근 운영체제에서는 키보드의 방향키도 동일하게 적용되도록 설정되어 있어 큰 불편 없이 사용할 수 있다.

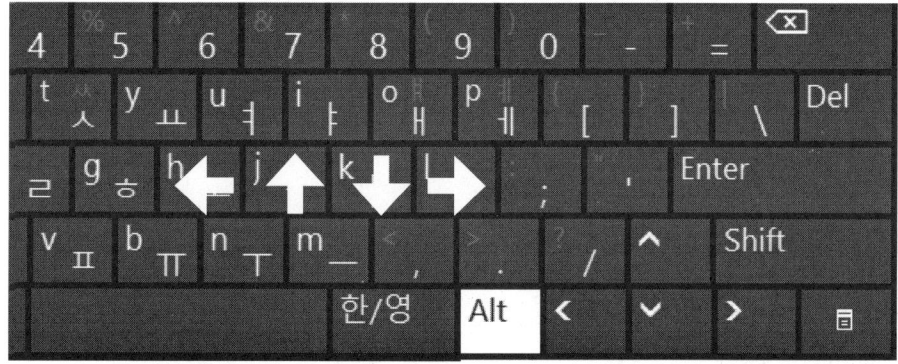

[그림 3-7] vi 커서 이동

구분	설명
h	왼쪽으로 1칸 이동
j	아래로 1칸 이동
k	위로 1칸 이동
l	오른쪽으로 1칸 이동
+	다음 라인의 첫 문자로 이동
-	위 라인의 첫 문자로 이동
0	현재 있는 라인에서 맨 앞의 첫 문자로 이동
$	현재 있는 라인에서 맨 뒤의 마지막 문자로 이동
G	제일 마지막 라인의 맨 앞의 첫 문자로 이동

3.6.4 수정 및 삭제

vi에서 내용을 수정하기 위해서는 기본적으로 노멀 모드에서 내용 수정 키를 눌러 필요한 작업을 한다. 하지만 주의해야 할 사항이 있다. 문자를 수정하고 나면 노멀 모드에서 입력 모드로 자동 전환되므로 다른 곳의 내용을 수정하고 싶으면 다시 Esc 키를 눌러서 노멀 모드로 전환해야 한다. 내용 수정을 위한 명령 키는 아래와 같다.

명령	설명
r	커서가 위치한 문자를 다른 문자로 수정한다.
cw, [숫자]cw	커서의 위치부터 현재 단어의 끝까지 수정한다.
s, [숫자]s	커서의 위치부터 지정된 글자 수까지 내용을 대체한다.
cc	커서가 위치한 행의 내용을 모두 수정한다.
C	커서의 위치부터 행의 끝까지 수정한다.

아래 그림은 Esc 키를 눌러 노멀 모드로 전환한 뒤에 수정하고자 하는 위치로 커서를 이동한 뒤에 2 키와 s 키를 각각 눌러 커서에 위치한 2글자를 대체해서 입력한 예다.

[그림 3-8] 내용 수정하기

입력 모드에서 편집 중에 글자를 지우고 싶으면 백스페이스나 Del 키를 이용하면 된다. 노멀 모드에서 삭제하고 싶을 때는 지우고자 하는 위치로 커서를 이동해서 아래의 명령 키를 사용하면 된다.

명령	설명
x, [숫자]x	커서가 위치한 문자 및 지정된 글자 수만큼 삭제한다.
dw, [숫자]dw	커서 위치의 단어 및 지정된 단어 수만큼 삭제한다.
dd, [숫자]dd	커서가 위치한 행 및 지정된 행 수만큼 삭제한다.
u	방금 수행한 명령을 취소한다.

아래 그림은 Esc 키를 눌러 노멀 모드로 전환한 뒤에 삭제하고 싶은 위치로 커서를 이동한 뒤에 2, d, d 키를 각각 눌러 커서에 위치한 2줄을 삭제하는 내용이다.

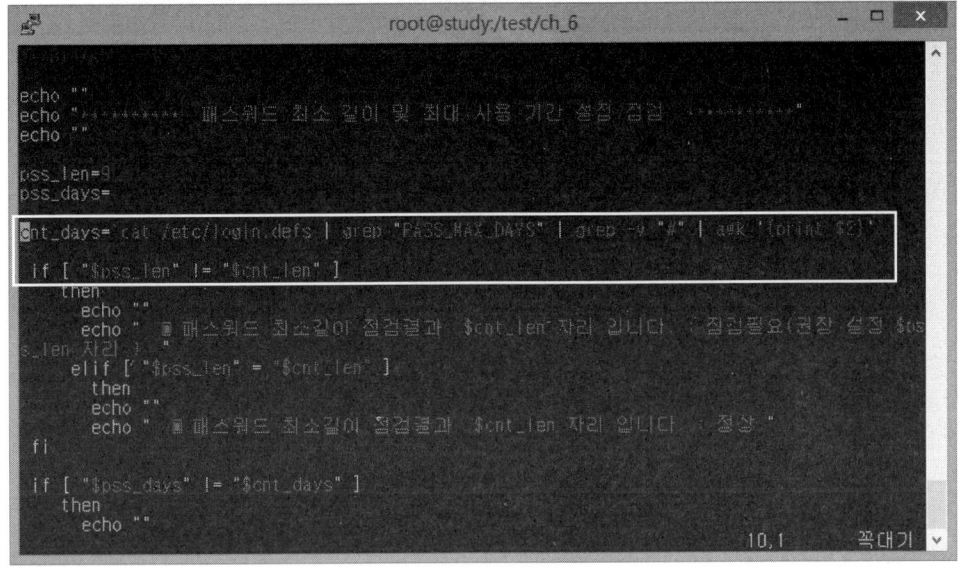

[그림 3-9] 내용 삭제하기

3.6.5 복사하기와 붙이기

vi에서도 필요한 부분을 복사하고 붙여넣을 수 있다. 복사하기와 붙이기 작업을 하려면 앞에서와 마찬가지로 Esc 키를 눌러서 노멀 모드로 전환해야 한다. 복사하기와 붙이기를 위한 명령 키는 아래와 같다.

명령	설명
yy, [숫자]yy	커서가 위치한 행 및 지정된 행의 수를 복사한다.
p	커서가 위치한 행의 아래쪽에 붙인다.
P	커서의 위치한 행의 위쪽에 붙인다.

아래 그림은 Esc 키를 눌러 노멀 모드로 전환한 뒤에 복사할 줄의 위치로 커서를 이동한 뒤에 3, y, y 키를 각각 눌러 3줄을 복사했다. 왼쪽 아래 부분에 3줄이 복사되었음을 나타내고 있다.

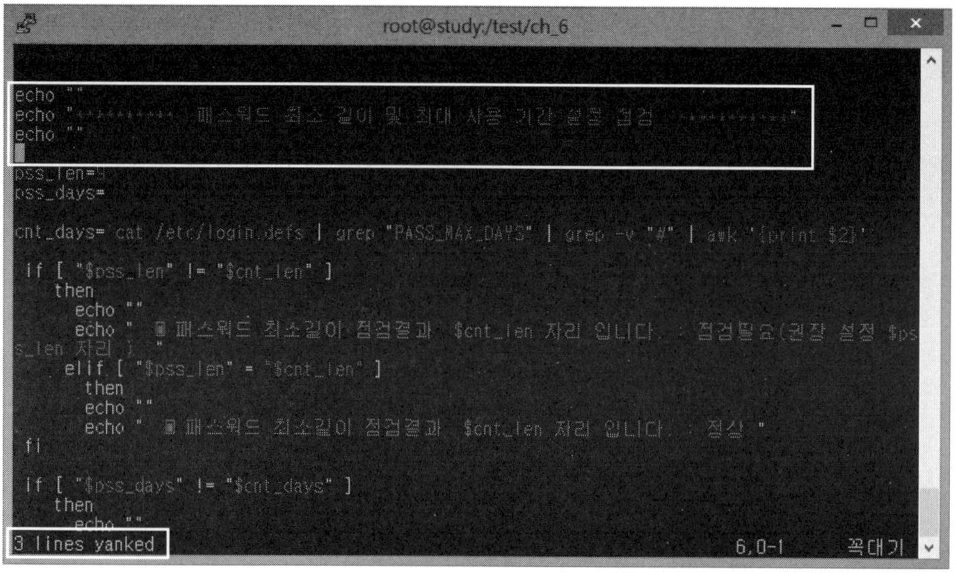

[그림 3-10] 내용 복사하기

복사가 되었으면 붙이기할 위치로 커서를 이동한 뒤에 p 키를 각각 눌러 3줄을 그대로 붙여 넣는다.

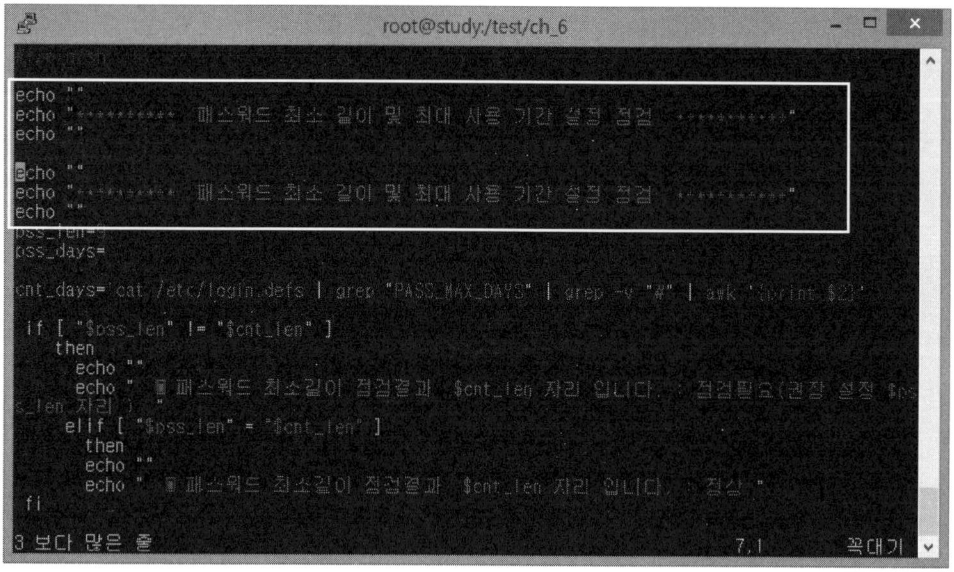

[그림 3-11] 내용 붙여넣기

3.6.6 환경 설정

vi를 좀 더 편리하게 사용할 수 있게 하는 다양한 환경 설정이 있다. 기본적으로 환경 설정은 명령 모드에서 사용할 수 있으며, 환경 설정을 위한 명령 키는 아래와 같다.

명령	설명
set nu	파일 내용의 각 행에 행 번호를 표시한다.
set nonu	행 번호를 감춘다.
set list	눈에 보이지 않는 특수(개행) 문자를 표시한다.
set nolist	특수(개행) 문자를 감춘다.
set showmode	현재 모드를 표시한다.
set noshowmode	현재 모드 표시를 감춘다.

아래 그림에서는 Esc 키를 눌러 노멀 모드로 전환한 뒤에, 콜론(:) 키를 눌러 명령 모드로 전환한 후에, 왼쪽 하단의 : 표시의 행에서 set nu를 입력한 후, 엔터 키를 누르면 파일 내용의 각 행에 행 번호가 표시되도록 환경 변수를 적용하였다.

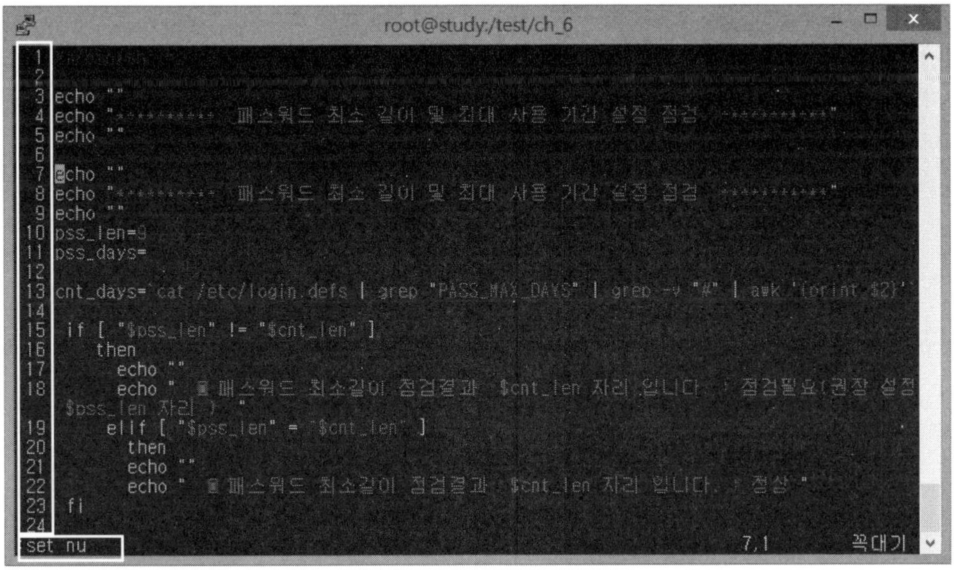

[그림 3-12] 환경 변수 적용 예

3.7 정리

3장에서는 쉘 스크립트의 기능에서 핵심이 되는 UNIX/Linux의 기본 명령어에 대해서 알아보았다. 특히 시스템 관리자가 얻고자 하는 결과를 재가공하기 위해 꼭 필요한 입출력 재지정(Redirection)과 파이프(Pipe)의 개념을 잘 기억하기 바란다. 그리고 시스템을 관리하면서 자주 사용하는 단순 작업을 자동화하기 위해서 쉘 스크립트에 포함될 UNIX/Linux 명령어들의 이해도 필요하다.

앞에서도 언급한 것과 같이, 이번 장에서 소개된 명령어들은 A에서 Z까지 알파벳순으로 배열되어 있으니 시스템 운용할 때나 쉘 스크립트를 제작할 때 쉽게 찾아 활용하기 바란다.

이제 쉘 스크립트를 작성하기 위한 뼈대와 살은 어느 정도 준비된 것 같다. 4장에서는 지금까지 만들어둔 뼈대와 살을 잘 엮어 유기적으로 작동하도록 하는 쉘 프로그래밍 문법에 대해 알아보겠다.

4장 쉘 프로그래밍 문법

이번 장은 좀 지루할 수 있는 부분으로, 쉘 스크립트를 작성하기 위한 기본적인 문법들을 알아보고자 한다. 앞서 살펴본 것처럼 다양한 쉘들이 있지만 이 책에서는 대부분의 UNIX/Linux 시스템에 기본적으로 탑재되어 있는 Bourne Shell(sh)의 문법을 중심으로 설명한다.

시스템 관리자 업무를 수행하다 보면 다양한 벤더들의 UNIX 플랫폼을 관리하는 경우가 많은데 벤더의 종류뿐 아니라 각 벤더의 UNIX 버전들도 상이한 경우가 종종 있다. 가령, 예전 버전의 UNIX에는 최근에 일반적으로 사용되는 쉘인 Bash가 없기 때문에 쉘 스크립트를 작성할 때 시스템별로 쉘 스크립트를 작성해야 할 경우가 있다. 따라서 대부분의 시스템에 설치되어 있는 기본 쉘인 Bourne Shell의 작성법을 익히면 플랫폼이 달라서 여러 가지 버전의 쉘 스크립트를 작성해야 하는 부담을 줄일 수 있다. 또한 기본 쉘인 Bourne Shell을 확실히 익혀 놓으면 다른 쉘이 있더라도 그 쉘의 고유한 사용법만 익히면 된다.

이번 장에서 설명한 문법이 잘 이해되지 않으면 그냥 넘어가기 바란다. 그리고 다음 장에 나오는 쉘 스크립트 예제들을 살펴보다가 이번 장에 나오는 문법이 나오면 이번 장으로 다시 돌아와서 보면 이해가 더 잘 될 것이다.

4.1 쉘 프로그래밍 시작하기

쉘 프로그래밍에 친숙해지기 위해 기본이 되는 프로그램을 작성하면서 프로그램의 구조 및 문법을 알아보도록 하겠다. 대부분의 프로그래밍 입문서에서 처음으로 소개하는 코드인 Hello World를 화면에 출력하는 프로그램을 작성해보자.

[예제 4-1]과 같이 원격 접속된 터미널에서 vi 에디터를 이용하거나 ftp 기능이 있는 에디터를 이용해서 4-1.sh이라는 이름으로 쉘 스크립트를 작성해보자.

[예제 4-1]

```
#!/bin/sh

string="Hello World"
    # 변수 지정 예
echo $string
```

프롬프트에서 sh 4-1.sh를 실행하면 화면에 Hello World가 출력됨을 알 수 있다.

```
[root@localhost test]# sh 4-1.sh
Hello World
[root@localhost test]#
```

Note

쉘 스크립트를 실행할 때마다 sh를 붙여서 실행하는 것이 번거롭게 느껴질 것이다. 다른 UNIX/Linux 명령어처럼 실행하는 방법을 알아보자. 현재 디렉터리의 4-1.sh를 실행하라는 명령을 실행하면 대부분의 시스템에서는 아래와 같이 "허가 거부됨" 메시지와 함께 정상적인 수행이 되지 않을 것이다.

```
[root@localhost test]# ./4-1.sh
-bash: ./4-1.sh: 허가 거부됨
```

4-1.sh 파일의 자세한 정보를 살펴보면 4-1.sh 파일에 실행 권한이 없음을 알 수 있다.

```
[root@localhost test]# ls -al 4-1.sh
-rw-r--r-- 1 root root 46 12월 17 07:41 4-1.sh
```

chmod 명령어를 이용하여 4-1.sh 파일의 퍼미션을 실행 가능으로 변경한다.

```
[root@localhost test]# chmod 755 4-1.sh
```

> **Note**
>
> [root@localhost test]# ls -al 4-1.sh
> -rwxr-xr-x 1 root root 46 12월 17 07:41 **4-1.sh**
>
> 현재 디렉터리의 4-1.sh 파일을 다시 실행해보자. 다음과 같이 정상적으로 실행됨을 알 수 있다.
>
> [root@localhost test]# ./4-1.sh
> **Hello World**
>
> ※ 파일의 속성을 확인하는 ls 명령어와 퍼미션을 변경하는 chmod 명령어에 대한 자세한 내용은 3장을 참고한다.

4.1.1 쉘 스크립트의 일반적인 구조

쉘 스크립트를 실행하려면 첫 라인에 #!/bin/sh를 입력해서 작성된 스크립트가 Bourne Shell임을 커널에게 알려주는 것으로 시작한다.

```
#!/bin/sh
```

다른 대부분의 프로그래밍 언어처럼 변수를 지정할 수 있다. 변수명 다음에 =와 변수 값을 입력해서 "변수명=값"의 형태로 작성하면 된다. 다른 일반적인 프로그래밍 언어에서는 숫자와 문자형 등 변수의 형태에 따라 변수의 지정 형태가 달라지지만, 쉘 프로그래밍에서는 형태 구분 없이 변수를 사용하면 된다. 다만, = 좌우에는 공백이 없어야 함에 유의한다. 그리고 아래와 같이 변수의 값에 공백이 있는 경우에는 " 와 "를 이용하여 문자형 변수로 활용하면 된다.

```
string="Hello World"
```

지정된 변수를 호출하려면 변수 앞에 $를 붙여서 '$변수명'의 형태로 사용한다.

```
echo $string
```

3장에서 살펴본 것처럼 echo 명령어는 지정된 문자를 모니터에 출력하라고 지시한다. 코드 중간에 주석이 필요하면 주석 처리할 라인 앞에 #을 붙인다. 그러면 스크립트가 처리될 때 해당 라인은 실행되지 않고 그냥 넘어간다.

```
# 변수 지정 예
```

그 밖에도 와일드카드인 *, ?, []는 파일명 등을 확장할 때 사용하고, 〈, 〉, 2〉, 〉〉, |는 표준 입출력을 위해 사용하는데 다음부터 소개할 쉘 스크립트 예제를 보면서 더 자세히 살펴보자.

4.1.2 전역 변수

다른 프로그래밍 언어처럼 변수를 사용할 수 있는데 개념적으로 지역 변수와 전역 변수로 나눌 수 있다. 환경 변수라고도 불리는 전역 변수는 실행 중인 쉘은 물론 해당 쉘에서 파생되는 자식 프로세스에서도 사용될 수 있다. 전역 변수라고는 하지만 export 명령어를 통해 환경 변수로 등록하여 마치 다른 프로그래밍 언어의 전역 변수와 유사하게 사용할 수 있기 때문에 전역 변수라고 이해하고 활용하면 된다. 등록된 전역 변수를 확인하려면 아래처럼 env 또는 printenv를 이용한다.

```
[root@localhost test]# env
HOSTNAME=localhost.localdomain
TERM=xterm
SHELL=/bin/bash
HISTSIZE=1000
SSH_CLIENT=192.168.159.1 61392 22
OLDPWD=/root
SSH_TTY=/dev/pts/1
USER=root
~ (중략)
HOME=/root
LOGNAME=root
CVS_RSH=ssh
SSH_CONNECTION=192.168.159.1 61392 192.168.159.130 22
LESSOPEN=|/usr/bin/lesspipe.sh %s
```

4.1.3 지역 변수

지역 변수는 전역 변수와 달리 현재의 쉘에서만 사용이 가능하다. 등록된 지역 변수를 확인하려면 set 명령어를 이용한다.

```
[root@localhost ~]# set
BASH=/bin/bash
BASH_ARGC=()
BASH_ARGV=()
BASH_LINENO=()
BASH_SOURCE=()
BASH_VERSINFO=([0]="3" [1]="2" [2]="25" [3]="1" [4]="release" [5]="i686-redhat-linux-gnu")
BASH_VERSION='3.2.25(1)-release'
COLORS=/etc/DIR_COLORS.xterm
COLUMNS=95
CVS_RSH=ssh
DIRSTACK=()
EUID=0
GROUPS=()
~~ (중략)
SHLVL=1
SSH_CLIENT='192.168.159.1 61846 22'
SSH_CONNECTION='192.168.159.1 61846 192.168.159.130 22'
SSH_TTY=/dev/pts/1
TERM=xterm
UID=0
USER=root
_=set
consoletype=pty
```

4.1.4 변수 지정하기

변수 지정 방법을 앞에서 설명했지만 간단하게 다시 정리해보자. 변수를 생성할 때는 "변수명=값"의 형태로 작성한다. 그리고 숫자와 문자형 등 변수의 형태의 구분 없이 사용하면 된다. 다만, = 좌우에 공백이 없어야 하고, 변수의 값에 공백이 있으면 " 와 "를 이용하여 문자형 변수로 활용하면 된다.

생성한 변수를 제거하려면 unset 명령어를 사용한다. 다음 예제에서는 STRING 변수에 "Hello Shell Programming"을 지정하고, set 명령어를 이용하여 정상적으로 지정되었는지를 확인하고, 화면 출력 명령어 echo를 이용하여 변수의 값을 출력한다.

```
[root@localhost ~]# STRING="Hello Shell Progamming"
[root@localhost ~]# set
BASH=/bin/bash
 ~ (중략)
STRING='Hello Shell Progamming'
TERM=xterm
UID=0
USER=root
_=
consoletype=pty
[root@localhost ~]# echo $STRING
Hello Shell Progamming
```

반대로, 지정된 변수를 제거하려면 unset 명령어를 이용한다. set 명령어로 확인하면 변수가 제거된 것을 확인할 수 있다. ehco 명령어로 해당 변수를 출력을 해도 아무런 값이 출력되지 않음을 알 수 있다.

```
[root@localhost ~]# unset STRING
[root@localhost ~]# set
BASH=/bin/bash
BASH_ARGC=()
BASH_ARGV=()
 ~ (중략)
TERM=xterm
UID=0
USER=root
_=
consoletype=pty
[root@localhost ~]# echo $STRING

[root@localhost ~]#
```

전역 변수(환경 변수)를 지정하기 위해 export 명령어를 이용하는데, 일반적으로 변수들은 다음의 예와 같이 대문자로 지정한다.

```
export PATH
```

하지만 변수를 지정할 때 변수명에 숫자를 포함할 수는 있어도 숫자로 시작할 수 없다는 점을 알아두기 바란다.

```
[root@localhost test]# export 1var=2
-bash: export: `1var=2': not a valid identifier
```

> **Note**
>
> **Bourne Shell의 주요 예약 변수**
>
> Bourne Shell에서 사용하는 주요 예약 변수는 다음과 같다. 쉘 스크립트 작성 시 참고하자.
>
> | 변수명 | 내용 |
> |---|---|
> | CDPATH | 내장 명령어인 cd 명령어를 검색하기 위해 path로 사용되는 디렉터리 목록 |
> | HOME | 현재 사용자의 홈 디렉터리 |
> | IFS | 필드 분리자의 목차 목록으로 각 단어별로 분리할 때 사용할 필드 분리자를 지정 |
> | MAIL | 수신될 메일이 저장될 파일을 지정 |
> | MAILPATH | 메일 수신 여부를 확인하기 위한 경로를 설정 |
> | PATH | 쉘이 명령을 찾아볼 디렉터리 경로 |
> | PS1 | 주 프롬프트 문자열 |

4.2 주요 문법

4.2.1 사용자 입력 받기 : read

사용자들의 입력 사항을 받기위해 read 명령어를 이용하는데 "read 변수명" 형태로 사용할 수 있다.

다음은 사용자가 입력한 "Shell Script Test" 값을 VAR 변수에 저장하고, VAR에 입력된 값을 화면에 출력하는 예제이다. 당연하겠지만 사용자가 입력한 값이 변수로 지정되어 있음을 확인할 수 있다.

```
[root@localhost ~]# read VAR
Shell Script Test   ← 사용자가 입력한 값
[root@localhost ~]# echo $VAR
Shell Script Test
[root@localhost ~]# set
BASH=/bin/bash
BASH_ARGC=()
BASH_ARGV=()
 ~ (중략)
TERM=xterm
UID=0
USER=root
VAR='Shell Script Test'
_=Test
consoletype=pty
```

여러 개의 변수 값을 입력받아야 할 때는 "read 변수명1 변수명2"의 형태로 작성한다. 사용자 입력 시 다음 변수는 스페이스(공백)로 구분한다.

```
[root@localhost ~]# read VAR1 VAR2
A B        ← 사용자가 입력한 값
[root@localhost ~]# set
BASH=/bin/bash
BASH_ARGC=()
BASH_ARGV=()
~~ (중략)
TERM=xterm
UID=0
USER=root
VAR1=A
VAR2=B
_=VAR2
consoletype=pty
```

여러 개의 변수를 입력받을 때 주의사항이 있다. 변수를 지정할 때 "" 또는 ''를 이용하여 공백이 포함된 문자열을 단일 변수로 지정할 수 있었다. 그러나 사용자 값을 입력받을 때 공백 전 문자열은 첫째 변수, 나머지 문자열은 마지막 문자열로 입력됨에 주의해야 한다.

아래 예제에서, 입력된 변수 값이 출력되는 결과를 echo 명령어로 확인하면 의도했던 것과 다르게 출력됨을 알 수 있다.

```
[root@localhost ~]# read VAR1 VAR2
'Shell Script Test' B          ← 사용자가 입력한 값
[root@localhost ~]# set
BASH=/bin/bash
BASH_ARGC=()
BASH_ARGV=()
~~ (중략)
TERM=xterm
UID=0
USER=root
VAR1="\''Shell'              ← 변수에 입력된 값
VAR2='Script Test'\'' B'
_=VAR2
consoletype=pty
[root@localhost ~]# echo $VAR1
'Shell
[root@localhost ~]# echo $VAR2
Script Test' B
```

4.2.2 명령 결과 치환

UNIX/Linux의 명령어의 결과 값을 변수로 할당하거나 문자열로 사용하기 위한 방법으로 명령 치환이 있다. `` ` ``를 이용하여 값을 치환할 수 있는데 명령 치환이 간단한 문법처럼 보일지 모르나 필자는 이것이 쉘 스크립트의 핵심 기능 중 하나라고 생각한다. 출력되는 명령어를 재가공하거나 변수로 활용할 수 있으며 다른 명령어들의 처리 기능과 잘 조합하면 사용자에 최적화된 기능을 구현할 수

있기 때문이다.

작성 형식은 변수명=`명령어`이다.

다음은 OS의 커널 버전 정보를 확인하는 명령어인 uname -a의 실행 결과를 변수 VER 변수에 지정하고 출력하는 예제이다.

```
[root@localhost test]# VER=`uname -a`
[root@localhost ~]# set
BASH=/bin/bash
BASH_ARGC=()
BASH_ARGV=()
~~ (중략)
TERM=xterm
UID=0
USER=root
VER='Linux localhost.localdomain 2.6.18-92.el5 #1 SMP Fri Feb 20 14:39:46 KST 2009 i686 i686 i386 GNU/Linux'
_=VER
consoletype=pty
[root@localhost test]# echo $VER
Linux localhost.localdomain 2.6.18-92.el5 #1 SMP Fri Feb 20 14:39:46 KST 2009 i686 i686 i386 GNU/Linux
```

또 쉘 스크립트 작성을 위해 명령어 치환이 반드시 필요한 이유 중 하나로 Bourne Shell에는 자체 수치 연산 기능이 없기 때문에 연산 기능을 수행하는 expr 명령어를 활용해야 한다. 기본적인 연산 기능도 없는 쉘에서 쉘 프로그래밍을 수행하는 것이 어떻게 보면 "이렇게 부족한 쉘 환경에서 무엇을 할 수 있을까?"라는 생각을 불러일으킬 수 있지만 그런 단점은 오히려 쉘 스크립트를 보다 더 직관적이고 단순하게 작성하는데 크게 기여한다. 그리고 필요에 따라 시스템에서 제공하는 명령어와 별도의 응용 프로그램을 상호 연계할 수 있는 것은 매우 큰 장점이다. 따라서 UNIX/Linux의 명령어를 얼마나 다양하게 활용할 수 있는지 여부가 활용성 높은 쉘 스크립트를 작성하는 밑거름이 된다는 점을 명심하기 바란다.

앞서 3장에서도 살펴본 expr 명령어는 숫자를 연산한 후 그 결과 값을 사용할 때 쓰이며, 연산에는 +, -, *, /, %(나머지 연산)을 이용할 수 있고, 모든 연산자와 숫자 또는 숫자형 변수 사이에는 반드시 공백이 있어야 한다. 괄호("와 ")를 사용할 때나 * 및 / 연산 시에는 \(₩)를 반드시 사용해야 한다는 점에 유의한다.

다음은 연산 결과를 각 변수에 입력하고 입력된 결과를 출력하는 예제이다.

```
[root@localhost test]# CALC=`expr 20 + 20`
[root@localhost ~]# CALC2=`expr 205 + \( 3 \* 4 \)`
[root@localhost test]# echo $CALC
40
[root@localhost test]# echo $CALC2
217
```

4.2.3 if 문

Bourne Shell에서 주로 활용하는 조건문인 if 문을 알아보자. if 문을 사용하면서 유의할 사항은 if의 개수만큼 fi를 사용해서 반드시 조건문을 종결지어야 한다는 점이다. 하지만 else if와 같은 의미인 elif를 사용할 경우에는 종결을 위한 개수에 구애받지 않아도 된다.

if 문의 형식으로는 일반적으로 if ~ then 구문을 사용한다.

```
if 조건문
   then 명령어
      elif 조건문
         then 명령어
   else 명령어
fi
```

if 문을 활용한 예제를 살펴보자.

[예제 4-2]

```
#!/bin/sh

echo -n "숫자 A를 입력하세요 : "
read VAR1
echo -n "숫자 B를 입력하세요 : "
read VAR2

if [ $VAR1 -eq $VAR2 ]

  then echo " 숫자 A와 B는 같습니다. "
    elif [ $VAR1 -ge $VAR2 ]
      then echo " 숫자 A는 B 보다 크거나 같습니다. "
    elif [ $VAR1 -le $VAR2 ]
      then echo " 숫자 A는 B 보다 작거나 같습니다. "

fi
```

[예제 4-2]를 실행하면 숫자 A와 B를 각각 입력받아 비교하고, 두 값이 같으면 아래와 같이 출력한다.

```
[root@study test2]# ./4-2.sh
숫자 A를 입력하세요 : 15
숫자 B를 입력하세요 : 15
 숫자 A와 B는 같습니다.
```

두 값을 비교하여 A가 B보다 크거나 같을 경우나 A가 B보다 작거나 같을 경우, 그 결과를 아래와 같이 출력한다.

```
[root@study test2]# ./4-2.sh
숫자 A를 입력하세요 : 12
숫자 B를 입력하세요 : 8
 숫자 A는 B 보다 크거나 같습니다.
[root@study test2]# ./4-2.sh
숫자 A를 입력하세요 : 12
숫자 B를 입력하세요 : 40
 숫자 A는 B 보다 작거나 같습니다.
```

4-2.sh을 세부적으로 살펴보자. read 명령어를 이용하여 VAR1 변수와 VAR2 변수로 입력받는다. 입력받은 값을 사용자들에게 명확히 알리기 위해 화면에 출력하며, 이를 위해 echo 명령어를 사용한다.

```
#!/bin/sh
echo -n "숫자 A를 입력하세요 : "
read VAR1
echo -n "숫자 B를 입력하세요 : "
read VAR2
```

그 다음 문장을 살펴보자. 입력받은 첫 번째 조건인 변수 VAR1과 VAR2를 비교하여 같으면 "숫자 A와 B는 같습니다."를 출력하고, A가 B보다 크거나 같으면 "숫자 A는 B 보다 크거나 같습니다."를 출력하고, 작거나 같으면 "숫자 A는 B 보다 작거나 같습니다."를 출력하는 구문이다.

여기서 조건문은 바로 뒤에서 살펴볼 4.2.4절의 test 문을 이용하여 구성하는데 이번 예제에 사용된 -eq, -ge, -le 등의 의미는 다음 절에서 자세히 설명하기로 하겠다. 전체적으로 살펴보면 if를 시작으로 fi에서 조건문의 종결이 이뤄짐을 알 수 있다. 앞서 언급한 것처럼 두 번째, 세 번째 조건문에서 elif를 이용했기 때문에 반드시 fi를 통해 구문을 종결할 필요가 없음을 알 수 있다.

```
if [ $VAR1 -eq $VAR2 ]
    then echo " 숫자 A와 B는 같습니다. "
        elif [ $VAR1 -ge $VAR2 ]
            then echo " 숫자 A는 B 보다 크거나 같습니다. "
        elif [ $VAR1 -le $VAR2 ]
            then echo " 숫자 A는 B 보다 작거나 같습니다. "
fi
```

아래와 같이 세미콜론(;)을 이용해서 같은 라인에 명령어를 모두 붙여 사용할 수 있다.

```
#!/bin/sh
echo -n "숫자 A를 입력하세요 : "
read VAR1
echo -n "숫자 B를 입력하세요 : "
read VAR2

if [ $VAR1 -eq $VAR2 ]; then echo " 숫자 A와 B는 같습니다. "; elif [ $VAR1 -ge $VAR2 ]; then
echo " 숫자 A는 B 보다 크거나 같습니다. " ; elif [ $VAR1 -le $VAR2 ]; then echo " 숫자 A는 B 보다
작거나 같습니다. "; fi
```

필요에 의해 ; 를 이용하여 모두 한 라인으로 작성할 수도 있지만 차후 디버깅이나 수정을 위해 코드의 가독성을 고려한다면 각 항목별로 라인을 구분하는 것이 좋다. 위의 예제에 else if를 이용하면 다음과 같이 표현할 수 있다.

```
if [ $VAR1 -eq $VAR2 ]
   then echo " 숫자 A와 B는 같습니다. "
   else
      if [ $VAR1 -ge $VAR2 ]
         then echo " 숫자 A는 B 보다 크거나 같습니다."
         else
            if [ $VAR1 -le $VAR2 ]
            then echo " 숫자 A는 B 보다 작거나 같습니다. "
            fi
      fi
fi
```

4.2.4 test 문

if 조건문에서 많이 활용되는 조건 검사의 기본인 test 문을 살펴보도록 하겠다. Bourne Shell에서 사용되는 조건문은 다음과 같이 두 가지 형태로 표현될 수 있다.

test 표현 방식
[표현 방식]

이때 유의해야 할 점은 [뒤와] 앞에는 꼭 공백을 넣어야 한다는 것이다. 또한 문자열 변수를 사용할 때는 "와 "로 감싸야 한다. test 문은 보통 수치 비교, 파일 비교, 문자열 비교로 나눌 수 있다.

수치 비교

다음의 표현 방식으로 수치를 비교할 수 있다. 각 표현식은 숫자 크기를 비교하지만, 소수점 이하의 숫자는 무시된다는 점을 기억하기 바란다.

표현 방식	참이 되는 경우
[$A -eq $B]	A와 B의 값이 같은 경우
[$A -ne $B]	A와 B의 값이 다를 경우
[$A -gt $B]	A가 B 보다 큰 경우
[$A -lt $B]	A가 B 보다 작은 경우
[$A -ge $B]	A가 B 보다 크거나 같은 경우
[$A -le $B]	A가 B 보다 작거나 같은 경우

test 문의 수치 비교를 활용한 예제를 살펴보자.

[예제 4-3]

```
#!/bin/sh

a=1024
b=3072

if [ $a -eq $b ]

  then
    echo " a = b "
  elif [ $a -lt $b ]
    then
      echo " a < b "

fi
```

[예제 4-3]의 쉘 스크립트는 숫자 a와 숫자 b에 할당된 변수를 비교해서 a와 b의 수치가 같은지, b가 a보다 큰지 여부를 비교해서 그 결과를 출력한다. 실제로 b에 할당된 수치가 크므로 아래와 같이 "a < b"를 출력한다.

```
[root@localhost test]# ./4-3.sh
 a < b
```

파일 비교

파일의 존재 유무와 읽기 또는 쓰기가 가능한지 등을 비교하는 기능으로 다음과 같은 표현식을 활용할 수 있다.

표현 방식	참이 되는 경우
[-s]	파일이 존재하면서 크기가 0보다 큰 경우
[-f]	디렉터리를 제외한 파일일 경우
[-d]	파일을 제외한 디렉터리일 경우
[-w]	쓰기가 가능한 경우
[-r]	읽기가 가능한 경우
[! -옵션]	옵션의 조건이 거짓이 되는 경우

test 문의 파일 비교를 활용한 예제를 살펴보자

[예제 4-4]

```
#!/bin/sh
if [ -f /test/file ]
then
   if [ -s /test/file ]
     then
        echo " 파일이 0 보다 큽니다."
   fi
fi
```

[예제 4-4]는 /test/file의 존재 여부를 확인한 후, 일반 파일인지, 디렉터리인지 아닌지, 해당 파일이 0보다 큰지 여부를 비교해서 크면 "파일이 0 보다 큽니다."란 결과를 출력한다.

실행을 통해 소스 코드의 구동 상태를 살펴보면, 먼저 touch 명령어를 이용하여 크기가 0 인 file을 생성하고 4-4.sh을 실행하면 조건에 따라 아무런 결과를 출력하지 않음을 알 수 있다.

```
[root@study test2]# touch /test/file
[root@study test2]# ls -al /test/file
-rw-r--r-- 1 root root 0 12월 27 13:33 /test/file
[root@study test2]# ./4-4.sh
[root@study test2]#
```

이번에는 uname -a 명령어의 결과를 /test/file 파일 내용에 입력하여, /test/file 파일의 용량이 0이 아닌 상황에서 4-4.sh를 실행하면 "파일이 0 보다 큽니다."란 결과를 확인할 수 있다.

```
[root@study test2]# uname -a > /test/file
[root@study test2]# ls -al /test/file
-rw-r--r-- 1 root root 91 12월 27 13:36 /test/file
[root@study test2]# cat /test/file
Linux study.org 2.6.18-92.el5 #1 SMP Fri Feb 20 14:39:46 KST 2009 i686 i686 i386 GNU/Linux
[root@study test2]# ./4-4.sh
파일이 0 보다 큽니다.
[root@study test2]#
```

문자열 비교

말 그대로 문자열을 비교하는 구문으로, 변수 및 문자열에는 반드시 " "을 사용해서 공백이 포함된 문자열의 내용이 NULL이 되는 것을 예방한다. 다음은 문자열을 비교하는 표현 방식의 활용 사례이다.

표현 방식	참이 되는 경우
["문자열1" = "문자열2"]	두 문자열이 같은 경우
["문자열1" != "문자열2"]	두 문자열이 다른 경우
[-z "문자열"]	문자열의 길이가 0인 경우
[-n "문자열"]	문자열의 길이가 0이 아닌 경우

test 문의 문자열 비교를 활용한 예제를 살펴보자.

[예제 4-5]

```
#!/bin/sh

if [ X$1 = X$2 ]
   then
       echo "입력된 두 인수는 같습니다."
   elif [ X$1 != X$2 ]
   then
       echo "입력된 두 인수는 다릅니다."

fi
```

[예제 4-5]는 입력된 첫 번째 변수와 두 번째 변수를 비교하여 같으면 "입력된 두 인수는 같습니다."를, 다르면 "입력된 두 인수는 다릅니다."를 출력하는 쉘 스크립트이다.

> **Note**
>
> **Bourne Shell의 특수 파라미터와 NULL 방지**
>
> 쉘 스크립트에서 입력받는 인수의 표현 방법을 살펴보면, $1은 첫 번째 인수를, $2는 두 번째 인수를 의미한다. 즉, 인수를 $1, $2, $3, $4, … 등으로 표현한다. $*은 모든 인수를 나타내며, $#은 입력받은 인수들의 개수를 나타낸다.
>
> 다음 표는 Bourne Shell에서 사용하는 특수 파라미터를 요약한 것이므로 참고하기 바란다. 또 [예제 4-5]에서 입력받은 인수 앞에 있는 X는 입력되는 인수 값이 NULL이 입력되는 것을 방지하는 안전 장치라는 것을 기억하기 바란다.

> **Note**
>
> | 특수 파라미터 | 설명 |
> |---|---|
> | $* | 모든 인수 |
> | $# | 인수의 개수 |
> | $? | 가장 최근에 실행된 포그라운드 파이프라인의 종료 상태를 가지고 있다. 수행 결과가 error 면 1, 발생하지 않으면 0이다. |
> | $$ | 현재 쉘의 프로세스 ID를 가지고 있다. |
> | $! | 가장 최근에 백그라운드로 실행된 프로세스의 ID를 가지고 있다. |
> | $0 | 쉘 또는 쉘 스크립트의 이름을 가지고 있다. |
> | $_ | 쉘이 시작되면서 설정되며, 실행된 쉘 스크립트의 절대 경로를 포함한다. |

[예제 4-5]를 실행하면 4-5.sh과 함께 입력되는 인수들이 같은지와 다른지를 비교해서 각각의 결과 값을 다음과 같이 출력한다.

```
[root@localhost test]# ./4-5.sh a a
 입력된 두 인수는 같습니다.
[root@localhost test]# ./4-5.sh a b
 입력된 두 인수는 다릅니다.
```

주로 활용하는 옵션 및 활용식을 필자 기준으로 소개했는데 추가적으로 필요한 사항이 있다면 man test로 확인한다.

4.2.5 for 문

쉘 스크립트에서 for 문은 원소 목록의 유한한 수만큼의 명령을 반복하기 위해 사용된다. for 문은 in 뒤의 원소들을 for 다음에 나오는 변수 값으로 하나씩 대치시켜 명령어 A를 수행하고, in 뒤의 원소 개수만큼 실행하고 나서 done 뒤의 명령어 B를 마지막으로 반복을 종료한다.

```
for 변수 in 원소1 원소2 원소3 ......
do
   명령어 A
done
   명령어 B
```

[예제 4-6]은 Var 변수에 원소 aaa, bbb, ccc, fff를 입력시키면서, do ~ done 사이의 명령을 반복적으로 수행하고, 마지막으로 done 다음의 echo "^^END"를 수행하는 쉘 스크립트이다.

[예제 4-6]

```
#!/bin/sh

for Var in aaa bbb ccc ddd eee fff
do
    echo $Var
done
    echo "^^ END "
```

[예제 4-6]을 실행하면 다음과 같은 결과가 나온다.

```
[root@study test2]# ./4-6.sh
aaa
bbb
ccc
ddd
eee
fff
^^ END
```

[예제 4-7]은 현재 디렉터리에 있는 모든 파일의 이름과 내용을 보여주는 쉘 스크립트이다. 변수 Var에 현 디렉터리의 목록을 저장하고, for 문을 통해 변수 Prt에 저장된 디렉터리 목록을 각각 입력하면서, 현재의 디렉터리에 존재하는 파일명과 파일 내용을 출력한다.

[예제 4-7]

```
#!/bin/sh

Var=`ls *`
for Prt in `echo $Var`
do
    echo $Prt
    cat $Prt
done
```

[예제 4-7]을 실행하면 다음과 같은 결과가 나온다.

```
[root@study test2]# ./4-7.sh
4-1.sh
#!/bin/sh
string="Hello World"
  # 변수 지정 예
echo $string4-2.sh
#!/bin/sh
echo -n "숫자 A를 입력하세요 : "
read VAR1
echo -n "숫자 B를 입력하세요 : "
read VAR2
if [ $VAR1 -eq $VAR2 ]
  then echo " 숫자 A와 B는 같습니다. "
    elif [ $VAR1 -ge $VAR2 ]
      then echo " 숫자 A는 B 보다 크거나 같습니다. "
    elif [ $VAR1 -le $VAR2 ]
      then echo " 숫자 A는 B 보다 작거나 같습니다. "
fi4-3.sh
#!/bin/sh
a=1024
b=3072
~~ (후략)
```

4.2.6 while 문

while 문은 조건이 만족하면 do와 done 사이의 명령어들을 반복해 실행한다. 특히, 조건문이 항상 참이거나 0 보다 크면 무한 반복문이 됨을 이해하기 바란다. 참고로, 무한 반복되는 셸 스크립트를 종료하려면 Ctrl+C를 누르면 된다.

작성 형식은 다음과 같다.

```
while [ 조건 ]
do
    명령어
done
```

아래의 [예제 4-8]은 변수 Var에 0을 최초 입력하여 조건식의 10보다 작으면 화면에 출력을 하고, Var을 1씩 계속 증가시켜서 10 미만이 될 때까지 반복한 뒤에 10 이상 되면 반복을 종료하고, done 다음의 echo 명령어를 실행하여 END를 출력하는 쉘 스크립트이다.

[예제 4-8]

```
#!/bin/sh

Var=0

while (($Var < 10))
do
   echo "$Var"
   Var=`expr $Var + 1`
done
   echo "END"
```

[예제 4-8]을 실행하면 다음과 같은 결과가 나온다.

```
[root@study test2]# ./4-8.sh
0
1
2
3
4
5
6
7
8
9
END
```

[예제 4-9]는 변수 값을 입력받아 Y 또는 y이면 "열심히 하세요"를 출력하고, 그 외의 다른 문자 값이 입력되면 "다시한번 생각해보세요 Shell Script 실습중입니까?(Y/N)"를 출력한 뒤 다시 입력을 받는 쉘 스크립트이다.

[예제 4-9]

```
#!/bin/sh

echo "지금 Shell Script 실습중입니까?(Y/N)"
read qna

while [[ "$qna" != [Yy] ]]
do
    echo "다시한번 생각해보세요 Shell Script 실습중입니까?(Y/N)"
    read qna
done
    echo "열심히 하세요"
```

[예제 4-9]를 실행하면 다음과 같은 결과가 나온다.

```
[root@study test2]# ./4-9.sh
지금 Shell Script 실습중입니까?(Y/N)
n
다시한번 생각해보세요 Shell Script 실습중입니까?(Y/N)
a
다시한번 생각해보세요 Shell Script 실습중입니까?(Y/N)
y
열심히 하세요
[root@study test2]#
```

앞에서 살펴본 것과 같이 조건이 참이면 do와 done 사이를 반복한다고 했는데 항상 참이면 무한 반복되는 쉘 스크립트를 만들 수 있을 것이다. [예제 4-10]은 조건을 항상 참으로 하여 무한 반복문을 만든 사례이다. [ ] 안에 1 대신 콜론(:)을 넣어도 같은 결과를 얻을 수 있다.

[예제 4-10]

```
#!/bin/sh

while [ 1 ]
do
    echo "계속 반복됩니다. 멈추려면 Ctrl + C 를 누르세요"
done
```

[예제 4-10]을 실행하면 다음과 같은 결과를 확인할 수 있다.

```
[root@localhost test]# ./4-10.sh
계속 반복됩니다. 멈추려면 Ctrl + C 를 누르세요
계속 반복됩니다. 멈추려면 Ctrl + C 를 누르세요
계속 반복됩니다. 멈추려면 Ctrl + C 를 누르세요
계속 반복됩니다. 멈추려면 Ctrl + C 를 누르세요
계속 반복됩니다. 멈추려면 Ctrl + C 를 누르세요
계속 반복됩니다. 멈추려면 Ctrl + C 를 누르세요
계속 반복됩니다. 멈추려면 Ctrl + C 를 누르세요
계속 반복됩니다. 멈추려면 Ctrl + C 를 누르세요
```

4.2.7 until 문

until 문을 while 문과 유사한 형태로 사용할 수 있지만 while 문과는 반대로 조건문이 거짓이면 do 와 done 사이의 명령어를 실행하고, 참이면 반복을 종료한다.

작성 형식은 다음과 같다.

```
until [ 조건 ]
do
    명령어
done
```

[예제 4-11]은 앞에서 다룬 [예제 4-9]를 until 문으로 구현한 셸 스크립트로 while 문과 반대로 조건문이 거짓이 되면 반복을 하고, 참이면 반복을 종료한다.

[예제 4-11]

```
#!/bin/sh

echo "지금 Shell Script 실습중입니까?(Y/N)"
read qna

until [[ "$qna" = [Yy] ]]
do
    echo "다시한번 생각해보세요 Shell Script 실습중입니까?(Y/N)"
    read qna
done
    echo "열심히 하세요"
```

[예제 4-11]을 실행하면 다음과 같은 결과가 나온다.

```
[root@study test2]# ./4-11.sh
지금 Shell Script 실습중입니까?(Y/N)
n
다시한번 생각해보세요 Shell Script 실습중입니까?(Y/N)
a
다시한번 생각해보세요 Shell Script 실습중입니까?(Y/N)
y
열심히 하세요
```

[예제 4-11]을 조금 응용해서 [예제 4-12]와 같은 예제를 만들 수 있다. 이 예제는 root가 로그인할 때까지 사용자를 확인하고, root가 로그인하면 "root가 xx몇시에 로그인 되었습니다."라는 경고 메시지를 출력하고, root.log라는 로그 파일에 현재의 경고를 남기는 셸 스크립트로 root의 로그인 현황을 확인할 수 있다.

[예제 4-12]

```
#!/bin/sh

until who | grep "root"
do
   sleep 15
done
   echo "root `date`에 로그인 되었습니다."
   echo "root `date`에 로그인 되었습니다." >> ./root.log
```

[예제 4-12]를 실행하면 다음과 같은 결과가 나온다.

```
[root@study test2]# ./4-12.sh
root     tty1      2014-12-27 01:25
root     pts/0     2014-12-27 01:25
root     pts/1     2014-12-27 09:55 (192.168.3.1)
root 2014. 12. 27. (토) 14:26:39 KST에 로그인 되었습니다.
[root@study test2]# cat ./root.log
root 2014. 12. 27. (토) 14:26:39 KST에 로그인 되었습니다.
```

4.2.8 continue 문과 break 문

continue 문은 반복문 수행 중간에서 continue 이하의 내용들을 무시하고 조건 검사를 다시 진행한다. break 문은 반복문을 종료하고 강제로 빠져나올 때 활용한다.

[예제 4-13]은 앞에서 살펴봤던 [예제 4-10] 처럼 while 문을 이용하여 무한 반복되는 쉘 스크립트이다. 변수 a를 입력받아 a가 sh이면 break를 이용하여 반복을 종료하고, sh 외의 다른 값을 입력받아서 계속 반복된다.

[예제 4-13]

```
#!/bin/sh

while [ 1 ]
do
   echo "현재사용중인 shell은? (입력 예 : sh)"
   read a

   if [ "$a" != "sh" ]
     then
        continue
     else
        break
   fi
done
```

[예제 4-13]을 실행하면 sh를 제외한 모든 값에 대해 다시 입력을 요구하는 것을 확인할 수 있다.

```
[root@study test2]# ./4-13.sh
현재사용중인 shell은? (입력 예: sh)
aa
현재사용중인 shell은? (입력 예: sh)
bash
현재사용중인 shell은? (입력 예: sh)
tcsh
현재사용중인 shell은? (입력 예: sh)
sh
[root@study test2]#
```

다중 continue 문의 관리

여러 개의 continue 문을 관리할 수 있는데 n개의 다중 continue 문이 있다면 가장 가까운 반복문은 1, 그 다음은 2, ... n개까지 지정할 수 있다.

지정하는 방법은 다음과 같다.

> continue n

[예제 4-14]는 다중 continue 문의 사례로 for 문의 원소 sh, bash, csh, tcsh, ksh를 입력하면서 반복을 수행한다. 내부의 while 반복문은 위의 원소와 같은 입력 값이 입력될 때까지 계속 "위의 단어와 똑같이 입력해주세요"를 반복한다. 위에 제시된 값과 같은 값이 입력되면 continue 2로 지정되어 for 문을 반복한다.

[예제 4-14]

```
#!/bin/sh
for Var in sh bash csh tcsh ksh
do
   echo $Var

   while [ 1 ]
     do
        echo -n "위의 단어와 똑같이 입력해주세요 : "
        read a

        if [ "$Var" = "$a" ]
          then
             continue 2
        fi
     done
done
```

[예제 4-14]를 실행하면 for 문에 등록된 원소가 모두 같은 값을 입력받아야 반복이 종료된다.

```
[root@study test2]# ./4-14.sh
sh
위의 단어와 똑같이 입력해주세요 : a
위의 단어와 똑같이 입력해주세요 : sh
bash
위의 단어와 똑같이 입력해주세요 : bash
csh
위의 단어와 똑같이 입력해주세요 : csh
tcsh
위의 단어와 똑같이 입력해주세요 : tcsh
ksh
위의 단어와 똑같이 입력해주세요 : ksh
[root@study test2]#
```

다중 continue 문의 이해를 돕기 위해 [예제 4-14]에서 continue 2를 continue 1로 수정해서 실행하여, 어떤 차이가 있는지 확인해보자.

[예제 4-15]

```
#!/bin/sh

for Var in sh bash csh tcsh ksh
do
   echo $Var

   while [ 1 ]
      do
         echo -n "위의 단어와 똑같이 입력해주세요 : "
         read a
         if [ "$Var" = "$a" ]
            then
               continue 1
         fi
      done
done
```

위의 예제를 실행하면 for 문에 등록된 조건을 반복하여 첫 번째 원소를 계속 출력한다.

```
[root@study test2]# ./4-15.sh
sh
위의 단어와 똑같이 입력해주세요 : a
위의 단어와 똑같이 입력해주세요 : a
위의 단어와 똑같이 입력해주세요 : sh
위의 단어와 똑같이 입력해주세요 : sh
위의 단어와 똑같이 입력해주세요 : sh
위의 단어와 똑같이 입력해주세요 : sh
위의 단어와 똑같이 입력해주세요 :
```

[예제 4-15]와 같이 반복문이 하나 이상인 경우는 continue에 1에서 N 까지의 숫자를 지정하는데 가장 근접한 반복문을 1, 그 다음으로 근접한 반복문을 2로 지정하여 번호가 증가할수록 continue를 기준으로 먼 곳의 반복문을 지정한다. 이해를 돕기 위해 아래와 같이 그림으로 표현해보면 continue 1은 가장 근접한 반복문 ⓒ를 지정하고, continue 2는 다음으로 근접한 반복문 ⓑ를 지정한다. [예제 4-15]에서는 반복문이 두 개 밖에 없었지만 반복문이 3개라면 continue 3은 가장 멀리 있는 반복문 ⓐ를 지정한다.

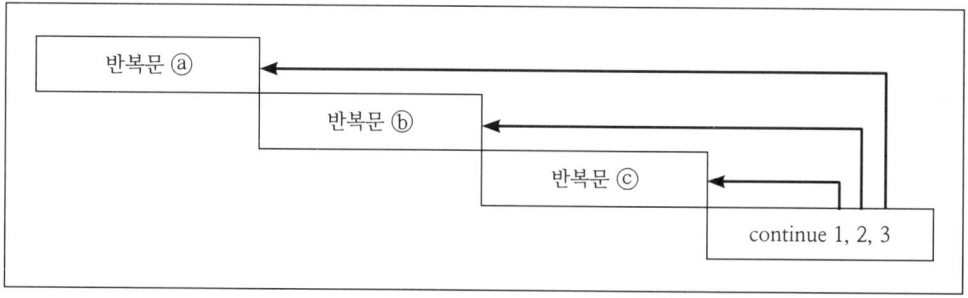

[예제 4-15]의 실행 결과에서 계속 "위의 단어와 똑같이 입력해주세요 : "라는 메시지가 반복되는 이유는 쉘 스크립트에서 continue 1로 지정하여 바로 근접한 반복문으로 지정되기 때문이다.

```
#!/bin/sh

for Var in sh bash csh tcsh ksh
do
   echo $Var

   while [ 1 ]
     do
       echo -n "위의 단어와 똑같이 입력해주세요 : "
       read a
       if [ "$Var" = "$a" ]
         then
             continue 1
       fi
     done
done
```

4.2.9 case 문

case 문은 지정된 변수에 따라 사전 변수에 지정된 작업을 수행할 때 활용되며, 보통 쉘 프로그래밍 시 메뉴를 구성할 때 많이 사용된다. 기본적으로 case와 case를 뒤집은 esac 사이에 case 문의 지정된 변수에 대한 명령을 기술한다. 또 case의 각 항목을 끝낼 때는 ;; 를 사용하여 패턴을 종결짓도록 한다. 앞의 패턴에서 지정되지 않은 입력 값이 입력될 때는 *) 부분에 기술된 명령을 수행한다.

작성 형식은 다음과 같다.

```
case 변수 in
   패턴1)
      명령;;
   패턴2)
      명령;;
   패턴3)
      명령;;
      *) 기본지정을 위한 명령
      명령;;
esac
```

[예제 4-16]은 case 문을 이용해서 1~3까지의 숫자를 입력받고, 해당 변수에 지정된 명령을 수행하는 쉘 스크립트이다. 1~3의 숫자를 제외한 숫자 또는 문자가 입력되면 "1~3의 숫자가 아닌 숫자 또는 문자를 입력하셨군요."를 출력한다.

[예제 4-16]

```
#!/bin/sh

echo -n "숫자를입력하세요(1~3) : "
read num

case "$num" in
  1)
     echo "$num is one"
     ;;
  2)
     echo "$num is two"
     ;;
  3)
     echo "$num is three"
     ;;
  *)
     echo "1~3의 숫자가 아닌 숫자 또는 문자를 입력하셨군요."
esac
```

[예제 4-16]이 실행된 후, 다음과 같이 1에서 3까지 숫자가 입력되면 각각 지정된 화면 출력 명령이 실행되고, 그 외의 변수가 입력되면 *) 부분의 명령이 수행된다.

```
[root@study test2]# ./4-16.sh
숫자를입력하세요(1~3) : 1
1 is one
[root@study test2]# ./4-16.sh
숫자를입력하세요(1~3) : 2
2 is two
[root@study test2]# ./4-16.sh
숫자를입력하세요(1~3) : a
1~3의 숫자가 아닌 숫자 또는 문자를 입력하셨군요.
```

4.2.10 함수 만들기

쉘 스크립트에서도 함수를 선언해 사용할 수 있는데 자신만의 함수를 제작하여 쉘 스크립트 내에서 호출하여 활용할 수 있다.

작성 형식은 다음과 같다.

```
함수명()
{
    명령
}
```

[예제 4-17]은 입력된 숫자를 비교하는 함수 file_cmp()를 생성하여 각각의 숫자를 입력받아 file_cmp()를 호출하여 비교하는 쉘 스크립트이다.

[예제 4-17]

```sh
#!/bin/sh

file_cmp() {

if [ $VAR1 -eq $VAR2 ]
   then echo "숫자 A와 B는 같습니다."

  elif [ $VAR1 -ge $VAR2 ]
     then echo "숫자 A는 B 보다 크거나 같습니다."
  elif [ $VAR1 -le $VAR2 ]
     then echo "숫자 A는 B 보다 작거나 같습니다."
fi

}

echo -n "숫자 A를 입력하세요 : "
read VAR1

echo -n "숫자 B를 입력하세요 : "
read VAR2

file_cmp
```

[예제 4-17]이 실행되면 숫자 A, B를 각각 입력받아 숫자 A와 B의 크기를 비교하여 결과를 출력한다.

```
[root@study test2]# ./4-17.sh
숫자 A를 입력하세요 : 1
숫자 B를 입력하세요 : 1
숫자 A와 B는 같습니다.
[root@study test2]# ./4-17.sh
숫자 A를 입력하세요 : 1
숫자 B를 입력하세요 : 2
숫자 A는 B 보다 작거나 같습니다.
[root@study test2]# ./4-17.sh
숫자 A를 입력하세요 : 3
숫자 B를 입력하세요 : 1
숫자 A는 B 보다 크거나 같습니다.
```

4.3 정리

4장에서는 쉘 스크립트의 뼈대와 살이 되는 UNIX/Linux 명령어를 유기적으로 연계시킬 수 있는 쉘 프로그래밍 문법에 대해서 알아보았다. 다양한 쉘과 그에 따른 문법을 숙달하는 것을 지양하고 대부분의 시스템에 설치되어 있는 기본 쉘인 본 쉘(Bourne Shell)의 문법을 숙달해서, 다양한 시스템에서 즉시 활용하는 것에 중점을 두었다.

이제 시스템 관리를 위한 쉘 스크립트 제작을 위한 기본 준비는 다 끝났다. 5장에서는 실무에서 시스템 관리하면서 유용하게 활용이 가능한 쉘 스크립트를 소개하겠다. 필자가 쉘 스크립트를 제작하면서 주로 활용하는 문법과 명령어 등에 고착되지 말고 독자들의 환경에 최적화된 시스템 구축을 위해 더욱 경주하길 기원한다.

5장 시스템 관리 쉘 스크립트

이번 장에서는 UNIX/Linux 시스템을 관리하면서 유용하게 활용할 수 있는 쉘 스크립트를 제작해 활용하는 예제를 소개하도록 하겠다. 앞서 3장에서 알아본 UNIX/Linux 명령어를 중심으로 쉘 스크립트를 작성했다. 만일 이 책에서 소개하는 명령어 외에 독자들이 관리하는 시스템에서 별도의 프로그램을 활용하고 있더라도 쉘 스크립트를 이용하는 형식은 거의 비슷하므로 이번 장에 설명한 쉘 스크립트를 보완하여 사용하면 된다.

5.1 디스크 사용량 분석/보고

개인적으로 PC를 사용하다 보면 필요한 자료나 동영상을 많이 다운로드 받게 된다. 시간이 지나서 디스크 용량을 확인해보면 용량이 거의 찬 경험을 한번쯤은 했을 것이다. 더욱이 서버의 경우, 여러 사람이 접속해서 사용하고, 사용자 각자의 PC가 아니기 때문에 자료 정리의 필요성도 직접 느끼기 어렵다. 그래서 서버에는 불필요하고 중복된 자료가 많이 저장된다.

시스템 관리자는 디스크 사용량을 주기적으로 확인하여 파일 시스템 용량 부족으로 인해 시스템이 영향을 받지 않도록 해야 한다. 물론 사용자별로 쿼터를 설정하여 사용량을 통제하기는 하지만 일부 사용자들은 공통으로 사용하는 파일 시스템에 자신의 파일을 저장해서 쿼터 점검을 회피하는 사례도 있으므로, 방심하다가는 곤혹스러운 일을 당하기 쉽다.

'전체적으로 파일 시스템별 용량은 어떠한지?', '사용자별 용량은 어떠한지?'를 일일이 확인하는 것이 꼭 필요한 일이지만 여간 번거롭지 않다. 이런 번거로운 점검 작업이 주기적으로 이루어지도록 자동화하고, 필요 시 점검 결과를 관리자에게 자동으로 통보하는 쉘 스크립트를 만들어서 운용한다면 시스템 관리자의 일이 많이 줄어들 것이다.

5.1.1 쉘 스크립트 코드

[예제 5-1]

```
#!/bin/sh

SETSIZE=10
    # 점검 용량 MB 단위 설정

EXMB=`expr $SETSIZE \* \( 1024 \* 1024 \)`

for name in $(cut -d: -f1,3 /etc/passwd | awk -F: '$2 > 499 {print $1}')
    # /etc/passwd에서 UID가 500 이상인 계정을 구분한다.

do

    echo " ■사용자 $name 의 $SETSIZE MB 초과 파일목록 / 용량"
    find /usr /tmp /home -user $name -type f -ls | awk "\$7 > $EXMB " | awk '{print "
        ●경로:" $11, "/ 용량:" $7}'

    # 지정된 경로에서 UID가 500 이상인 계정이 소유한 파일의 용량을 비교, 출력한다.

    echo ""

done
exit
```

5.1.2 실행 결과

```
[root@study ch-5]# ./5-1.sh
 ■사용자 nfsnobody 의 10 MB 초과 파일목록 / 용량

 ■사용자 user2 의 10 MB 초과 파일목록 / 용량

 ■사용자 user3 의 10 MB 초과 파일목록 / 용량

 ■사용자 user4 의 10 MB 초과 파일목록 / 용량

 ■사용자 user5 의 10 MB 초과 파일목록 / 용량

 ■사용자 user6 의 10 MB 초과 파일목록 / 용량

 ■사용자 user10 의 10 MB 초과 파일목록 / 용량
  ●경로:/home/user10/check.tar / 용량:59586560
  ●경로:/home/user10/check2.tar / 용량:59586560

 ■사용자 user11 의 10 MB 초과 파일목록 / 용량

 ■사용자 user13 의 10 MB 초과 파일목록 / 용량

 ■사용자 user100 의 10 MB 초과 파일목록 / 용량

 ■사용자 user101 의 10 MB 초과 파일목록 / 용량

 ■사용자 user102 의 10 MB 초과 파일목록 / 용량
```

5.1.3 코드 분석

아래 코드는 점검할 용량을 MB 단위로 설정하는 부분으로, 이후 점검 파일과 비교하기 위해 expr 명령어를 이용해서 바이트 단위로 변환한다.

```
SETSIZE=10

EXMB=`expr $SETSIZE \* \( 1024 \* 1024 \)`
```

> **Note**
>
> **쉘 스크립트의 숫자 연산**
>
> 쉘 스크립트의 숫자 연산에는 expr 명령어가 사용된다. 연산에는 +, -, *, /, %(나머지 연산)이 있다. 모든 연산자와 숫자 또는 숫자형 변수 사이에는 반드시 공백이 있어야 하고, (또는)를 사용할 때나 * 및 / 연산 시에는 \(₩)을 반드시 사용해야 한다. 숫자 계산의 예는 다음과 같다.
>
> 205 + (3 * 4)
> expr 205 + \(3 * 4 \)

아래 코드에서는 사용자 등록 정보가 저장되어 있는 /etc/passwd에서 UID가 500 이상인 계정을 대상으로 cut 명령어를 이용하여 첫 번째와 세 번째 필드를 구분한다. 그중에서 UID가 499보다 큰 사용자를 출력해서 name 변수로 할당한다. 독자 여러분이 관리하는 시스템의 UID는 다를 수 있으므로 상황에 맞게 설정하여 활용하면 되겠다.

```
for name in $(cut -d: -f1,3 /etc/passwd | awk -F: '$2 > 499 {print $1}')
```

한 줄짜리 코드지만 재지정 및 파이프(|)로 구성되어 있어서 이해가 쉽지 않을 수 있다. 코드가 진행되는 것을 간략하게 풀어서 설명하겠다.

① /etc/passwd의 내용은 다음과 같다.

```
[root@localhost ~]# cat /etc/passwd
root:x:0:0:root:/root:/bin/bash
bin:x:1:1:bin:/bin:/sbin/nologin
daemon:x:2:2:daemon:/sbin:/sbin/nologin
adm:x:3:4:adm:/var/adm:/sbin/nologin
lp:x:4:7:lp:/var/spool/lpd:/sbin/nologin
sync:x:5:0:sync:/sbin:/bin/sync
shutdown:x:6:0:shutdown:/sbin:/sbin/shutdown
halt:x:7:0:halt:/sbin:/sbin/halt
mail:x:8:12:mail:/var/spool/mail:/sbin/nologin
news:x:9:13:news:/etc/news:
uucp:x:10:14:uucp:/var/spool/uucp:/sbin/nologin
```

```
operator:x:11:0:operator:/root:/sbin/nologin
games:x:12:100:games:/usr/games:/sbin/nologin
gopher:x:13:30:gopher:/var/gopher:/sbin/nologin
ftp:x:14:50:FTP User:/var/ftp:/sbin/nologin
nobody:x:99:99:Nobody:/:/sbin/nologin
rpm:x:37:37::/var/lib/rpm:/sbin/nologin
dbus:x:81:81:System message bus:/:/sbin/nologin
nscd:x:28:28:NSCD Daemon:/:/sbin/nologin
vcsa:x:69:69:virtual console memory owner:/dev:/sbin/nologin
rpc:x:32:32:Portmapper RPC user:/:/sbin/nologin
named:x:25:25:Named:/var/named:/sbin/nologin
avahi:x:70:70:Avahi daemon:/:/sbin/nologin
ntp:x:38:38::/etc/ntp:/sbin/nologin
mailnull:x:47:47::/var/spool/mqueue:/sbin/nologin
smmsp:x:51:51::/var/spool/mqueue:/sbin/nologin
sshd:x:74:74:Privilege-separated SSH:/var/empty/sshd:/sbin/nologin
rpcuser:x:29:29:RPC Service User:/var/lib/nfs:/sbin/nologin
nfsnobody:x:65534:65534:Anonymous NFS User:/var/lib/nfs:/sbin/nologin
pcap:x:77:77::/var/arpwatch:/sbin/nologin
distcache:x:94:94:Distcache:/:/sbin/nologin
haldaemon:x:68:68:HAL daemon:/:/sbin/nologin
mysql:x:27:27::/home/mysql:/bin/bash
user1:x:500:500::/home/user1:/bin/bash
user2:x:501:501::/home/user2:/bin/bash
user10:x:502:502::/home/user10:/bin/bash
user100:x:503:503::/home/user100:/bin/bash
```

② cut 명령어를 이용하여 /etc/passwd를 : 로 구분하고, 사용자 계정명 및 UID 필드를 분리한다. 이해를 돕기 위해 아래와 같이 각 필드를 구분하였다.

user1	x	500	500		/home/user1	/bin/bash
$1	$2	$3	$4	$5	$6	$7

cut -d: -f1,3 /etc/passwd 부분의 결과는 다음과 같다.

```
[root@localhost ~]# cut -d: -f1,3 /etc/passwd
root:0
bin:1
daemon:2
adm:3
lp:4
sync:5
shutdown:6
halt:7
mail:8
news:9
uucp:10
operator:11
games:12
gopher:13
ftp:14
nobody:99
rpm:37
dbus:81
nscd:28
vcsa:69
rpc:32
named:25
avahi:70
ntp:38
mailnull:47
smmsp:51
sshd:74
rpcuser:29
nfsnobody:65534
pcap:77
distcache:94
haldaemon:68
mysql:27
user1:500
user2:501
user10:502
user100:503
```

③ 항목 ②의 결과를 재지정 받고, 콜론(:)을 구분자로 하여 두 번째 항목을 추출해서 499 보다 큰 지를 비교한 후, 첫 번째 필드인 사용자명을 출력한다. 이를 위해 awk 명령어를 사용한다. 참고로, awk의 필드 구분은 아래와 같으며 전체 필드를 $0으로 지정한다.

user1	500					
$1	$2	$3	$4	$5	$6	$7

$0

awk -F: '$2 > 499 {print $1}' 부분의 실행 결과는 다음과 같다.

```
[root@localhost test]# cut -d: -f1,3 /etc/passwd | awk -F: '$2 > 499 {print $1}'
nfsnobody
user1
user2
user10
user100
```

결론적으로, UID가 499 보다 큰 사용자는 nfsnobody, user1, user2, user10, user100임을 알 수 있다. 이 결과를 name 변수에 입력하여 다음 코드를 실행한다.

아래 코드에서는 지정된 경로(/usr /tmp /home)에서 변수 name에 할당된 계정 사용자가 소유한 파일의 용량을 비교하여 설정된 용량(10MB) 보다 큰 파일의 경로와 세부 용량을 표시한다.

```
echo " ■사용자 $name 의 $SETSIZE MB 초과 파일목록 / 용량"
find /usr /tmp /home -user $name -type f -ls | awk "\$7 > $EXMB" | awk '{print "
    ●경로:" $11, "/ 용량:" $7}'
```

5.2 사용자 계정 일시 정지

부서가 나누어져 있지 않은 작은 규모의 사업장이라면 이 기능이 크게 필요하지 않겠지만 여러 부서나 학급으로 나누어져 있는 곳에서는 부서원이나 학급원의 전·출입 등으로 인한 계정 정보 수정 요구가 늘 발생한다. 전입자에 대한 정보는 해당 인원이 시스템을 사용해야 하기 때문에 신경을 쓰지만 전출자 계정의 정리나 정지 등의 조치는 다른 업무의 순위에 밀려 소홀히 하기 쉽다. 사용하지 않는 계정에서 시스템 침해 등 보안 취약 요소가 발생될 소지가 있으므로 일정 기간이라도 사용하지 않는 계정에 대해서는 반드시 잠금 설정을 해야 시스템의 안전을 지킬 수 있다. 이번 절에서는 이를 처리하는 쉘 스크립트를 살펴본다.

5.2.1 쉘 스크립트 코드

[예제 5-2]

```
#!/bin/sh

stime=90
ami=`whoami`

if [ "$ami" != "root" ]; then
    echo "★본 프로그램은 체계관리자(ROOT)외 사용자는 실행이 제한됩니다. ★"
    exit
fi

echo "◆ $1의 사용자 계정을 일시정지합니다. ⓐ~ⓓ단계로 진행합니다."
echo ""
echo "  ⓐ $1  계정의 패스워드를 변경해주세요"
echo ""
passwd $1

tty=`who | grep $1 | tail -1 | awk '{print $2}'`
cat << "EOF" > /dev/$tty
*************************************************************
 ★경  고★
  지금 사용하고 있는 계정은 시스템관리자에게 의해 일시정지되니
  90초 이후에는 강제 Log Out 됩니다.

  지금하는 작업을 마무리하시고 Log Out 바랍니다.

  계정사용 연장 및 기타문의사항은 시스템관리부서에 문의하세요
```

[예제 5-2] (이어서)

```
                    ☎053-972-1234~8
************************************************************
EOF

   sleep $stime
   killall -s HUP -u $1
   sleep 1
   killall -s KILL -u $1
echo "  ⓑ $1의 사용중인 모든 프로세스는 종료되었습니다."
echo "  ⓒ 현 시각부로 계정 $1 은 Log Out 되었습니다."
echo "                      - $(date) - "

chmod 000 /home/$1
echo "  ⓓ $1 계정은 일시 정지 처리되었습니다."
exit
```

5.2.2 실행 결과

[예제 5-2]을 실행하는 시스템 관리자(root)의 터미널에서는 다음 절차에 맞춰 결과가 표시된다.

```
[root@localhost ch_5]# ./5-2.sh user1
◆ user1의 사용자 계정을 일시정지합니다. ⓐ~ⓓ단계로 진행합니다.

  ⓐ user1 계정의 패스워드를 변경해주세요

Changing password for user user1.
New UNIX password:
BAD PASSWORD: it is too short
Retype new UNIX password:
passwd: all authentication tokens updated successfully.

  ⓑ user1의 사용중인 모든 프로세스는 종료되었습니다.
  ⓒ 현 시각부로 계정 user1 은 Log Out 되었습니다.
            - 2014. 12. 22. (월) 17:37:10 KST -
  ⓓ user1 계정은 일시 정지 처리되었습니다.
[root@localhost ch_5]#
```

일시 정지 대상인 user1 계정의 경우, 작업하는 터미널에 다음과 같은 경고가 표시된 후 90초 이후에 터미널이 강제로 종료된다.

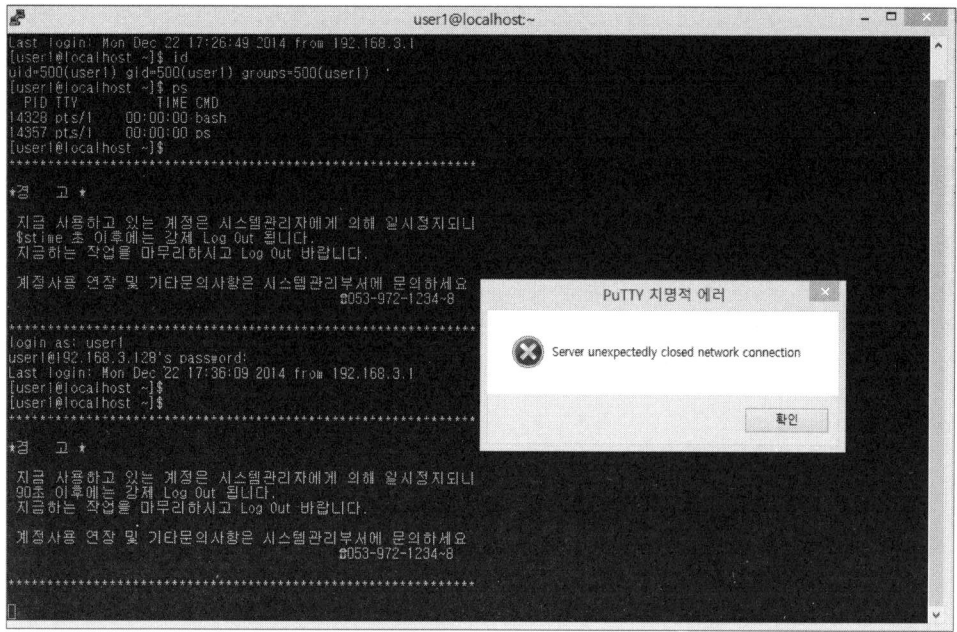

[그림 5-1] user1의 터미널 화면

5.2.3 코드 분석

쉘 스크립트의 퍼미션 등 다양한 보안 조치로 아무나 이 쉘 스크립트를 실행하지 못하도록 하겠지만 추가적인 안전 장치로써 코드를 실행하는 사람이 최고 관리자, 즉 root인지 여부를 확인하여 root라면 통과하고 아니라면 경고 메시지를 출력하고 쉘 스크립트를 종료하도록 한다.

```
ami=`whoami`

if [ "$ami" != "root" ]; then
    echo "★본 프로그램은 체계관리자(ROOT)외 사용자는 실행이 제한됩니다. ★"
    exit
fi
```

root가 아닌 다른 계정(user1)에서 실행하면 아래와 같이 경고 메시지 출력 후 종료된다.

```
[user1@localhost ch_5]$ id
uid=500(user1) gid=500(user1) groups=500(user1)
[user1@localhost ch_5]$ ./5-2.sh user1
★본 프로그램은 체계관리자(ROOT)외 사용자는 실행이 제한됩니다. ★
[user1@localhost ch_5]$
```

root가 쉘 스크립트를 실행시킨 것을 확인하면 쉘 스크립트 실행 시 입력받은 인수(user1)의 계정에 대해 새로운 패스워드를 변경시킨다.

```
echo "◆ $1의 사용자 계정을 일시정지합니다. ⓐ~ⓓ단계로 진행합니다."
echo ""
echo " ⓐ $1 계정의 패스워드를 변경해주세요"
echo ""
passwd $1
```

계정을 일시 정지할 때 사용자가 사용하는지 여부를 확인하지 않고 작업을 강행하는 강력한 시스템 관리자도 있겠지만 대부분의 관리자는 사용자의 편의를 고려하여 사용 여부를 확인하고 작업에 대한 공지를 할 것이다. 아래 코드는 입력받은 인수의 계정이 현재 사용 중일 경우 해당 터미널로 경고 메시지를 전파하는 내용이다. cat 명령어를 이용하여 사용자의 터미널에 경고 메시지를 전파하는 것은 시스템을 관리하면서 종종 사용할 수 있으니 참고하기 바란다.

```
tty=`who | grep $1 | tail -1 | awk '{print $2}'`
cat << "EOF" > /dev/$tty
*************************************************************
   ★경  고★
   지금 사용하고 있는 계정은 시스템관리자에 의해 일시정지되니
   90초 이후에는 강제 Log Out 됩니다.
   지금하는 작업을 마무리하시고 Log Out 바랍니다.
   계정사용 연장 및 기타문의사항은 시스템관리부서에 문의하세요
                ☎053-972-1234~8
*************************************************************
EOF
```

현재 사용자가 로그인하여 진행중인 작업에 대한 정리 시간을 보장하기 위해 90초를 부여하였다. 지정된 사용자 user1의 터미널에 경고 메시지를 전송한 후 90초 대기하기 위해 변수 stime에 90을 할당하였다. 할당 받은 시간만큼 sleep 명령어를 통해 대기한다. 이후 두 차례의 killall 명령어를 통해 지정된 사용자의 프로세스를 모두 종료한다. 지정된 사용자 user1의 모든 프로세스 및 터미널이 종료되면 시스템에 로그인 시에 접속되는 홈 디렉터리를 사용할 수 있도록 디렉터리 퍼미션을 000으로 설정했다. 이를 위해 chmod 명령어를 사용했다.

```
    sleep $stime
    killall -s HUP -u $1
    sleep 1
    killall -s KILL -u $1
echo " ⓑ $1의 사용중인 모든 프로세스는 종료되었습니다."
echo " ⓒ 현 시각부로 계정 $1 은 Log Out 되었습니다."
echo "                    - $(date) - "

chmod 000 /home/$1
echo " ⓓ $1 계정은 일시 정지 처리되었습니다."
exit
```

계정이 일시 정지되고 나면 user1의 홈 디렉터리의 퍼미션은 000으로 설정된다.

```
[root@localhost ch_5]# ls -la /home
합계 32
drwxr-xr-x   6  root     root     4096  12월 20 06:38  .
drwxr-xr-x  24  root     root     4096  12월 22 16:28  ..
d---------   2  user1    user1    4096  12월 20 06:35  user1
drwx------   2  user10   user10   4096  12월 20 08:09  user10
drwx------   2  user100  user100  4096  12월 20 06:38  user100
drwx------   2  user2    user2    4096  12월 20 06:36  user2
```

5.3 guest 및 공용 계정 초기화

이 책을 보고 있는 독자 대부분은 PC방에 한 두 번 쯤 다녀온 경험이 있을 것이다. PC방이나 인터넷 카페에서는 시간이 지날수록 PC 관리가 큰 문제로 대두된다. 여러 사람이 사용하는 PC다 보니 불필요하게 설치된 프로그램과 자료로 인해 PC를 재설치하는 일이 무척 고역일 것이다. 그래서 관리자는 고스트 같은 디스크 이미지 백업 및 복구 프로그램으로 느려진 PC를 밀고 재설치하는 방법을 자주 사용한다. 운영체제를 포함해서 프로그램들을 일일이 설치하는 것보다 디스크 이미지를 이용한 복구가 편리하지만 이것 역시 여간 불편한 것이 아니다. 그래서 관리자가 특정 시점을 등록해두면 PC가 종료되고 재부팅될 때 자동으로 해당 시점으로 복구되는 프로그램 및 유틸리티를 많이 활용한다.

왜 갑자기 PC방 얘기를 하냐면, 시스템의 공용 계정을 관리하는 것도 PC방 사례와 유사하기 때문이다. 물론 어떤 시스템은 공용 계정 없이 운용될 수 있지만 guest 또는 공용 계정에서 생성된 파일들을 정리하지 않는다면 극단적으로는 해당 디스크 Full 현상으로 인해 시스템 전체에 나쁜 영향이 미친다. 또한 공용 계정을 이용하는 악의적인 침입자들에 의해 백도어 같은 악성코드가 생성될 수도 있다. 물론 최근에는 guest 계정을 비롯하여 공용 계정을 보안상 잘 사용하지 않는 추세이지만 교육기관 등 필요에 의해 공용 계정을 사용해야 하는 시스템에서는 공용 계정의 정리가 필요하다.

학교나 기업 연수원 같은 교육기관에서 교육을 위한 실습 환경을 구축해야 할 때 이번 절에서 소개하는 예제를 활용할 수 있다.

5.3.1 쉘 스크립트 코드

[예제 5-3]

```sh
#!/bin/sh

sampledir="/tmp/sample/"

ami=`whoami`

if [ "$ami" != "root" ]; then
    echo "★본 프로그램은 체계관리자(ROOT)외 사용자는 실행이 제한됩니다. ★"
```

[예제 5-3] (이어서)

```
    exit
fi

for name in $(cat /etc/passwd | awk -F: '/^user/{print $1}')
    # /etc/passwd에서 user로 시작하는 계정을 추출한다.

do

cd /home/$name
rm -r *
cp -rp /$sampledir /home/$name/

echo " ■사용자 $name 의 홈디렉토리 초기화 완료"
echo ""

done
exit
```

5.3.2 실행 결과

시스템 관리자(root)가 [예제 5-3]을 실행하면 실습 계정의 디렉터리가 초기화되고 터미널에는 각 계정별로 결과가 표시된다.

```
[root@study ch-5]# ./5-3.sh
    ■사용자 user1 의 홈디렉토리 초기화 완료

    ■사용자 user2 의 홈디렉토리 초기화 완료

    ■사용자 user3 의 홈디렉토리 초기화 완료

    ■사용자 user4 의 홈디렉토리 초기화 완료

    ■사용자 user5 의 홈디렉토리 초기화 완료

    ■사용자 user6 의 홈디렉토리 초기화 완료
```

```
■사용자 user10 의 홈디렉토리 초기화 완료

■사용자 user11 의 홈디렉토리 초기화 완료

■사용자 user13 의 홈디렉토리 초기화 완료

■사용자 user100 의 홈디렉토리 초기화 완료

■사용자 user101 의 홈디렉토리 초기화 완료

■사용자 user102 의 홈디렉토리 초기화 완료
```

아래 예에서는 user5 계정의 홈 디렉터리에서 생성된 파일이 초기화된 것을 확인할 수 있다.

```
[root@localhost user5]# ls -al
합계 28
drwx------   3 user5 user5  4096 12월 23 01:14 .
drwxr-xr-x  14 root  root   4096 12월 23 00:48 ..
-rw-r--r--   1 user5 user5    24 12월 23 00:47 .bash_logout
-rw-r--r--   1 user5 user5   224 12월 23 00:47 .bash_profile
-rw-r--r--   1 user5 user5   208 12월 23 00:47 .bashrc
-rw-r--r--   1 root  root      0 12월 23 01:14 abc
drwxr-xr-x   2 root  root   4096 12월 21 21:19 sample
[root@localhost user5]# ls -al
합계 28
drwx------   3 user5 user5  4096 12월 23 01:14 .
drwxr-xr-x  14 root  root   4096 12월 23 00:48 ..
-rw-r--r--   1 user5 user5    24 12월 23 00:47 .bash_logout
-rw-r--r--   1 user5 user5   224 12월 23 00:47 .bash_profile
-rw-r--r--   1 user5 user5   208 12월 23 00:47 .bashrc
drwxr-xr-x   2 root  root   4096 12월 21 21:19 sample
```

5.3.3 코드 분석

앞의 [예제 5-2]와 마찬가지로 파일을 지우고 생성하는 쉘 스크립트이므로 root만 실행할 수 있도록 했다. 계정별 홈 디렉터리에 기본적으로 설치되어야 하는 디렉터리를 변수로 지정하였다.

```
sampledir="/tmp/sample/"
```

초기화 대상 계정을 추출하기 위해 /etc/passwd 파일에서 첫 번째 필드의 계정명 중에 user로 시작하는 계정을 변수로 지정하였다. 각 계정에 대해 for 문을 이용하여 do~done 부분이 반복되어 작업한 파일을 삭제하고 샘플 디렉터리를 복사하는 구조로 되어 있다.

```
for name in $(cat /etc/passwd | awk -F: '/^user/{print $1}')
    # /etc/passwd에서 user로 시작하는 계정을 추출한다.
do
cd /home/$name
rm -r *
cp -rp /$sampledir /home/$name/

echo " ■사용자 $name 의 홈디렉토리 초기화 완료"
echo ""

done
exit
```

5.4 서버의 네트워크 상태 감시

다양한 서버들을 관리하는 시스템 관리자라면 서버가 작동 중인가를 주기적으로 점검해야 한다. 대규모 서버를 관리하는 시설이나 중요한 자료를 탑재한 서버를 관제하는 곳에서는 서버 관리 시스템(SMS)을 도입하여 운용하며, 최소한 네트워크 관리 시스템(NMS) 등을 이용하여 서버의 상태를 점검한다.

TV나 영화에 나오듯이 통합 관제실의 대형 화면에는 각종 관리 시스템에서 모니터링한 내용이 실시간으로 표시된다. 하지만 시스템 관리자가 관제실에 상주하지 못할 수 있고, 서버의 기본적인 가동 상황을 확인하는 각종 툴을 사무실의 업무용 PC에 설치하는 것도 번거로운 일이다.

이번에 소개하는 쉘 스크립트는 터미널 환경에서 서버의 네트워크 상태를 간단하게 점검하는 예제이다. 이 예제가 서버의 전원과 기본 네트워크 상태만 점검하는 간단한 쉘 스크립트이지만 필요 시 독자 여러분이 관리하는 시스템에 고유한 유틸리티나 명령어가 있다면 이번 절에 나오는 쉘 스크립트를 보완하여 여러분 자신만의 스크립트를 만들 수 있다. 실제로 필자가 관리했던 시스템에는 별도의 개발을 통해 시스템에 반영된 서비스들이 많았으며, 이들 서비스의 고유한 점검 방법을 필자가 만든 쉘 스크립트에 적용해서 활용했었다.

이번 예제에서는 대부분의 서버에 기본적으로 설치되어 있는 ping을 이용해서 서버의 전원과 기본 네트워크에 이상이 없는지를 확인한다.

5.4.1 쉘 스크립트 코드

[예제 5-4]

```sh
#!/bin/sh

serIP="/test/ch_5/serverIP.lst"

for ip in $(cat $serIP | awk -F: '{print $2}')
   # /test/ch_5/serverIP.lst에서 서버의 IP를 추출한다.
do
   sername=`grep $ip $serIP | awk -F: '{print $1}'`

   if ! ping -c 2 $ip >> /dev/null
   then

   echo ""
   echo " ★ $sername 서버 또는 네트워크 접속 제한 : 점검요망 ★"

   grep $sername $serIP >> /test/ch_5/Server_chk_err_`date +%C%y%m%d`.log

   fi
done
exit
```

5.4.2 실행 결과

점검해야 하는 서버들의 명칭과 IP 주소가 저장된 serverIP.lst 파일을 읽어오고, 각 서버에 대한 ping 점검을 진행한다. ping 점검 결과 이상이 있는 시스템을 화면에 표시하고, 점검이 필요한 서버를 Server_chk_err_날짜.log 파일에 저장한다.

```
[root@localhost ch_5]# cat serverIP.lst
WAS:192.168.3.128
DB_1:192.168.3.1
DB_2:192.168.25.4
ftp:192.168.44.2
mail:192.168.56.2
[root@localhost ch_5]# ./5-4.sh

  ★ ftp 서버 또는 네트워크 접속 제한 : 점검요망 ★

  ★ mail 서버 또는 네트워크 접속 제한 : 점검요망 ★
[root@localhost ch_5]# ls -al
합계 28
drwxr-xr-x   2 root   root    4096 12월 23 03:47 .
drwxrwxrwx   7 root   root    4096 12월 23 00:51 ..
-rwxr-xr-x   1 root   root    1341 12월 23 01:18 5-2.sh
-rwxr-xr-x   1 root   root     495 12월 23 01:17 5-3.sh
-rw-r--r--   1 root   root      37 12월 23 03:47 Server_chk_err_20141223.log
-r--r--r--   1 root   root      93 12월 23 03:40 serverIP.lst
-rwxr-xr-x   1 root   root     468 12월 23 03:47 test.sh
[root@localhost ch_5]# more Server_chk_err_20141223.log
ftp:192.168.44.2
mail:192.168.56.2
```

5.4.3 코드 분석

각종 서버의 IP 정보가 저장되어 있는 /test/ch_5/serverIP.lst에서 서버의 IP 정보를 추출하여 do~done 부분을 반복 실행한다.

```
serIP="/test/ch_5/serverIP.lst"

for ip in $(cat $serIP | awk -F: '{print $2}')
    # /test/ch_5/serverIP.lst에서 서버의 IP를 추출한다.
```

do~done 부분이 반복될 때 순차적으로 추출된 서버 IP에 매칭되는 서버 명칭을 찾기 위해 grep 명령어와 awk 명령어를 이용하였다.

```
sername=`grep $ip $serIP | awk -F: '{print $1}'`
```

> **Note**
>
> **명령어의 실행 결과를 변수로 지정**
>
> 아래 명령줄처럼 다양한 명령의 결과를 변수로 활용하려면 명령줄의 시작과 끝을 grave accent 기호(` `)로 묶어 준다.
>
> sername=`grep $ip $serIP | awk -F: '{print $1}'`
>
> Tab 키 위쪽에 있는 ` 기호와 Enter 키 왼쪽의 ' 키와 혼동하여 오타가 많이 발생하므로 유의한다.
>
>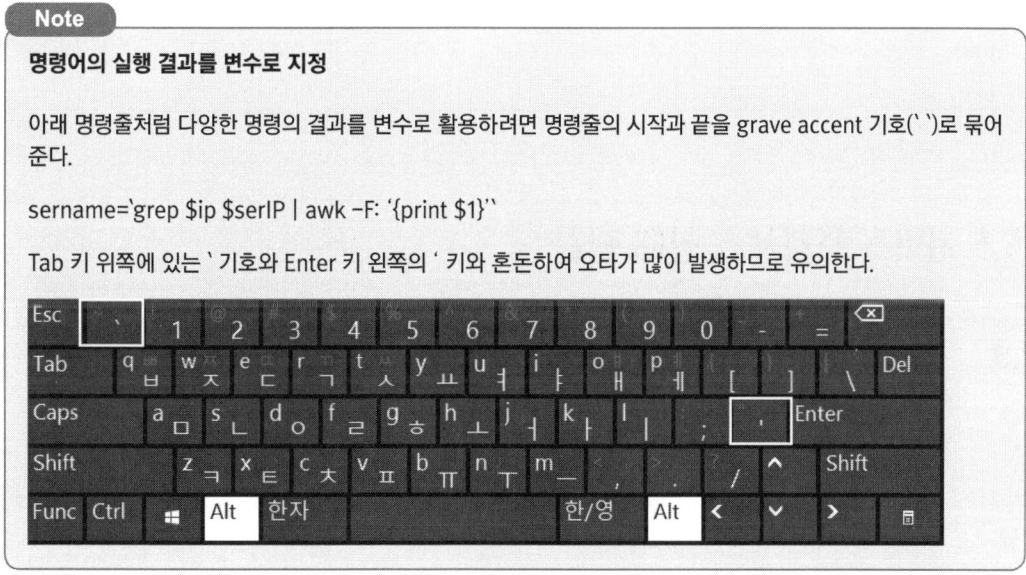

/test/ch_5/serverIP.lst 파일에서 추출한 서버들의 IP 정보를 변수 ip에 할당하여 ping 점검을 진행한다. 점검 결과가 정상인 서버는 제외하고 점검이 필요한 서버만 화면에 출력하고, 점검 날짜가 갱신되는 로그 파일에 결과를 남기도록 하였다. 이번 예제의 경우, 단독 실행도 의미가 있지만 cron 등 스케줄 설정에 의해 주기적으로 실행하고, 결과를 로그에 추가하도록 하면 지정된 시간 단위로 서버들의 정상 여부를 살펴볼 수 있다.

```
do
    sername=`grep $ip $serIP | awk -F: '{print $1}'`
    if ! ping -c 2 $ip >> /dev/null
    then
        echo ""
        echo " ★ $sername 서버 또는 네트워크 접속 제한 : 점검요망 ★"
        grep $sername $serIP >> /test/ch_5/Server_chk_err_`date +%C%y%m%d`.log
    fi
done
exit
```

5.5 서비스 프로세스 상태 점검

서버의 존재 목적은 아마도 클라이언트를 위해 서비스를 원활하게 제공하는데 있을 것이다. 따라서 서버의 가동 상태를 점검할 때 서버가 제공하는 주요 서비스의 가동 상태를 점검해야 한다.

제공하는 서비스에 따라 단일 프로세스로 구성된 서비스가 있는 반면 주 프로세스를 중심으로 파생되는 보조 프로세스로 구성된 서비스 등 다양한 서비스가 있다. 여러 개의 프로세스로 구성된 서비스의 경우는 단순히 서비스의 개수를 확인하고 개수가 다를 경우 세부적인 점검을 한다.

다음 예제는 서비스의 프로세스 개수를 비교하여 이상이 있는지 여부를 점검하는 예제이다. 하나의 서버에서 제공하는 서비스가 많지 않다면 첫 번째 소개하는 단순 쉘 스크립트를 이용하여 점검을 할 수 있다. 이는 단순하고 직관적인 것이 장점이다. 두 번째 예제는 서비스 목록 파일을 불러와서 비교하는 방식이다. 실습을 위해서 한 서버에서 다양한 서비스가 구동되는 것으로 점검했지만 실무에서는 한 서버에서 지나치게 많은 서비스를 구동시키지 않음을 참고하기 바란다.

5.5.1 쉘 스크립트 코드 ⓐ

[예제 5-5]

```sh
#!/bin/sh

eua1=`ps -ef |grep eua |grep -v grep| wc -l`
logsvr2=`ps -ef |grep logsvr |grep -v grep | wc -l`
procsvr3=`ps -ef |grep procsvr |grep -v grep | wc -l`

echo ""
echo "*********************  ESM 관련 프로세스 진단  *************************"
echo ""
echo " ① eua 프로세스는 갯수는 $eua1 입니다. (정상 : 3개)"
echo ""
echo " ② logsvr 프로세스 갯수는 $logsvr2 입니다. (정상 : 10개)"
echo ""
echo " ③ procsvr 프로세스 갯수는 $procsvr3 입니다. (정상 : 13개)"
echo ""
echo ""
echo "***********************************************************************"
echo ""
echo " ★ ESM 관련 프로세스 진단 결과 ★"
echo ""

if [ $eua1 != "3" ]; then
    echo "   ① eua 관련 프로세스 진단 결과 : 장애(점검 필요) ";
    else  echo "   ① eua 관련 프로세스 진단 결과 : 정상 "
fi
echo ""

if [ $logsvr2 != "10" ]; then
    echo "   ② logsvr 관련 프로세스 진단 결과 : 장애(점검 필요) ";
    else  echo "   ② logsvr 관련 프로세스 진단 결과 : 정상 "
```

[예제 5-5] (이어서)

```
fi
echo ""
if [ $procsvr3 != "13" ]; then
    echo "   ③ procsvr 관련 프로세스 진단 결과 : 장애(점검 필요) ";
    else  echo "   ③ procsvr 관련 프로세스 진단 결과 : 정상 "
fi
echo ""
echo "*****************************************************************"
```

5.5.2 쉘 스크립트 ⓐ의 실행 결과

쉘 스크립트 ⓐ는 필자가 지사의 시스템 점검을 위해 방문했다가 해당 지사의 시스템 관리자의 요청에 의해 현장에서 제작했던 ESM(Enterprise Security Management) 서비스 점검 쉘 스크립트이다. 당시, 서버에서 운용되던 ESM의 경우 여러 개의 역할을 하는 기능들이 각 프로세스로 구성되어 있었다. 이들 프로세스 중 접수된 Log를 상위 부서에 보내는 프로세스가 종종 임의 종료되는 경우가 있어서 상위 부서에서 일정 시간 Log가 접수되지 않으면 전화로 점검을 요청하고, 그때서야 관리자들이 프로세스를 점검하고 재구동시키는 조치를 취하곤 했었다. 서버를 관리하는 부서의 규모가 작다보니 시스템 관리자는 서버 관리 외에 다른 잡무도 많이 처리해야 했다. 그래서 매순간 프로세스 상태를 점검하는 것이 제한적인 상황이었다. 그래서 필자는 위의 쉘 스크립트를 이용해서 가시적으로 간단히 점검을 하고, cron 등 스케줄을 이용해 주기적으로 점검하고, 점검 결과를 Log로 남기도록 스크립트를 제작해서 활용하도록 했다.

아래 결과에서 보듯이, 이 스크립트는 지정된 프로세스의 기본적인 구동 여부와 개수를 파악해서 정상인 개수와 비교하여 경고하는 내용으로 구성되어 있다.

```
[root@was ch_5]# ./5-5.sh

*********************   ESM 관련 프로세스 진단   *********************

 ① eua 프로세스는 갯수는 3 입니다. (정상 : 3개)

 ② logsvr 프로세스 갯수는 0 입니다. (정상 : 10개)

 ③ procsvr 프로세스 갯수는 0 입니다. (정상 : 13개)

***********************************************************************

 ★ ESM 관련 프로세스 진단 결과 ★

  ① eua 관련 프로세스 진단 결과 : 정상

  ② logsvr 관련 프로세스 진단 결과 : 장애(점검 필요)

  ③ procsvr 관련 프로세스 진단 결과 : 장애(점검 필요)

***********************************************************************
```

5.5.3 쉘 스크립트 ⓐ의 코드 분석

여기에 소개하는 코드는 매우 간단하고 직관적이다. ps 명령어를 이용하여 점검해야 할 프로세스의 개수를 헤아려 각각의 지정된 변수(eua1, logsvr2, procsvr3)로 할당한다.

```
eua1=`ps -ef |grep eua |grep -v grep| wc -l`
logsvr2=`ps -ef |grep logsvr |grep -v grep | wc -l`
procsvr3=`ps -ef |grep procsvr |grep -v grep | wc –l`
```

if 문을 이용해서 각각의 프로세스 변수와 정상의 프로세스 개수를 비교하여 진단이 필요하면 경고 메시지를 표시하고 정상이면 정상 메시지를 출력한다. 아래 코드를 보면 유사한 것이 반복되고 있는 것이 느껴질 것이다. 지금처럼, 점검하는 프로세스 그룹이 많지 많다면 아래의 패턴을 반복해도 큰 문제가 되지 않는다. 그러나 관제해야 할 종류가 많아진다면 if 문을 일일이 반복해서 작성하면 쉘 스크립트가 길어지고 나중에 쉘 스크립트를 유지보수할 때 매우 번거로워진다. 그래서 for 문을 이용하여 쉘 스크립트를 단순화할 수 있으며, 이는 다음 절인 5.5.4절에서 소개한다.

```
if [ $eua1 != "3" ]; then
    echo " ① eua 관련 프로세스 진단 결과 : 장애(점검 필요) ";
    else echo " ① eua 관련 프로세스 진단 결과 : 정상 "
fi
echo ""
if [ $logsvr2 != "10" ]; then
    echo " ② logsvr 관련 프로세스 진단 결과 : 장애(점검 필요) ";
    else echo " ② logsvr 관련 프로세스 진단 결과 : 정상 "
fi
echo ""
if [ $procsvr3 != "13" ]; then
    echo " ③ procsvr 관련 프로세스 진단 결과 : 장애(점검 필요) ";
    else echo " ③ procsvr 관련 프로세스 진단 결과 : 정상 "
fi
```

5.5.4 쉘 스크립트 코드 ⓑ

[예제 5-6]

```
#!/bin/sh

echo ""
echo "****************** 서비스 프로세스 진단 ********************"
echo ""

for sname in $(cat /test/ch_5/ser_cnt.lst | awk -F: '{print $1}')

do
    pscnt=`ps -ef | grep $sname | grep -v grep | grep -v "@" | wc -l`
    sernum=`grep $sname /test/ch_5/ser_cnt.lst | awk -F: '{print $2}'`

    echo ""
    echo ""
```

[예제 5-6] (이어서)

```
        echo " ■ $sname 프로세스의 갯수는 $pscnt 입니다. (정상 : $sernum 개)"

   if [ $pscnt != $sernum ]
      then
         echo ""
         echo "    ☞ $sname 프로세스 진단 결과 : 점검필요"
   elif [ $pscnt = $sernum ]
      then
         echo ""
         echo "    ☞ $sname 프로세스 진단 결과 : 정상"
   fi

done

echo ""
echo "***************************************************************"

exit
```

5.5.5 쉘 스크립트 ⓑ의 실행 결과

쉘 스크립트 ⓐ와 유사한 기능으로 서비스별 정상 프로세스의 개수와 현재 구동 중인 프로세스 개수를 비교해서 점검이 필요한지 여부를 표시한다. 쉘 스크립트 ⓑ와 다른 점이 있다면 서비스별 정상 프로세스 개수 정보가 저장되어 있는 설정 파일인 /test/ch_5/ser_cnt.lst 파일을 이용하여 저장된 서비스에 대해 전수 검사를 실시한다. 쉘 스크립트 ⓐ에 비해서는 좀 더 자동화되어 있고, 쉘 스크립트를 사용하는 시스템 관리자 입장에서 보면 차후 서비스 설정이나 프로세스 개수 변경 시 설정 파일만 수정하면 되므로 유지보수 측면에서 용이하다.

```
[root@study ch-5]# ./5-6.sh

************* 서비스 프로세스 진단 *****************

▣ httpd 프로세스의 갯수는 6 입니다. (정상 : 7 개)

  ☞ httpd 프로세스 진단 결과 : 점검필요

▣ sshd 프로세스의 갯수는 1 입니다. (정상 : 1 개)

  ☞ sshd 프로세스 진단 결과 : 정상

▣ vsftpd 프로세스의 갯수는 3 입니다. (정상 : 5 개)

  ☞ vsftpd 프로세스 진단 결과 : 점검필요

**************************************************************
```

서비스별 정상 프로세스 개수 정보가 저장되어 있는 설정 파일인 /test/ch_5/ser_cnt.lst 파일의 내용이다.

```
[root@study ch_5]# cat ser_cnt.lst
httpd:7:
sshd:1:
vsftpd:5:
```

5.5.6 쉘 스크립트 ⓑ의 코드 분석

정상 서비스 프로세스 개수 정보가 저장되어 있는 /test/ch_5/ser_cnt.lst 파일에서 서비스명을 추출하여 각각을 변수화하기 위해 for 문을 사용했다.

```
for sname in $(cat /test/ch_5/ser_cnt.lst | awk -F: '{print $1}')
```

/test/ch_5/ser_cnt.lst 파일에서 추출된 서비스명은 변수 sname에 할당한다. 할당된 서비스명을 기

준으로 시스템에서 구동 중인 서비스의 프로세스 개수를 카운트하는데 grep 명령어와 wc 명령어를 이용했다. 점검의 기준이 되는 정상 프로세스의 개수를 /test/ch_5/ser_cnt.lst 파일에서 추출하고 변수 sernum에 할당한다.

```
pscnt=`ps -ef | grep $sname | grep -v grep | grep -v "@" | wc -l`
sernum=`grep $sname /test/ch_5/ser_cnt.lst | awk -F: '{print $2}'`

echo ""
echo ""
echo " ■ $sname 프로세스의 갯수는 $pscnt 입니다. (정상 : $sernum 개)"
```

각 서비스명에서 추출된 현재 구동 중인 프로세스 개수인 $pscnt와 정상 설정 프로세스 개수인 $sernum를 비교하여, 다르면 점검이 필요하다는 경고 메시지를 보내고, 같으면 정상을 표시하기 위해 if 문과 elif 문을 활용했다. 여기서 각 변수는 실제로 숫자로 표시되지만 문자열을 비교하는 방법으로 비교 작업을 수행했다.

```
if [ $pscnt != $sernum ]
   then
      echo ""
      echo " ☞ $sname 프로세스 진단 결과 : 점검필요 "
elif [ $pscnt = $sernum ]
   then
      echo ""
      echo " ☞ $sname 프로세스 진단 결과 : 정상 "
fi
```

5.6 특정 디렉터리의 파일 내용 일괄 수정하기

자주는 아니지만 시스템 관리자를 대상으로 교육을 해야 할 때가 있다. 실습 환경을 만들기 위해서 각 계정 접속자들의 실습 디렉터리 내 파일 내용 중 일부의 변경이 필요하지만 교육 대상자들의 모든 파일의 내용을 수정하는 일은 매우 번거로운 작업이다. 그래서 활용하게 되었던 쉘 스크립트를 이번 절에서 소개하고자 한다.

이번 절에서 다룰 쉘 스크립트의 경우, 시스템 관리자들에게 교육을 하면서 교육 순서가 변경되어 mail 서버를 samba 서버로 변경해서 실습해야 하는 상황에서 설정 파일을 일괄 변경할 때 사용한 예제이다. 이 예제는 이러한 상황에서 유용하게 활용할 수 있으며, 지정된 디렉터리의 파일 내용을 일괄 수정한다.

5.6.1 쉘 스크립트 코드

[예제 5-7]

```sh
#!/bin/sh

dir="/test/ch_5/sub_test"
pattold="mail"
pattnew="samba"

mkdir /test/ch_5/sub_test_bak_`date +%C%y%m%d`

for file in $(ls -l $dir | grep -v '^d' | awk '{print $9}')
    # $dir에서 내용을 변경할 파일명을 추출한다.

do
    echo ""
    echo "★ $file 을 변경합니다. ★"
    cd $dir

    cp -rf $file /test/ch_5/sub_test_bak_`date +%C%y%m%d`
    cat $file | sed -e "s/^$pattold/$pattnew/" > /tmp/imsi.tmp
        # 패턴을 변경하여 임시파일에 저장한다.

    sleep 2
    cp -rf /tmp/imsi.tmp ./$file

    echo " ☞ $file 변경 완료  "

done
exit
```

5.6.2 실행 결과

먼저, 쉘 스크립트를 실행하기 전에 지정된 디렉터리인 /test/ch_5/sub_test에 존재하는 각 파일의 내용을 표시한다.

```
[root@was sub_test]# ls
NMS_IP.lst  SMS2_IP.lst  SMS_IP.lst  serverIP.lst
[root@was sub_test]# cat *
WAS:192.168.3.128
DB_1:192.168.3.1
DB_2:192.168.25.4
ftp:192.168.44.2
mail:192.168.56.2
NMS_IP.lst
WAS:192.168.3.128
DB_1:192.168.3.1
DB_2:192.168.25.4
ftp:192.168.44.2
mail:192.168.56.2
SMS2_IP.lst
WAS:192.168.3.128
DB_1:192.168.3.1
DB_2:192.168.25.4
ftp:192.168.44.2
mail:192.168.56.2
SMS_IP.lst
WAS:192.168.3.128
DB_1:192.168.3.1
DB_2:192.168.25.4
ftp:192.168.44.2
mail:192.168.56.2
serverIP.lst
```

쉘 스크립트를 실행시키면 실습 디렉터리의 변경이 필요한 파일(NMS_IP.lst, SMS2_IP.lst, SMS_IP.lst, serverIP.lst)의 내용 중 mail 문자열을 samba로 변경하며, 변경하는 파일명과 변경 결과를 표시한다.

```
[root@study ch-5]# ./5-7.sh

★ NMS_IP.lst 을 변경합니다. ★
☞ NMS_IP.lst  변경 완료 ★

★ SMS2_IP.lst 을 변경합니다. ★
☞ SMS2_IP.lst  변경 완료 ★

★ SMS_IP.lst 을 변경합니다. ★
☞ SMS_IP.lst  변경 완료 ★

★ serverIP.lst 을 변경합니다. ★
☞ serverIP.lst  변경 완료 ★
```

/test/ch_5/sub_test에 있는 각 파일의 내용이 mail 문자열에서 samba로 변경된 것을 볼 수 있다.

```
[root@was sub_test]# cat *
WAS:192.168.3.128
DB_1:192.168.3.1
DB_2:192.168.25.4
ftp:192.168.44.2
samba:192.168.56.2
NMS_IP.lst
WAS:192.168.3.128
DB_1:192.168.3.1
DB_2:192.168.25.4
ftp:192.168.44.2
samba:192.168.56.2
SMS2_IP.lst
WAS:192.168.3.128
DB_1:192.168.3.1
```

```
DB_2:192.168.25.4
ftp:192.168.44.2
samba:192.168.56.2
SMS_IP.lst
WAS:192.168.3.128
DB_1:192.168.3.1
DB_2:192.168.25.4
ftp:192.168.44.2
samba:192.168.56.2
serverIP.lst
```

만약의 상황을 대비하기 위해 변경하는 파일들의 원본 파일은 상위 디렉터리인 'sub_test_bak_날짜' 디렉터리에 백업하였다.

```
[root@study ch_5]# ls -al | grep sub_test
drwxr-xr-x  2  root  root   4096  12월 23 13:56  sub_test
drwxr-xr-x  2  root  root   4096  12월 23 13:14  sub_test.old
drwxr-xr-x  2  root  root   4096  12월 23 13:57  sub_test_bak_20141223
```

5.6.3 코드 분석

파일 내용을 일괄 수정해야 하는 디렉터리 경로를 변수 dir에 할당하고, 변경 대상 문자열을 변수 pattold와 일괄 변경시킬 문자열을 변수 pattnew에 할당한다. 그리고 기존의 원본 파일을 백업할 디렉터리를 생성한다.

```
dir="/test/ch_5/sub_test"
pattold="mail"
pattnew="samba"

mkdir /test/ch_5/sub_test_bak_`date +%C%y%m%d`
```

작업이 진행되는 디렉터리에서 grep 명령어와 -v 옵션을 이용해 디렉터리를 제외한 파일의 목록을 추출하여 변수 file에 할당한 뒤 do~done 부분을 반복한다.

```
for file in $(ls -l $dir | grep -v '^d' | awk '{print $9}')
```

본격적으로 파일의 내용을 변경하는 부분으로 파일을 변경하기 전 변경이 진행되는 파일들을 셸 스크립트 초기에 생성했던 백업 디렉터리로 복사해둔다. 이후 변경해야 하는 각 파일을 읽어서 일괄 변경을 하고, 임시 파일인 /tmp/imsi.tmp 파일에 저장하고, 저장된 임시 파일에서 원래의 파일로 다시 복사한다. 사실 정확히 말하자면 제목처럼 파일을 수정하는 개념이 아니라 기존 파일의 출력 결과를 변경하여 임시 파일에 저장한 후 기존 파일을 임시 파일로 대체하는 것이다.

```
cp -rf $file /test/ch_5/sub_test_bak_`date +%C%y%m%d`
cat $file | sed -e "s/^$pattold/$pattnew/" > /tmp/imsi.tmp
    # 패턴을 변경하여 임시파일에 저장한다.

sleep 2
cp -rf /tmp/imsi.tmp ./$file
```

5.7 지정된 날짜의 웹 접속 통계

웹 서버를 관리하는 시스템 관리자가 종종 하는 작업들 중 하나가 xx월 xx일에 몇 명이 접속했는지 통계를 내는 작업일 것이다. 통계를 내는 작업은 단순하지만 생각보다 번거로운 일이다. 이러한 번거로움 때문에 통계 기능을 제공하는 다양한 상용 서버 관리 툴의 도입을 고민하지 말고 지금부터 소개하는 셸 스크립트를 활용해보자.

지금 소개하는 셸 스크립트는 Apache 웹 서버의 access_log 로그 파일의 내용 중에서 지정된 날짜에 IP 주소 기준으로 접속 통계를 낸다. 독자들이 관리하는 웹 서버의 종류 및 설정에 맞게 보완한다면 유용하게 활용할 수 있을 것이다.

5.7.1 쉘 스크립트 코드

[예제 5-8]

```
#!/bin/sh

    echo ""
    echo " ★ 지정된 날짜의 웹 접속 통계(IP 기준) ★ "
    echo ""
    echo -n " ■ 년을 입력하세요(Ex. 2004년 ☞ 2004) : "
    read year
    echo ""
    echo -n " ■ 월을 입력하세요(Ex. 4월☞ Apr) : "
    read month
    echo ""
    echo -n " ■ 날짜를 입력하세요(Ex. 25일 ☞ 25) : "
    read day
    echo ""

    time=`echo "$day/$month/$year"`

    echo -n " ◆ $year - $month - $day 의 웹 접속자 : "
    grep "$time" /usr/local/apache_2.0.63/logs/access_log | awk '{print $1}' | sort -u | wc -l
```

5.7.2 실행 결과

쉘 스크립트를 실행하면 년, 월, 일을 입력하고, 해당 일에 접속한 단말기의 통계를 산출해 표시한다.

```
[root@study ch-5]# ./5-8.sh

 ★ 지정된 날짜의 웹 접속 통계(IP 기준) ★

 ■ 년을 입력하세요(Ex. 2004년 ☞ 2004) : 2014

 ■ 월을 입력하세요(Ex. 4월☞ Apr) : Dec

 ■ 날짜를 입력하세요(Ex. 25일 ☞ 25) : 23

 ◆ 2014 - Dec - 23 의 웹 접속자 : 6
```

5.7.3 코드 분석

지정된 날짜를 입력받기 위해 read 명령어를 이용하고 년, 월, 일로 나누어 입력 받은 값들은 각각의 변수 year, month, day에 할당하였다.

```
echo ""
echo " ★ 지정된 날짜의 웹 접속 통계(IP 기준) ★ "
echo ""
echo -n " ■ 년을 입력하세요(Ex. 2004년 ☞ 2004) : "
read year
echo ""
echo -n " ■ 월을 입력하세요(Ex. 4월 ☞ Apr) : "
read month
echo ""
echo -n " ■ 날짜를 입력하세요(Ex. 25일 ☞ 25) : "
read day
echo ""
```

입력받은 변수를 웹 접속 로그(access_log)의 형식에 맞추기 위해 다시 정렬한다. 이후 정렬된 값은 변수 time에 할당한다.

```
time=`echo "$day/$month/$year"`
```

실제로 Apache 웹 서버의 access_log 로그 기록 형식은 아래와 같다.

```
[root@localhost test]# grep 23/Dec/2014  /usr/local/apache_2.0.63/logs/access_log
192.168.3.1 - - [23/Dec/2014:14:47:02 +0900] "GET / HTTP/1.1" 200 911
192.168.3.1 - - [23/Dec/2014:14:47:03 +0900] "GET /top-1.png HTTP/1.1" 200 3816
192.168.3.1 - - [23/Dec/2014:14:47:03 +0900] "GET /favicon.ico HTTP/1.1" 404 326
192.168.3.1 - - [23/Dec/2014:14:53:03 +0900] "GET / HTTP/1.1" 200 911
192.168.3.1 - - [23/Dec/2014:14:53:03 +0900] "GET /top-1.png HTTP/1.1" 304 -
192.168.3.1 - - [23/Dec/2014:14:53:04 +0900] "GET / HTTP/1.1" 200 911
192.168.3.1 - - [23/Dec/2014:14:53:04 +0900] "GET /top-1.png HTTP/1.1" 304 -
192.168.3.1 - - [23/Dec/2014:14:53:05 +0900] "GET / HTTP/1.1" 200 911
```

grep 명령어를 이용해서 지정된 날짜의 접속 로그를 검색하고, awk 명령어를 이용해서 IP 부분만 추출하였다. 이후 sort 명령어를 이용해서 중복되는 정보 없이 정렬하고, 이 결과를 wc 명령어로 카운트하면 IP를 기준으로 접속한 통계가 산출된다.

---

time=`echo "$day/$month/$year"`

echo -n " ◆ $year - $month - $day 의 웹 접속자 : "
grep "$time" /usr/local/apache_2.0.63/logs/access_log | awk '{print $1}' | sort -u | wc -l

---

5.8 점검 결과를 메일로 보고

시스템 관리자가 무척이나 부지런하여 매 점검마다 그 결과를 직접 눈으로 확인한다면 금상첨화겠지만 실제로 시스템 관리자가 그렇게 점검하기도 어렵고 또 원격지의 점검 결과까지 종합해야 하는 상황이라면 더욱 더 힘들 것이다. 메일 기능을 이용해서 점검 결과를 전송한다면 서버들의 점검 결과를 종합하는 관리자는 메일함에서 결과만 확인하고 필요 시 점검해야 할 항목을 보다 더 쉽게 정리할 수 있다.

이번 절에서는 앞의 [예제 5-4]에서 진행한 서버의 네트워크 상태 점검 결과를 메일로 전송하는 방법을 소개한다.

5.8.1 쉘 스크립트 코드

[예제 5-9]

#!/bin/sh

echo "************ ★ 서버 점검 결과(`date +%Y%m%d-%H:%M` 기준) ★ ************"
echo ""

email=root@`domainname`

for host in $(cut -d: -f1 /test/ch_5/serverIP.lst)

[예제 5-9] (이어서)

```
do
    host_ip=`grep $host /test/ch_5/serverIP.lst | cut -d: -f2`
    if ! ping -c 1 $host_ip >> /dev/null
      then
        sleep 1
        if ! ping -c 1 $host_ip >> /dev/null
          then
            echo ""
            echo " ■ $host 서버 : 점검요망 "
            echo " ■ $host 서버 : 점검요망 " >> /tmp/ping.log
        fi
    fi
done
if [ -s /tmp/ping.log ];
  then
      mail -s " ★ 서버 점검결과 입니다(`date +%Y%m%d-%H:%M` 기준)★" $email < /tmp/ping.log
fi
echo ""
echo "****************************************************************"
rm -f /tmp/ping.log
exit
```

5.8.2 실행 결과

쉘 스크립트를 실행하면 점검해야 할 서버의 목록이 표시된다.

```
[root@localhost ch_5]# ./test.sh
*************** ★ 서버 점검 결과(20141223-19:35 기준) ★ ****************

▣ DB_2 서버 : 점검요망

▣ ftp 서버 : 점검요망

▣ mail 서버 : 점검요망

********************************************************************
```

위의 점검 목록에 표시된 것과 동일한 내용이 root의 메일에 접수된 것을 터미널에서 확인할 수 있으며, 이를 위해 mail 명령어를 사용한다.

```
To: root@study.org
Subject: ★ 서버 점검결과 입니다 (20141223-22:16 기준) ★

▣ DB_2 서버 : 점검요망
▣ ftp 서버 : 점검요망
▣ mail 서버 : 짐검요밍

--sBNEaTNQ006168.1419345389/localhost.localdomain--

&
```

5.8.3 코드 분석

앞에서 소개한 [예제 5-4]와 동일한 기능을 하는 쉘 스크립트이므로 [예제 5-4]와 다른 내용을 중심으로 설명한다. 서버들의 목록과 IP 주소가 저장된 /test/ch_5/serverIP.lst 파일에서 서버의 이름을 추출할 때 [예제 5-4]에서는 awk 명령어를 사용했지만 이번 예제에서는 cut 명령어를 사용한다. 그리고 각 서버를 대상으로 ping 점검을 할 때 [예제 5-4]의 경우에는 ping -c 2 옵션을 이용해 두 번 점검하였지만 이번 예제에서는 if 문을 이용해서 각각 한 번씩 두 번 점검하도록 되어 있다.

```
for host in $(cut -d: -f1 /test/ch_5/serverIP.lst)
do
    host_ip=`grep $host /test/ch_5/serverIP.lst | cut -d: -f2`
    if ! ping -c 1 $host_ip >> /dev/null
      then
        sleep 1
        if ! ping -c 1 $host_ip >> /dev/null
          then
            echo ""
            echo " ■ $host 서버 : 점검요망 "
            echo " ■ $host 서버 : 점검요망 " >> /tmp/ping.log
        fi
    fi
done
```

점검이 필요한 서버 목록은 /tmp/ping.log 파일에 저장되는데 만일 시스템이 다 정상이면 점검해야 하는 리스트 파일이 생성되지 않는다. 따라서 먼저 /tmp에 해당 파일이 있는지 확인한 다음 파일이 존재하면 파일의 내용을 관리자에게 메일로 보낸다.

```
if [ -s /tmp/ping.log ];
  then
    mail -s " ★ 서버 점검결과 입니다(`date +%Y%m%d-%H:%M` 기준) ★" $email < /tmp/ping.log
fi
```

5.9 ftp를 이용한 파일 전송 자동화

이 책에서 소개하는 시스템 관리를 위한 다양한 쉘 스크립트를 터미널에서 직접 실행하고 결과를 확인할 수 있다. 그러나 원격지에 있는 경우나 야간에 수행되는 경우에는 메일로 보고할 수도 있다. 메일 이외에 ftp를 이용해서 점검 결과나 필요한 로그들을 전송하는 방법도 있으며, 이번 절에서는 그 방법을 소개한다.

상위 관리자가 지사의 서버의 상태나 로그를 종합하여 보고할 때 ftp를 이용하면 유용하다. 필자의 경우 지사에 있는 서버에서 장애 발생 시 시스템을 분석할 때 이 방법을 유용하게 활용했다. 지사 조직과의 내부 인트라넷의 대역폭이 넓지 않은 상황이어서 직접 접속하여 확인하는데 어려움이 있었다. 그래서 시스템 상태를 점검하기 위한 기본적인 로그들을 하나로 묶고 압축하여 지정된 로그 분석을 위한 ftp 서버로 전송하는 쉘 스크립트를 활용했었다. 이번 예제는 앞에서 소개한 [예제 5-4]의 서비스 프로세스 상태 점검 쉘 스크립트를 지정된 ftp 서버로 점검 결과를 전송하는 쉘 스크립트이다.

5.9.1 쉘 스크립트 코드

[예제 5-10]

```sh
#!/bin/sh

echo ""
echo "****************** 서비스 프로세스 진단 ********************"
echo ""

for sname in $(cat /test/ch_5/ser_cnt.lst | awk -F: '{print $1}')

do
    pscnt=`ps -ef | grep $sname | grep -v grep | grep -v "@" | wc -l`
    sernum=`grep $sname /test/ch_5/ser_cnt.lst | awk -F: '{print $2}'`

    echo ""
    echo ""
    echo " ■ $sname 프로세스의 갯수는 $pscnt 입니다. (정상 : $sernum 개)"

    if [ $pscnt != $sernum ]
        then
            echo ""
            echo "   ☞ $sname 프로세스 진단 결과 : 점검필요 "
            echo "   ◆ $sname 프로세스 진단 결과 : 점검필요 " >>
              /tmp/chk_ser_`date +%Y%m%d-%H%M`.log
        elif [ $pscnt = $sernum ]
```

[예제 5-10] (이어서)

```
      then
         echo ""
         echo " ☞ $sname 프로세스 진단 결과 : 정상 "
   fi

done

echo ""
echo "*************************************************************"

if [ -s /tmp/chk_ser_`date +%Y%m%d-%H%M`.log ]
   then
      echo ""
      echo " ※ 점검 로그가 존재합니다. 로그를 상위서버로 전송합니다. "

ftp -n 192.168.3.128 <<End-Of-Session

user user1 1234
binary
bell
cd /test
lcd /tmp
put chk_ser_`date +%Y%m%d-%H%M`.log
quit
End-Of-Session

rm -f /tmp/chk_ser_`date +%Y%m%d-%H%M`.log

   elif [ ! -s /tmp/chk_ser.log ]
      then
         echo ""
         echo " ★ 점검 로그가 없으므로 종료합니다. ★"
         exit
fi
exit
```

5.9.2 실행 결과

서비스 프로세스를 점검하고 이상이 없다면 "★ 점검 로그가 없으므로 종료합니다. ★" 메시지를 표시하고 쉘 스크립트를 종료한다.

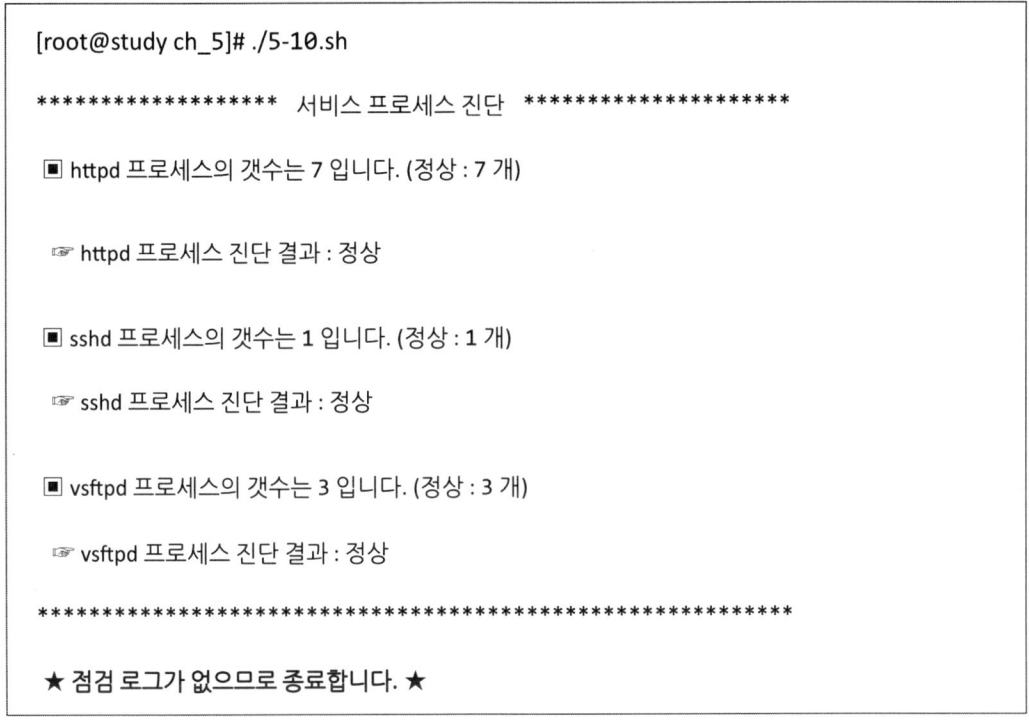

서비스 프로세스 점검 결과, 이상이 있으면 점검 결과 로그를 생성하고, 결과 로그 파일의 존재 여부를 점검해서 파일이 존재하면 "※ 점검 로그가 존재합니다. 로그를 상위서버로 전송합니다."라는 메시지를 표시한 후 로그 파일을 지정된 ftp 서버로 전송한다.

```
[root@study ch_5]# ./5-10.sh

****************    서비스 프로세스 진단    *********************

■ httpd 프로세스의 갯수는 7 입니다. (정상 : 7 개)

 ☞ httpd 프로세스 진단 결과 : 정상

■ sshd 프로세스의 갯수는 1 입니다. (정상 : 1 개)

 ☞ sshd 프로세스 진단 결과 : 정상

■ vsftpd 프로세스의 갯수는 3 입니다. (정상 : 5 개)

 ☞ vsftpd 프로세스 진단 결과 : 점검필요

***************************************************************

※ 점검 로그가 존재합니다. 로그를 상위서버로 전송합니다.
```

지정된 ftp 서버의 디렉터리 /test를 보면 user1 계정으로 전송된 점검 결과 로그를 확인할 수 있다.

```
[root@study test]# ls -al /test | grep chk_ser
-rw-r--r--  1 user1 user1    57 12월 24 04:39 chk_ser_20141224-0439.log
[root@study test]# more chk_ser_20141224-0439.log
   ◆ vsftpd 프로세스 진단 결과 : 점검필요
```

5.9.3 코드 분석

서비스 프로세스를 점검하는 코드는 앞에서 소개했으므로 생략하고 추가된 코드를 살펴보겠다. 서비스 프로세스를 점검해서 이상이 있는 프로세스를 종합하여 점검 결과 로그 파일 /tmp/chk_ser_일시.log를 생성한다. 장애가 발생되면 로그 파일을 생성하기 때문에 로그 파일의 존재 유무를 점검하여 로그 파일이 존재한다면 장애가 발생된 상황으로 간주하여 로그 전송 경고를 표시한다.

```
    if [ -s /tmp/chk_ser_`date +%Y%m%d-%H%M`.log ]
      then
        echo ""
        echo " ※ 점검 로그가 존재합니다. 로그를 상위서버로 전송합니다. "
```

실제 이 부분이 ftp를 이용해 자료를 전송하는 코드이다. 지정된 서버 IP인 192.168.3.128에 user1 계정과 1234 패스워드로 접속하여 로컬 시스템(현재 쉘 스크립트를 실행하는 시스템)의 /tmp에 저장된 로그 chk_ser_일시.log를 업로드한다. 이때 ftp 명령어 중 bell 명령어는 파일이 업로드될 때 정상적으로 업로드 진행되는지를 확인하기 위해 설정한 것으로 업로드 시 비프음을 울린다.

```
ftp -n 192.168.3.128 <<End-Of-Session
user user1 1234
binary
bell
cd /test
lcd /tmp
put chk_ser_`date +%Y%m%d-%H%M`.log
quit
End-Of-Session

rm -f /tmp/chk_ser_`date +%Y%m%d-%H%M`.log

    elif [ ! -s /tmp/chk_ser.log ]
      then
        echo ""
        echo " ★ 점검 로그가 없으므로 종료합니다. ★"
        exit
fi

exit
```

그리고 ftp 전송 코드 작성 시 주의해야 할 점이 있다. 아래와 같이 코드의 가독성을 높이기 위해 들여쓰기를 하면 ftp 명령어를 인식하는 부분에서 공백을 문자로 인식하여 에러가 발생하니 반드시 공백 없이 작성한다.

```
ftp -n 192.168.3.128 <<End-Of-Session
    user user1 1234
    binary
    bell
    cd /test
    lcd /tmp
    put chk_ser_`date +%Y%m%d-%H%M`.log
    quit
End-Of-Session
```

ftp 기능을 이용해서 자료를 자동으로 전송하는 것은 유용하나 소스 코드에 계정과 패스워드가 포함되어 있는 부분은 보안에 취약하다. 필자의 경우, 로그 분석 PC에서 ftp 서버를 한시적으로 운용했었지만 이를 보완하기 위해 두 가지 방법이 있다. 첫 번째 방법은 [예제 5-11]처럼 관리자가 패스워드를 직접 입력하도록 하는 것이다.

[예제 5-11]

```
echo ""
echo -n "▣ 패스워드를 입력하세요 : "
stty -echo
read password
stty echo
echo ""

ftp -n 192.168.3.128 <<End-Of-Session
user user1 $password
binary
bell
cd /test
lcd /tmp
put chk_ser_`date +%Y%m%d-%H%M`.log
quit
End-Of-Session
```

아래처럼 패스워드를 직접 입력하도록 해서 보안 취약점이 조금 해소는 되었다. 그러나 ftp를 이용해서 주기적으로 자동 전송하기 위한 쉘 스크립트가 반자동이 되어 버렸다. 보안을 위해 편의를 양보한 사례다.

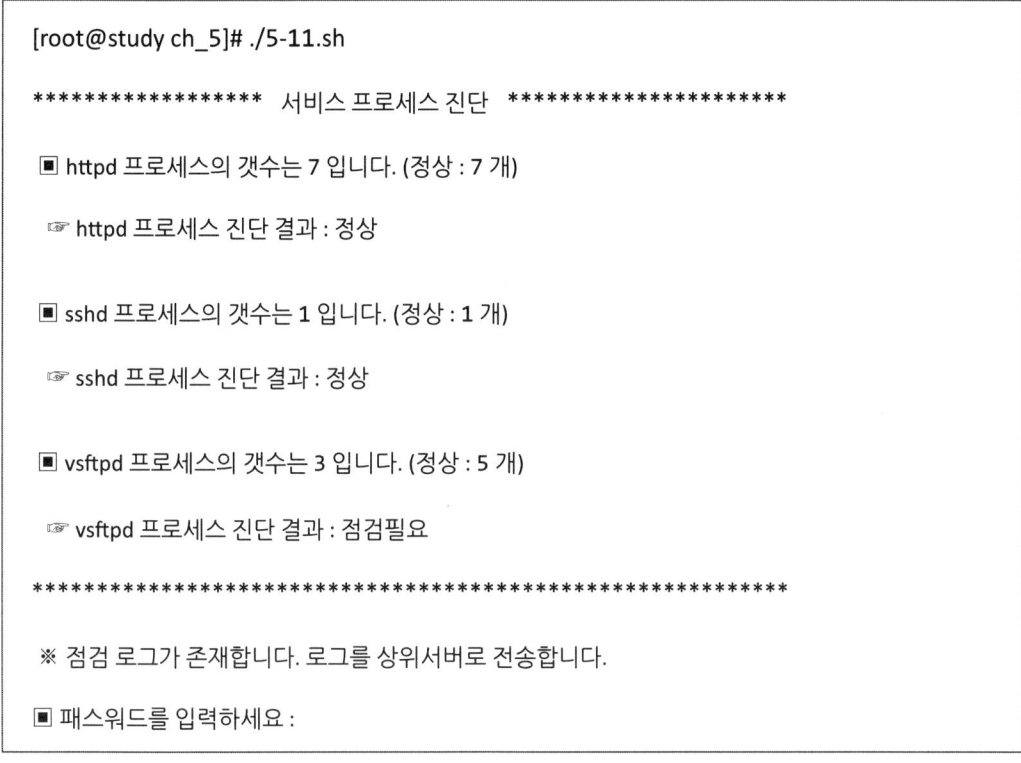

패스워드를 직접 입력하여 보안 취약점이 해소하기 위한 두 번째 방법을 살펴보자. 일반적으로, 운용되는 시스템별로 내부 보안을 위해 암·복호화 또는 자체 해시 명령어를 제공하는데 필자의 경우, ftp 서버로 접속하기 위한 계정과 패스워드 부분을 암호화하고, 복호화 명령어인 denc 명령어(시스템의 내부 개발 SW에 포함된 복호화 명령어)를 이용하여 ftp 접속 시에는 복호화하여 접속하도록 하였다. 지금 소개한 방법이 범용으로 사용할 수 있는 방법은 아니지만 독자들이 운용하고 있거나 운용할 시스템에서 활용 가능한 암복호화 명령어를 이용하면 될 것이다.

```
ftp -n 16.1.66.100 <<EOF
user `denc 696b607f72626c73` `denc 2031667f636a716871`
binary
#cd /test
put /`domainname`_`hostname`_all_chk_log_`date +%C%y%m%d`.tar.Z
bye
EOF
```

5.10 cron 스케줄 등록

시스템에서 주기적인 실행을 위해서 일반적으로 cron 설정을 이용한다. 하지만 사용자들은 cron 서비스의 설정을 저장하는 crontab 설정 파일의 구조에 대한 이해가 없이는 활용이 어렵다는 단점이 있다. 이럴 경우 초급 시스템 관리자가 활용하기에 유용한 cron 설정을 지원하는 쉘 스크립트를 소개하고자 한다.

5.10.1 쉘 스크립트 코드

[예제 5-12]

```
#!/bin/sh

#Linux crontab 설정파일
CRONTAB_FILE="/var/spool/cron/root"

#AIX crontab 설정파일
#CRONTAB_FILE="/var/spool/cron/crontabs/root"

  echo ""
  echo "************** ★ 시스템의 스케줄(cron) 설정을 시작합니다.  ★ ************** "
  echo ""
  echo "  < * : 각 필드의 모든수 / - : 필드의 범위 / , : 필드의 각각의 정보 > "
  echo ""
```

[예제 5-12] (이어서)

```
        echo -n " ■ 월을 입력하세요(범위 : 1 ~ 12) : "
        read month
        echo ""
        echo -n " ■ 일을 입력하세요(범위 : 1 ~ 31) : "
        read day
        echo ""
        echo -n " ■ 시간을 입력하세요(범위 : 0 ~ 23) : "
        read time
        echo ""
        echo -n " ■ 분을 입력하세요(범위 : 0 ~ 59) : "
        read min
        echo ""
        echo -n " ■ 요일을 입력하세요(범위 : 1 ~ 7 / Ex. 월요일 1 ~ 일요일 7) : "
        read week
        echo ""
        echo -n " ■ 실행될 명령어를 입력하세요(Ex. : /etc/rc.d/init.d/xntp ) : "
        read comm
        echo ""
        echo "******************************************************************"

croncfg="$min $time $day $month $week $comm"

cur_cfg=`cat $CRONTAB_FILE | grep -v "^#" | grep "$comm" | wc -l`

if [ $cur_cfg = 0 ]
    then
        echo " ★ $comm 가 crontab 에 미설정되었습니다. 등록합니다. ★ "
        echo "$croncfg > /dev/null 2>&1" >> $CRONTAB_FILE
    else
        echo " ★ $comm 가 crontab 에 이미 등록되어 있습니다. ★ "
fi
```

5.10.2 실행 결과

셸 스크립트를 실행하면 월, 일, 시간, 분, 요일, 실행될 명령어를 사용자에게 입력받는다. 입력받은 명령어가 crontab에 설정되어 있는지 여부를 점검해서 미등록되어 있으면 등록을 실시한다.

```
*************** ★ 시스템의 스케줄(cron) 설정을 시작합니다. ★ ***************

< * : 각 필드의 모든수 / - : 필드의 범위 / , : 필드의 각각의 정보 >

■ 월을 입력하세요(범위: 1 ~ 12) : *

■ 일을 입력하세요(범위 : 1 ~ 31) : 10

■ 시간을 입력하세요(범위 : 0 ~ 23) : 2

■ 분을 입력하세요(범위 : 0 ~ 59) : 0

■ 요일을 입력하세요(범위 : 1 ~ 7 / Ex. 월요일 1 ~ 일요일 7) : *

■ 실행될 명령어를 입력하세요(Ex. : /etc/rc.d/init.d/xntp ) : /test/ch_5/5-9.sh

****************************************************************

★ /test/ch_5/5-9.sh 가 crontab 에 미설정되었습니다. 등록합니다. ★
```

crontab -l 명령어를 이용해서 확인해보면 아래와 같이 매월 10일 2시에 /test/ch_5/5-9.sh가 실행되도록 적용되어 있다.

```
[root@study cron]# crontab -l
    0    2    *    *    *    /etc/test.sh
   30   10    *    2    *    /test/ch_5/test.sh > /dev/null 2>&1
    0    2   10    *    *    /test/ch_5/5-9.sh > /dev/null 2>&1
```

crontab에 등록할 명령어를 입력할 때 명령어의 중복 등록을 방지하기 위해 crontab에 동일한 명령어가 입력되어 있으면 crontab에 설정되지 않고 경고 및 종료된다. 무분별한 스케줄 등록은 시스템에 부하를 일으키는 원인이므로 스케줄 등록 시 사전에 동일 명령어가 등록되어 있는지 여부를 확인하는 작업이 반드시 필요하다.

```
[root@study ch-5]# ./5-12.sh

************* ★ 시스템의 스케줄(cron) 설정을 시작합니다. ★ *****************

< * : 각 필드의 모든수 / - : 필드의 범위 / , : 필드의 각각의 정보 >

■ 월을 입력하세요(범위: 1 ~ 12) : *

■ 일을 입력하세요(범위 : 1 ~ 31) : *

■ 시간을 입력하세요(범위 : 0 ~ 23) : 3

■ 분을 입력하세요(범위 : 0 ~ 59) : 0

■ 요일을 입력하세요(범위 : 1 ~ 7 / Ex. 월요일 1 ~ 일요일 7) : *

■ 실행될 명령어를 입력하세요(Ex. : /etc/rc.d/init.d/xntp ) : /etc/test.sh

***************************************************************
★ /etc/test.sh 가 crontab 에 이미 등록되어 있습니다. ★
```

5.10.3 코드 분석

변수 $CRONTAB_FILE은 시스템에서 참조하는 cron 설정 파일이 저장된 위치를 지정하는데 운영체제별로 설정 파일의 위치가 다를 수 있으므로 사전에 확인이 필요하다. 아래 코드에서 주석 부분은 필자가 실제로 관리하는 AIX 시스템의 cron 설정 파일의 위치이다.

```
#Linux crontab 설정파일
CRONTAB_FILE="/var/spool/cron/root"

#AIX crontab 설정파일
#CRONTAB_FILE="/var/spool/cron/crontabs/root"
```

쉘 스크립트를 실행하는 사용자로부터 월, 일, 시간, 분, 요일, 실행될 명령어 정보를 입력받고 cron 설정을 위한 배열로 재구성한다. 재구성한 설정 값은 변수 croncfg에 할당한다.

```
echo ""
echo "************* ★ 시스템의 스케줄(cron) 설정을 시작합니다. ★ *************"
echo ""
echo " < * : 각 필드의 모든수 / - : 필드의 범위 / , : 필드의 각각의 정보 >"
echo ""
echo -n " ■ 월을 입력하세요(범위: 1 ~ 12) : "
read month
echo ""
echo -n " ■ 일을 입력하세요(범위 : 1 ~ 31) : "
read day
echo ""
echo -n " ■ 시간을 입력하세요(범위 : 0 ~ 23) : "
read time
echo ""
echo -n " ■ 분을 입력하세요(범위 : 0 ~ 59) : "
read min
echo ""
echo -n " ■ 요일을 입력하세요(범위 : 1 ~ 7 / Ex. 월요일 1 ~ 일요일 7) : "
read week
echo ""
echo -n " ■ 실행될 명령어를 입력하세요(Ex. : /etc/rc.d/init.d/xntp ) : "
read comm
echo ""
echo "****************************************************************"
croncfg="$min $time $day $month $week $comm"
```

cur_cfg 변수를 이용하여, 등록하고자 하는 명령어가 crontab 설정 파일에 이미 등록되어 있는지를 점검한다. 점검 결과, 설정이 안 되어 있으면 crontab 설정을 위해 재배열한 $croncfg 변수에 〉/dev/null 2〉&1을 덧붙여 crontab 설정에 반영한다. 2〉&1은 표준 에러를 표준 출력으로 재지정(redirection)한다는 의미이고, /dev/null 2〉&1은 표준 출력을 /dev/null로 버리고 화면에 결과가 표시되지 않게 한다는 의미이다. 즉, cron을 이용해서 스케줄 등록을 하는 명령어 대부분은 서비스 형태로 이뤄지는 것이 많아서 실행 결과가 화면에 표시될 필요가 없기 때문에 이와 같은 재지정을 활용한다.

```
    cur_cfg=`cat $CRONTAB_FILE | grep -v "^#" | grep "$comm" | wc -l`

if [ $cur_cfg = 0 ]
    then
    echo " ★ $comm 가 crontab 에 미설정되었습니다.  등록합니다. ★ "
    echo "$croncfg > /dev/null 2>&1" >> $CRONTAB_FILE
    else
    echo " ★ $comm 가 crontab 에 이미 등록되어 있습니다. ★ "
fi
```

> **Note**
>
> **cron의 이해**
>
> cron은 주기적이고 반복적으로 수행되는 작업을 자동화하기 위해 활용된다.
>
> 사용 형식은 다음과 같다.
>
> cron [옵션]
>
> cron 명령어의 주요 옵션은 다음과 같다.
>
> | 옵션 | 설명 |
> |---|---|
> | -l | crontab의 내용을 출력한다. |
> | -e | crontab 내용을 작성 및 수정한다.
* 일반적으로 vi 에디터로 연결된다. |
> | -r | crontab 내용을 삭제한다. |
> | -u | root가 일반 사용자의 crontab을 수정할 때 사용한다. |
>
> crontab -l 명령어를 이용하면, root의 crontab에 등록되어 있는 스케줄을 확인할 수 있다.
>
> ```
> [root@study cron]# crontab -l
>     0   2   *   *   *   /etc/test.sh
>     30  10  *   2   *   /test/ch_5/test.sh > /dev/null 2>&1
>     0   2   10  *   *   /test/ch_5/5-9.sh > /dev/null 2>&1
> ```
>
> 스케줄을 수정하기 위해 crontab -e 명령어를 이용하면 vi 에디터로 연결되어 기존에 등록된 정보를 불러와 수정할 수 있다. 여기서 수정 및 추가 작업을 하면 된다.

> **Note**
>
> ```
>  0  2  *  *  *  /etc/test.sh
> 30 10  *  2  *  /test/ch_5/test.sh 〉 /dev/null 2〉&1
>  0  2 10  *  *  /test/ch_5/5-9.sh 〉 /dev/null 2〉&1
> ~
> ~
> ~
> ```
>
> crontab -e 명령어를 통해 수정하는 정보는 /var/spool/cron/root 파일을 불러와 작업을 하게 된다.
>
> [root@study cron]# **ls -al /var/spool/cron/root**
> -rw------- 1 root root 117 12월 24 08:55 /var/spool/cron/root
> [root@study cron]# cat /var/spool/cron/root
> ```
>  0  2  *  *  *  /etc/test.sh
> 30 10  *  2  *  /test/ch_5/test.sh 〉 /dev/null 2〉&1
>  0  2 10  *  *  /test/ch_5/5-9.sh 〉 /dev/null 2〉&1
> ```
> [root@study cron]#
>
> crontab 설정을 처음 다루는 독자의 경우, 위의 코드에 나온 숫자와 *의 의미에 대해 생소할 수 있다. 이것들에 대해 자세히 살펴보자.
>
> ```
>  0  2 10  *  *  /test/ch_5/5-9.sh 〉 /dev/null 2〉&1
>  ①  ②  ③ ④ ⑤              ⑥
> ```
>
> ① 분(minutes)을 의미하며 입력 범위는 0~59이다.
> ② 시(hour)를 의미하며 입력 범위는 0~23이다.
> ③ 일(day)을 의미하며 입력 범위는 1~31이다.
> ④ 월(month)을 의미하며 입력 범위는 1~12이다.
> ⑤ 요일(weekday)을 의미하며 입력 범위는 1~7이다. * 월요일~일요일 순이며 순서대로 1~7까지 부여한다.
> ⑥ 실행될 명령어이다.
>
> ①~⑤ 필드의 공통 적용 사항
>
> | 구분 | 설명 |
> | --- | --- |
> | * | 각 필드에서 올 수 있는 입력 범위의 모든 숫자를 의미한다. ④ 필드에서 사용 시에는 '매월'의 의미이다. |
> | - | 각 필드에서 범위를 나타낼 때 사용한다. ② 필드에서 2-4로 설정하면 2, 3, 4시를 의미한다. |

5.11 데몬 및 서비스 프로세스의 시작과 정지

시스템을 관리하면서 수행하는 많은 절차 중에 특정 데몬 및 프로세스를 시작하거나 정지하는 경우가 많다. 단순 프로세스라면 명령어를 통해 간단히 구동하거나 정지할 수 있다. 그러나 여러 프로세스의 의존 관계를 통해 구동되는 프로그램이나 실행 시 많은 옵션과 속성 인자를 포함해야 하는 데몬과 같은 서비스 형태의 프로세스의 경우에는 타이핑에 의한 명령어 입력이 매우 번거로울 것이다.

이번에 소개하는 쉘 스크립트의 구조 자체는 크게 복잡하지 않으나 향후 독자들이 관리하는 시스템에 자체 SW를 개발하거나 다양한 서비스를 구동할 때 활용하기 바란다.

5.11.1 쉘 스크립트 코드

[예제 5-13]

```sh
#!/bin/sh

case "$1" in

'start')
    echo "★ WAS 를 `date` 부로 시작합니다. ★"
    su - wasadmin -c jboot > /dev/null 2>&1

    ;;
'stop')
    echo "★ WAS 를 `date` 부로 정지합니다. ★"
    su - wasadmin -c jkill
    su - wasadmin -c wsdown -i >/dev/null 2>&1

    ;;
*)
    echo "사용법: /etc/rc.d/JEUS { start | stop }"

    ;;
esac
```

5.11.2 실행 결과

쉘 스크립트를 실행하면 start와 stop의 인수를 함께 실행해야 작동되는 구조이다. 인수를 포함하지 않거나 그 밖에 다른 인수가 입력되면 사용법을 출력한다.

```
[root@study ch_5]# ./5-13.sh start
★ WAS 를 2014. 12. 24. (수) 11:40:39 KST 부로 시작합니다. ★
[root@study ch_5]# ./5-13.sh stop
★ WAS 를 2014. 12. 24. (수) 11:42:02 KST 부로 정지합니다. ★
[root@study ch_5]# ./5-13.sh
사용법: /etc/rc.d/JEUS { start | stop }
```

5.11.3 코드 분석

이번 예제는 4장에서 살펴본 case~esac 구문을 활용한다. 일반적으로 case 구문은 쉘 스크립트 내에서 메뉴 제작에 많이 사용하지만 이번 예제처럼 데몬 같이 서비스를 구동하는 쉘 스크립트로도 많이 사용되고 있다.

구조를 살펴보면, start 인수가 입력되면 'start') ~ ;; 부분이 실행되고 그 밖에 다른 것이 입력되면 *) ~ ;; 부분이 실행된다. 필자가 관리하는 어플리케이션 서버의 WAS를 구동 및 정지하는 쉘 스크립트 중 일부를 발췌하였다.

```sh
#!/bin/sh

case "$1" in

'start')
    echo "★ WAS 를 `date` 부로 시작합니다. ★ "
    su - wasadmin -c jboot > /dev/null 2>&1

    ;;
'stop')
    echo "★ WAS 를 `date` 부로 정지합니다. ★ "
    su - wasadmin -c jkill
    su - wasadmin -c wsdown -i >/dev/null 2>&1
```

```
    ;;
  *)
    echo "사용법: /etc/rc.d/JEUS { start | stop }"
    
    ;;
esac
```

아래는 필자가 테스트 환경으로 활용하는 Linux에 설치되어 있는 syslog 데몬을 구동시키고 정지시키는 쉘 스크립트 파일 /etc/rc.d/init.d/syslog에 포함된 내용이다. 중간 중간 입력을 받은 인자가 많고 프로세스가 실행되는 절차가 복잡하게 기록되어 있지만 큰 틀은 유사함을 알 수 있다.

```
stop() {
    echo -n $"Shutting down kernel logger: "
    killproc klogd
    echo
    echo -n $"Shutting down system logger: "
    killproc syslogd
    RETVAL=$?
    echo
    [ $RETVAL -eq 0 ] && rm -f /var/lock/subsys/syslog
    return $RETVAL
}

~~ (중략)

case "$1" in
    start)
        start
        ;;
    stop)
        stop
        ;;

~~ (중략)

    condrestart)
        [ -f /var/lock/subsys/syslog ] && restart || :
```

```
            ;;
    *)
        echo $"Usage: $0 {start|stop|status|restart|condrestart}"
        exit 2
esac
```

5.12 로그 파일 로테이션

시스템을 운영하다 보면 다양한 데몬 및 프로그램들이 구동 상태나 오류 사항들을 로그 파일에 계속해서 축적한다. 이 로그들을 바탕으로 시스템 운용에 필요한 것들을 식별하고 악의적인 침입 행위에 대한 단서를 발견하기도 한다. 하지만 가랑비에 옷 젖는다는 말처럼 일반적으로 텍스트 형식의 파일로 되어 있는 로그 파일들은 관리자들이 주의 깊게 확인하지 않으면 어느 순간에 이르러 파일 용량이 너무 커져서 시스템 부하 요인으로 작용하거나 극단적인 경우 파일 시스템의 Full 현상으로 인한 장애로 발전할 수 있다.

실제로 필자가 관리하는 지사의 서버에서 전자 문서를 유통하는 내부 개발 프로그램의 로그를 방치하여 로그가 해당 서버의 운영체제 파일 시스템에서 지원할 수 있는 최대 크기인 2GB에 이르러서 시스템 성능 저하로 이어진 사례가 있었다. 시스템 관리자에게 있어, 정상적인 로그 축척은 물론 시스템의 정상적인 작동을 보장하기 위해서 로그 파일 관리는 간과해서는 안 되는 중요한 업무 중 하나다.

이번 절에서는 서버에서 운영되는 다수의 프로그램 및 서비스의 로그들을 주기적으로 로테이트(rotate)하는 방법을 소개하고자 한다. 물론 요즘에는 시스템에서 지원하는 logrotate 서비스가 있어 로그 관리가 쉬워졌지만 logrotate가 설치되어 있지 않은 시스템에서는 이 예제가 유용할 것이다. 지금부터 소개할 쉘 스크립트는 필자가 관리하는 시스템에서 WAS 로그를 일정한 주기별로 백업 및 초기화하는 기능을 수행한다.

5.12.1 쉘 스크립트 코드 ⓐ

필자가 관리하는 AIX 시스템에서 WAS 로그를 7일 단위로 로테이트하기 위해 작성한 매우 단순한 쉘 스크립트이다.

[예제 5-14]

```sh
#!/bin/sh

was_dir=/Cots/jeus/jeus40/logs/was_log
period=7

cp -p $was_dir/JeusServer.log $was_dir/JeusServer_`date +%Y%m%d`.log
cat /dev/null > $was_dir/JeusServer.log
find $was_dir -mtime +$period –name "JeusServer_*.log" -exec rm {} \;
```

5.12.2 쉘 스크립트 ⓐ의 실행 결과

이 쉘 스크립트는 아무 것도 출력하지 않는다. /Cots/jeus/jeus40/logs/was_log 디렉터리에서 로테이트해야 하는 로그 파일인 JeusServer.log의 백업을 만들고 로그 파일을 초기화한다. 정해진 주기인 7일이 경과된 로그 파일은 삭제된다. 결과적으로, 7일 단위로 로그가 로테이트된다.

5.12.3 쉘 스크립트 ⓐ의 코드 분석

로그를 로테이트해야 하는 디렉터리를 변수 was_dir에 할당하였다. 로그의 로테이트 주기는 변수 period에 일(day) 단위로 할당한다.

```sh
was_dir=/Cots/jeus/jeus40/logs/was_log
period=7
```

기존에 운용 중이던 JeusServer.log를 JeusServer_날짜.log로 백업하고 운용 중이던 JeusServer.log를 초기화하고, 해당 디렉터리에서 백업된 JeusServer_날짜.log에서 7일이 경과된 것을 찾아서 삭제한다. 이 쉘 스크립트를 cron과 연계해서 운용하면 로그 관리를 쉽게 할 수 있을 것이다.

```sh
cp -p $was_dir/JeusServer.log $was_dir/JeusServer_`date +%Y%m%d`.log
cat /dev/null > $was_dir/JeusServer.log
find $was_dir -mtime +$period –name "JeusServer_*.log" -exec rm {} \;
```

5.12.4 쉘 스크립트 코드 ⓑ

앞에서 살펴본 쉘 스크립트 ⓐ를 이용하면 간단한 로그 관리도 가능하지만 실제로 시스템에서 운용되는 각종 서비스들에서 생성되는 로그들은 하나가 아니라 다수이므로 각 로그마다 쉘 스크립트를 만들고 스케줄에 등록하는 일은 매우 비효율적이다. 그래서 쉘 스크립트 ⓐ를 보완하여, 이번 스크립트 예제에서는 관리해야 할 로그들이 저장된 별도의 설정 파일을 이용해서 로테이트한다.

[예제 5-15]

```sh
#!/bin/sh

conf="/test/ch_5/log.cfg"
email=root@`domainname`

if [ ! -f $conf ] ;
  then
    echo " ★ 로그 로테이트 설정파일이 존재하지 않습니다. 작업을 중지합니다. ★"
    exit
fi

for log_name in $(cut -d: -f1 $conf)
do
  
  log_dir=`grep $log_name $conf | cut -d: -f2`
  log_file=`grep $log_name $conf | cut -d: -f3`
  period=`grep $log_name $conf | cut -d: -f4`
  
  cd $log_dir
  period=`grep $log_name $conf | cut -d: -f4`
  
  cd $log_dir
  cp -p "$log_file" "$log_file"_`date +%Y%m%d`
  cat /dev/null > $log_file
  find "$log_dir" -mtime "$period" -name "$log_file*" -exec rm {} \;
  
  echo " ※ $log_name 로그 로테이트 작업 완료" >> /tmp/loglotate.out
  echo "" >> /tmp/loglotate.out
```

[예제 5-15] (이어서)

```
done

if [ -s /tmp/loglotate.out ];
    then
        mail -s " Log Lotate 결과(`date +%Y%m%d-%H:%M` 기준)" $email < /tmp/loglotate.out
fi

rm -f /tmp/loglotate.out

exit
```

5.12.5 쉘 스크립트 ⓑ의 실행 결과

이 쉘 스크립트는 보통 시스템에서 스케줄에 등록하여 주기적으로 실행되므로 정상적으로 실행되었다면 화면에 특별한 결과를 출력하지 않는다. 다만 로그들이 저장된 경로와 로테이트 주기가 저장된 설정 파일인 log.cfg 파일이 없다면 경고와 함께 작업을 정지한다.

```
[root@study ch_5]# ./5-15.sh
   ★ 로그 로테이트 설정파일이 존재하지 않습니다. 작업을 중지합니다. ★

각 로그 백업이 완료되면 그 결과를 root에게 메일로 전송한다.

To: root@study.org
Subject: Log Lotate 결과(20141224-21:30 기준)

   ※ was 로그 로테이트 작업 완료

   ※ server_send 로그 로테이트 작업 완료

   ※ gateway 로그 로테이트 작업 완료

   ※ sw_debug 로그 로테이트 작업 완료

   ※ xfer 로그 로테이트 작업 완료
```

각 로그의 위치와 로테이트 주기 정보가 담긴 /test/ch_5/log.cfg 파일의 내용이다.

```
[root@study ch_5]# more log.cfg
was:/Cots/jeus/jeus40/logs/JeusServer:JeusServer.log:7:
server_send:/tms/log:WFServer.log:20:
gateway:/tms/log:WFGateway.log:10:
sw_debug:/tms/log:CSC.log:15:
xfer:/var/log:xferlog:7:
```

5.12.6 쉘 스크립트 ⓑ의 코드 분석

로테이트 대상 로그의 저장 위치와 주기가 저장된 파일의 경로를 변수 conf에 할당한다. 로그 로테이트 작업 결과를 송부할 메일 주소를 변수 email에 할당했다.

```
conf="/test/ch_5/log.cfg"
email=root@`domainname`
```

설정 파일이 없다면 쉘 스크립트를 중지하며, 이 기능 구현에 if 문을 사용한다.

```
if [ ! -f $conf ] ;
  then
    echo " 로그 로테이트 설정파일이 존재하지 않습니다. 작업을 중지합니다. "
    exit
fi
```

설정 파일에서 for 문을 이용하여 로그 명칭을 추출하여 변수 log_name에 할당하고 추출된 로그 명칭을 기준으로 로그 로테이트 설정 파일 /test/ch_5/log.cfg에서 로그의 위치, 로테이트 주기 정보를 추출해서 변수 log_file, period에 각각 할당한다. 그리고 각 로그가 저장된 디렉터리로 이동하여 로그 파일을 '로그파일_날짜' 형태로 백업을 받는다. cat /dev/null > 명령어를 이용해서 기존의 로그 파일을 초기화한 후 불필요한 로그 파일을 삭제하기 위해서 변수 period에 할당된 일자를 기준으로 경과된 로그 파일은 삭제한다. 로그 로테이트 작업 결과는 /tmp/loglotate.out 파일에 저장한다.

```
for log_name in $(cut -d: -f1 $conf)
do
    log_dir=`grep $log_name $conf | cut -d: -f2`
    log_file=`grep $log_name $conf | cut -d: -f3`
    period=`grep $log_name $conf | cut -d: -f4`

    cd $log_dir
    cp -p "$log_file" "$log_file"_`date +%Y%m%d`
    cat /dev/null > $log_file
    find "$log_dir" -mtime "$period" -name "$log_file*" -exec rm {} \;
    # 지정된 주기가 경과된 로그파일은 삭제한다.

    echo " ※ $log_name 로그 로테이트 작업 완료" >> /tmp/loglotate.out
    echo "" >> /tmp/loglotate.out
    # 로테이트 결과를 /tmp/loglotate.out 에 저장한다.
done
```

로그 로테이트 결과가 저장된 /tmp/loglotate.out 파일이 존재하면 변수 $email에 할당된 이메일 주소로 메일을 발송한다.

```
if [ -s /tmp/loglotate.out ];
    then
        mail -s " Log Lotate 결과(`date +%Y%m%d-%H:%M` 기준) " $email < /tmp/loglotate.out
fi

rm -f /tmp/loglotate.out
```

> **Note**
>
> **logrotate 소개**
>
> 5.12절에서 소개한 로그 로테이트 방법은 로그를 관리하는 logrotate 같은 도구가 없는 시스템을 운용하는 분들에게 유용하다. 그러나 logrotate 같은 도구가 있다면 별도의 쉘 스크립트를 제작하지 않아도 logrotate의 다양한 기능들을 활용할 수 있다. 따라서 중복된 노력을 방지하기 위해서 쉘 스크립트 제작에 앞서 독자 여러분이 관리하는 시스템에 logrotate가 있는지를 먼저 확인한다.
>
> logrotate가 설치되어 있다면 아래와 같은 /etc/logrotate.conf 설정 파일이 있을 것이다.
>
> ```
> [root@study /]# cat /etc/logrotate.conf
> # see "man logrotate" for details
> # rotate log files weekly
> weekly
>
> # keep 4 weeks worth of backlogs
> rotate 4
>
> # create new (empty) log files after rotating old ones
> create
>
> # uncomment this if you want your log files compressed
> #compress
>
> # RPM packages drop log rotation information into this directory
> include /etc/logrotate.d
>
> # no packages own wtmp -- we'll rotate them here
> /var/log/wtmp {
>     monthly
>     minsize 1M
>     create 0664 root utmp
>     rotate 1
> }
>
> # system-specific logs may be also be configured here.
> ```
>
> 주요 설정의 의미는 다음과 같다.
>
> | 구분 | 설명 |
> | --- | --- |
> | weekly | 1주일에 한번 로그가 로테이트된다. |
> | rotate 4 | 4개의 백업을 만들어 로테이트한다. |
> | create | 로테이트 이후 새로운 로그 파일을 생성한다. |
> | compress | 저장하는 백업 로그는 압축하여 관리한다. |
> | include /etc/logrotate.d | 프로그램별 로그 로테이트 설정 파일이 저장된 곳이다. |

> **Note**
>
> /etc/logrotate.d에 있는 프로그램별 설정 파일들이다.
>
> ```
> [root@study logrotate.d]# ls -al /etc/logrotate.d
> 합계 104
> drwxr-xr-x   2  root   root    4096  12월 17 00:46  .
> drwxr-xr-x  74  root   root    4096  12월 24 04:02  ..
> -rw-r--r--   1  root   root     144   7월  9 2008   acpid
> -rw-r--r--   1  root   root     288   7월  9 2008   conman
> -rw-r--r--   1  root   root     571   7월 10 2008   mgetty
> -rw-r-----   1  root   named    163   2월 26 2009   named
> -rw-r--r--   1  root   root     323   7월 10 2008   psacct
> -rw-r--r--   1  root   root      61   7월 14 2008   rpm
> -rw-r--r--   1  root   root      68   7월 10 2008   sa-update
> -rw-r--r--   1  root   root     232   7월 10 2008   samba
> -rw-r--r--   1  root   root     306   7월  9 2008   syslog
> -rw-r--r--   1  root   root      95   2월 17 2009   vsftpd.log
> -rw-r--r--   1  root   root      89   7월  9 2008   yum
> ```
>
> /etc/logrotate.d에 있는 vsftpd 로그 로테이트 설정에 대한 의미를 살펴보면 1행은 로그가 저장되는 위치를 의미하고, 3행은 로그 로테이트 시 기존 로그를 압축을 하지 말라는 의미이다. 4행은 로그 파일을 로테이트하다가 로그 파일을 찾을 수 없으면 무시하고 다음 파일을 사용하라는 의미이다.
>
> ```
> [root@study logrotate.d]# cat -n  vsftpd.log
>    1  /var/log/vsftpd.log {
>    2     # ftpd doesn't handle SIGHUP properly
>    3     nocompress
>    4     missingok
>    5  }
> ```

5.13 정리

5장에서는 UNIX/Linux 시스템을 관리하면서 유용하게 활용할 수 있는 쉘 스크립트를 제작해서 활용하는 예제에 대해 알아보았다. 필자의 사례를 중심으로 소개하다보니 독자들이 관리하는 시스템의 환경과 차이가 있는 부분도 있을 것이다. 하지만 이번 장에서 소개한 쉘 스크립트를 독자들의 환경에 맞춰 보완하여 활용한다면 독자 여러분에게 최적화된 시스템을 구축하는데 도움이 될 것이다.

6장에서는 최근 시스템 관리자에게 많이 강조되고 있는 시스템 보안 분야에서 쉘 스크립트를 활용하는 예제를 소개하고자 한다. 보안 설정에 대한 권고 사항을 바탕으로 시스템의 설정 상태를 점검하는 방법 중심으로 알아보도록 하겠다.

6장 시스템 보안 쉘 스크립트

UNIX/Linux 시스템 관리자에게 있어 시스템 보안은 매우 중요하며, 시스템 보안을 위해 기본적으로 권고되는 다양한 보안 설정이 제대로 반영되어 있는지를 일일이 확인하는 일은 시스템 관리자에게 큰 부담이다. 보안 설정 확인 작업을 쉘 스크립트로 처리할 수 있으며, 이번 장에서는 그 내용을 다룬다.

앞서 나온 5장의 쉘 스크립트는 각 주제별로 활용하는 것에 주안점을 두었지만 이번 장의 쉘 스크립트는 5장과 마찬가지로 분야별 시스템 보안 설정을 점검하는 부분과 시스템 전체의 보안 설정 상태를 일괄 점검하고 관련 증적 자료를 추출하는 부분을 중점으로 예제를 소개하겠다. 전체적인 보안 설정 상태의 점검이 필요한 이유는 시스템 보안 점검 시 짧은 시간에 다양한 시스템을 점검해야 하므로 절차서만 가지고 점검에 임하면 실수로 점검 사항을 누락하는 경우가 종종 발생하기 때문이다. 그래서 시스템 보안 점검 시에는 전체적으로 보안 설정 상태를 일괄 점검하고 관련 증적 자료를 추출하는 쉘 스크립트를 실행한 이후 쉘 스크립트로 확인이 제한되는 부분을 중점적으로 점검한다.

이번 장에서 모든 보안 권고 사항을 소개하지는 않는다. 그러나 여기서 소개하는 보안 권고 사항의 의미를 충분히 이해하고 본인의 상황에 맞추어 활용하면 시스템 관리가 매우 수월해질 것이다.

6.1 SetUID와 SetGID 설정 파일 점검

파일이 실행될 때 그 파일의 소유자의 권한으로 실행되는 SetUID 설정 파일과 파일의 소유 그룹의 권한으로 실행되는 SetGID 설정 파일은 파일의 소유자와 소유 그룹의 권한을 이용하기 때문에 악의적인 권한 도용의 방지를 위해 주의해야 한다. 특히 관리자(root) 소유의 파일인 경우, 버퍼 오버플로우 공격 등에 악의적으로 이용될 수 있기 때문에 각별한 관리가 필요하다. 따라서 시스템에서 SetUID와 SetGID가 설정된 파일들이 얼마나 존재하는지를 주기적으로 확인해야 하며, 꼭 필요한 파일을 제외하고는 설정을 제거한다.

6.1.1 쉘 스크립트 코드

[예제 6-1]

```sh
#!/bin/sh

cat /dev/null > /test/ch_6/log/1.setuid.log

for perm in $(find / -type f -perm -4000 -print)
do
   owner="$(ls -l $perm | awk '{print $3}')"

   if [ ! -z $perm ]
     then
        echo " ★ $owner 의 Setuid 권한을 포함한 파일 : $perm "
        echo " ★ $owner 의 Setuid 권한을 포함한 파일 : $perm " >> /test/ch_6/log/1.setuid.log
   fi
done
exit
```

6.1.2 실행 결과

시스템에서 SetUID가 설정된 파일의 점검 결과를 화면에 표시하고, 그 결과를 /test/ch_6/log/1.setuid.log 파일에 저장한다.

```
[root@study ch-6]# ./6-1.sh
★ root 의 Setuid 권한을 포함한 파일 : /bin/umount
★ root 의 Setuid 권한을 포함한 파일 : /bin/ping
★ root 의 Setuid 권한을 포함한 파일 : /bin/mount
★ root 의 Setuid 권한을 포함한 파일 : /bin/su
★ root 의 Setuid 권한을 포함한 파일 : /bin/ping6
★ root 의 Setuid 권한을 포함한 파일 : /sbin/umount.nfs
★ root 의 Setuid 권한을 포함한 파일 : /sbin/unix_chkpwd
★ root 의 Setuid 권한을 포함한 파일 : /sbin/umount.nfs4
★ root 의 Setuid 권한을 포함한 파일 : /sbin/mount.nfs
★ root 의 Setuid 권한을 포함한 파일 : /sbin/mount.nfs4
★ root 의 Setuid 권한을 포함한 파일 : /sbin/pam_timestamp_check
★ root 의 Setuid 권한을 포함한 파일 : /usr/kerberos/bin/ksu
★ root 의 Setuid 권한을 포함한 파일 : /usr/lib/news/bin/startinnfeed
★ root 의 Setuid 권한을 포함한 파일 : /usr/lib/news/bin/inndstart
★ uucp 의 Setuid 권한을 포함한 파일 : /usr/lib/news/bin/rnews
★ root 의 Setuid 권한을 포함한 파일 : /usr/libexec/openssh/ssh-keysign
★ vcsa 의 Setuid 권한을 포함한 파일 : /usr/libexec/mc/cons.saver
★ root 의 Setuid 권한을 포함한 파일 : /usr/bin/rcp
★ root 의 Setuid 권한을 포함한 파일 : /usr/bin/rsh
★ root 의 Setuid 권한을 포함한 파일 : /usr/bin/gpasswd
★ root 의 Setuid 권한을 포함한 파일 : /usr/bin/chage
★ root 의 Setuid 권한을 포함한 파일 : /usr/bin/passwd
★ root 의 Setuid 권한을 포함한 파일 : /usr/bin/sudoedit
★ root 의 Setuid 권한을 포함한 파일 : /usr/bin/at
★ root 의 Setuid 권한을 포함한 파일 : /usr/bin/chfn
★ root 의 Setuid 권한을 포함한 파일 : /usr/bin/rlogin
★ root 의 Setuid 권한을 포함한 파일 : /usr/bin/newgrp
★ root 의 Setuid 권한을 포함한 파일 : /usr/bin/chsh
★ root 의 Setuid 권한을 포함한 파일 : /usr/bin/crontab
★ root 의 Setuid 권한을 포함한 파일 : /usr/bin/sudo
★ root 의 Setuid 권한을 포함한 파일 : /usr/sbin/ccreds_validate
★ root 의 Setuid 권한을 포함한 파일 : /usr/sbin/userhelper
★ root 의 Setuid 권한을 포함한 파일 : /usr/sbin/usernetctl
```

6.1.3 코드 분석

점검 결과가 저장될 파일을 초기화한다.

```
cat /dev/null > /test/ch_6/log/1.setuid.log
```

find 명령어의 -perm -4000 옵션을 이용해서 SetUID가 설정된 파일들을 추출하고, $perm 변수에 할당한다. 변수 $perm에 할당된 파일의 소유자를 추출해서 변수 owner에 할당하기 위해 awk 명령어를 이용한다. 이때 $perm에 할당된 파일의 소유자는 ls -l 명령어 결과의 3번째 필드 값을 추출한다.

```
for perm in $(find / -type f -perm -4000 -print)
do
    owner="$(ls -l $perm | awk '{print $3}')"
```

if 문을 이용해서 $perm 변수에 할당된 문자열이 0인지 여부를 점검하고, 아니라면 파일의 소유자와 파일을 화면에 표시하고 로그 파일에 저장하다.

```
    if [ ! -z $perm ]
        then
            echo " ★ $owner 의 Setuid 권한을 포함한 파일 : $perm "
            echo " ★ $owner 의 Setuid 권한을 포함한 파일 : $perm " >> /test/ch_6/log/1.setuid.log
    fi
```

6.1.4 SetGID 설정 점검하기

앞의 [예제 6-1]에서 SetUID를 점검하는 쉘 스크립트와 거의 유사하다. SetGID가 설정된 파일을 찾기 위해 find 명령어와 -perm -2000 옵션을 이용하고, 변수 $perm에 할당된 파일의 소유 그룹을 추출해서 변수 owner에 할당하기 위해 awk 명령어를 이용한다. 이때 $perm에 할당된 파일의 소유 그룹은 ls -l 명령어 결과의 4번째 필드 값을 추출한다.

```
for perm in $(find / -type f -perm -2000 -print)
do
    owner="$(ls -l $perm | awk '{print $4}')"
```

위의 내용을 반영한 쉘 스크립트는 아래와 같다.

[예제 6-2]

```
#!/bin/sh

cat /dev/null > /test/ch_6/log/2.setgid.log

for perm in $(find / -type f -perm -2000 -print)
do
    owner="$(ls -l $perm | awk '{print $4}')"

    if [ ! -z $perm ]
        then
            echo " ★ $owner 의 Setgid 권한을 포함한 파일 : $perm "
            echo " ★ $owner 의 Setgid 권한을 포함한 파일 : $perm " >> /test/ch_6/log/2.setgid.log
    fi

done
exit
```

SetGID가 설정된 파일을 찾기 위한 쉘 스크립트의 실행 결과는 아래와 같다.

```
[root@study ch-6]# ./6-2.sh
    ★ root 의 Setgid 권한을 포함한 파일 : /sbin/netreport
    ★ utmp 의 Setgid 권한을 포함한 파일 : /usr/libexec/utempter/utempter
    ★ mail 의 Setgid 권한을 포함한 파일 : /usr/bin/lockfile
    ★ tty 의 Setgid 권한을 포함한 파일 : /usr/bin/write
    ★ slocate 의 Setgid 권한을 포함한 파일 : /usr/bin/locate
    ★ tty 의 Setgid 권한을 포함한 파일 : /usr/bin/wall
    ★ root 의 Setgid 권한을 포함한 파일 : /usr/bin/crontab
    ★ nobody 의 Setgid 권한을 포함한 파일 : /usr/bin/ssh-agent
    ★ mail 의 Setgid 권한을 포함한 파일 : /usr/sbin/mlock
    ★ smmsp 의 Setgid 권한을 포함한 파일 : /usr/sbin/sendmail.sendmail
```

6.2 시스템 파일 접근 권한 확인

시스템의 주요 설정 또는 실행 파일의 접근 권한이 적절한지를 검토하는 작업은 매우 중요하다. 일반 사용자에게 불필요한 접근 권한을 부여하면 그 만큼 비인가자에 의해 악의적인 방법으로 활용될 수 있기 때문이다.

이번 절에서는 필자가 지사 시스템을 대상으로 보안 점검 시 활용했던 주요 시스템 설정 파일의 퍼미션을 점검하는 쉘 스크립트를 소개하고자 한다.

6.2.1 쉘 스크립트 코드

[예제 6-3]

```sh
#!/bin/sh

conf="/test/ch_6/perm.cfg"

if [ ! -f $conf ] ;
   then
      echo " ★ 퍼미션 점검 설정파일이 존재하지 않습니다. 작업을 중지합니다. ★"
   exit
fi

echo ""
echo "****************    시스템 파일 권한 점검    ********************"
echo ""

touch /tmp/perm_imsi.tmp

for file_name in $(cut -d: -f1 $conf)

do
   perm_cfg=`grep $file_name $conf | cut -d: -f2`
   perm_ps1=`chmod $perm_cfg /tmp/perm_imsi.tmp`
```

[예제 6-3] (이어서)

```
    perm_ps2=`ls -al /tmp/perm_imsi.tmp | awk '{print $1}'`
    perm_cur=`ls -al $file_name | awk '{print $1}'`

    if [ "$perm_ps2" != "$perm_cur" ]
      then
        echo ""
        echo " ■ $file_name 퍼미션 점검 결과 : $perm_cur 점검필요(권장 설정 $perm_cfg ) "
      elif [ "$perm_ps2" = "$perm_cur" ]
        then
          echo ""
          echo " ■ $file_name 퍼미션 점검 결과 : $perm_cur 정상 "
    fi

done

echo ""
echo "*************************************************************"

rm -f /tmp/perm_imsi.tmp
exit
```

6.2.2 실행 결과

이번 예제의 쉘 스크립트를 실행하면 점검해야 하는 항목이 저장되어 있는 설정 파일인 /test/ch_6/perm.cfg을 참고한다.

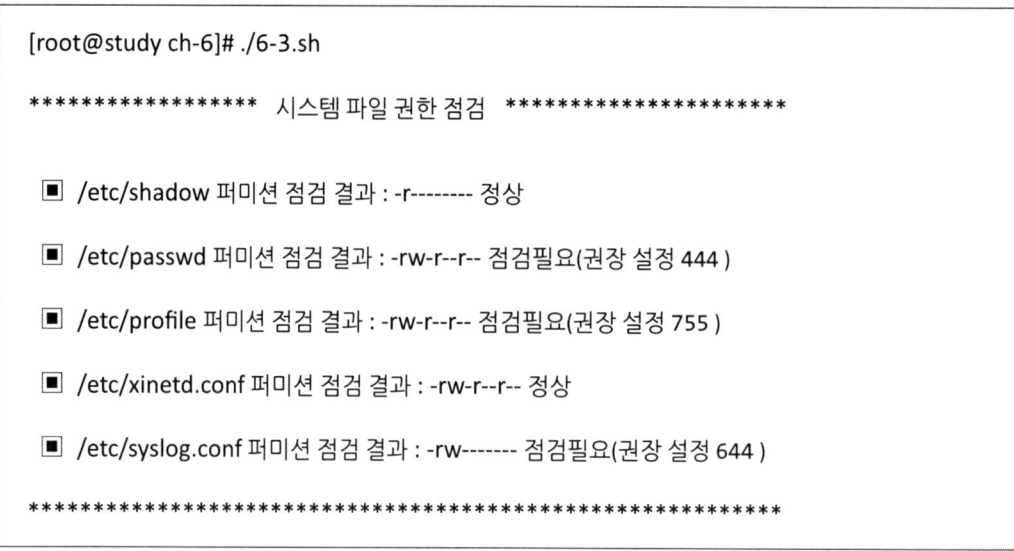

점검해야 하는 설정 파일의 내용은 아래와 같다. 경로가 포함된 점검 대상 파일과 8진수 형태의 권장 퍼미션이 콜론(:)을 기준으로 구분되어 있다.

```
[root@study ch_6]# cat perm.cfg
/etc/shadow:400:
/etc/passwd:444:
/etc/profile:755:
/etc/xinetd.conf:644:
/etc/syslog.conf:644:
```

설정 파일 /test/ch_6/perm.cfg을 작성 시 주의해야 할 점으로, 권장 퍼미션 값은 8진수 형태로 기입하고, 반드시 콜론(:) 기호로 행을 마무리해야 한다. 그렇지 않으면 아래와 같이 공백 문자가 포함되어 잘못된 결과가 표시된다.

```
[root@study ch_6]# ./6-3.sh

****************  시스템 파일 권한 점검  *********************

chmod: invalid mode: `400\r'
더 많은 정보를 보려면 `chmod --help' 하십시오.

  ) /etc/shadow 퍼미션 점검 결과 : -r-------- 점검필요(권장 설정 400)
chmod: invalid mode: `444\r'
더 많은 정보를 보려면 `chmod --help' 하십시오.

  ■ /etc/passwd 퍼미션 점검 결과 : -rw-r--r-- 정상
chmod: invalid mode: `755\r'
더 많은 정보를 보려면 `chmod --help' 하십시오.

  ■ /etc/profile 퍼미션 점검 결과 : -rw-r--r-- 정상
chmod: invalid mode: `644\r'
더 많은 정보를 보려면 `chmod --help' 하십시오.

  ■ /etc/xinetd.conf 퍼미션 점검 결과 : -rw-r--r-- 정상

  ■ /etc/syslog.conf 퍼미션 점검 결과 : -rw------- 점검필요(권장 설정 644 )

**************************************************************
```

6.2.3 코드 분석

퍼미션 점검을 해야 하는 파일과 권장 퍼미션 값이 저장되어 있는 설정 파일 /test/ch_6/perm.cfg을 $conf 변수에 할당하고, 설정 파일이 있는지 여부를 먼저 검사한다.

```
conf="/test/ch_6/perm.cfg"

if [ ! -f $conf ] ;
  then
    echo " ★ 퍼미션 점검 설정파일이 존재하지 않습니다. 작업을 중지합니다. ★"
    exit
fi
```

touch 명령어를 이용하여 /tmp/perm_imsi.tmp 파일을 생성하는 이유는 설정 파일 /test/ch_6/perm.cfg에 8진수 형태의 퍼미션 값을 그대로 기입하기 위해서다.

```
touch /tmp/perm_imsi.tmp
```

만일 임시 파일 /tmp/perm_imsi.tmp 없이 퍼미션 값을 이용해 비교를 하려면 아래와 같이 -rwxrwxrwx 형태의 기호를 설정 파일에 지정해야 하며, 퍼미션을 점검하고자 하는 시스템 관리자 입장에서는 8진수 형태의 권장 퍼미션을 rwx 기호의 형태로 변환하는 것 자체가 번거로울 것이다. 왜냐하면 본사의 책임 부서나 관련 기관에서 권장 퍼미션을 내려줄 때는 일반적으로 8진수 내려주기 때문이다. 그래서 여기서는 8진수 형태의 권장 퍼미션으로 임시 파일 하나를 생성하여 아래와 같이 rwx 기호의 형태의 퍼미션 값을 추출하는 방법을 사용했다.

```
[root@study ch_6]# ls -al /etc/shadow | awk '{print $1}'
-r--------
```

아래 코드가 좀 답답하게 느껴질 수 있을지 모르지만 원리는 간단하다. for 문을 이용해 설정 값에서 점검해야 하는 파일을 추출하고, $file_name 변수에 할당한다. $file_name 변수에 할당된 값을 이용해서 권장 퍼미션 값을 $perm_cfg 변수에 할당한다. 이후 chmod 명령어를 이용해 임시 파일 /tmp/perm_imsi.tmp에 8진수 형태의 권장 퍼미션을 부여한다. 퍼미션이 부여된 임시 파일 /tmp/perm_imsi.tmp은 ls -al 명령어와 awk 명령어를 이용해 rwx 기호의 형태의 퍼미션 값을 추출하여 $perm_ps2 변수에 할당한다. 권장 퍼미션 값과 비교하기 위한 현재 시스템의 점검 대상 파일의 퍼미션 값을 추출하여 $perm_cur 변수에 할당한다.

```
   for file_name in $(cut -d: -f1 $conf)
   do
      perm_cfg=`grep $file_name $conf | cut -d: -f2`
      perm_ps1=`chmod $perm_cfg /tmp/perm_imsi.tmp`
      perm_ps2=`ls -al /tmp/perm_imsi.tmp | awk '{print $1}'`
      perm_cur=`ls -al $file_name | awk '{print $1}'`
```

이제 권장 퍼미션 설정 값과 현재 시스템의 설정 값을 rwx 기호의 형태로 동일하게 맞춰 두었으니 if 문을 이용하여 비교를 한다. 비교하여 다르다면 권장 설정 값을 표시하여 확인하도록 한다.

```
      if [ "$perm_ps2" != "$perm_cur" ]
        then
           echo ""
           echo " ■ $file_name 퍼미션 점검 결과 : $perm_cur 점검필요(권장 설정 $perm_cfg ) "
        elif [ "$perm_ps2" = "$perm_cur" ]
           then
              echo ""
              echo " ■ $file_name 퍼미션 점검 결과 : $perm_cur 정상 "
      fi
   done
```

초급 시스템 관리자의 경우 시스템 설정의 퍼미션 변경을 파일 삭제나 수정보다 쉽게 생각하는 경향이 있는데 시스템의 주요 설정 파일의 퍼미션 변경 작업은 반드시 시스템의 상용 및 개발 SW에 끼치는 영향성을 고려해서 진행해야 한다. 필자가 관리하는 지사에는 서버가 이중화되어 있어 주·예비 서버가 상호 실시간 자료 일치를 수행한다. 어느날 주 서버에서 예비 서버로 자료가 전송되지 않는다는 보고가 한 지사로부터 접수되어 장애조치를 위해 해당 지사를 방문하였다. 자료 일치에 관련된 모든 프로세스 및 네트워크 환경 등을 점검했지만 이상이 없었다. 시스템 관리자에게 최근 작업 내역을 요구해서 봐도 딱히 영향을 줄만한 작업을 한 것이 없었다. 그래서 수작업으로 서버 간 자료 일치를 진행하고 계속 상주하면서 원인을 분석하던 중 얼마 전에 해당 부서로 배치된 신입 관리자가 지난해 본사에서 내려준 시스템 권한 설정 부분을 가지고 시스템 점검 실습을 했다는 사실을 확인했다. 혹시나 하는 마음에 모든 시스템 설정 값을 찾아 점검을 해보니 허탈하게도 시스템 간의 호스트 네임을 기록하는 파일의 그룹 퍼미션이 변경되어 있어서 이 파일의 설정 값에 의존적인 자료 일치 SW가 작동이 안 되었다는 사실을 알아냈다.

앞에서 소개한 사례는 단순히 신입 관리자에게만 발생할 수 있는 실수로 여길 것이 아니라 업무가 집중되는 시기에 시스템 관리자 누구에게나 발생할 수 있음을 알아야 할 것이다. 또한 권장 시스템 보안 설정을 내려줄 때 본사의 경우는 지사의 시스템 구성이나 속성에 대한 이해를 바탕으로 어느 정도 영향성을 고려하지만 대외 기관에서 범용 시스템을 기준으로 작성된 보안 권고사항은 일반적인 시스템의 상황을 고려하기 때문에 회사 내부 업무를 위한 개발 SW를 운용하는 경우에는 퍼미션 변경 작업이라도 시스템 영향도 분석이 선행되어야 한다.

6.3 장치 디렉터리 내 일반 파일 존재 유무 점검

일반적으로, /dev 디렉터리는 장치 구동에 관련된 파일들이 존재하는 디렉터리이기 때문에 일반 사용자나 시스템 관리자 root도 크게 관심을 갖지 않는다. 그래서 예전부터 시스템을 공격하거나 시스템에 악의적인 행위를 하려는 사람들은 백도어 같이 시스템 공격에 필요한 파일들을 은닉하기 위해 /dev 디렉터리를 자주 사용했다. 따라서 /dev 디렉터리에 일반 파일이 존재하는지 여부를 주기적으로 점검하고 이들 파일의 사용 용도를 파악하여 사용하지 않는 파일이라면 삭제 또는 다른 곳으로 이동시켜서 관리해야 한다.

6.3.1 쉘 스크립트 코드

[예제 6-4]

```sh
#!/bin/sh

email=root@`domainname`

imsi=/tmp/dev_find_imsi.tmp

touch $imsi
cat /dev/null > $imsi

find /dev -type f -exec ls -al {} \; > $imsi

if [ -s $imsi ];
  then
     mail -s " /dev 내 일반파일 점검 결과(`date +%Y%m%d-%H:%M` 기준) " $email < $imsi
fi

rm -f $imsi
```

6.3.2 실행 결과

이 쉘 스크립트는 화면에 아무 것도 출력하지 않는다. 다만, root 계정 메일로 점검 결과를 전송한다.

6.3.3 코드 분석

이번 쉘 스크립트에는 특별한 것이 없다. 주의해서 봐야 할 부분은 find 명령어로, /dev 디렉터리에서 일반 파일을 검색하는 부분이다.

```
find /dev -type f -exec ls -al {} \; > $imsi
```

필자가 테스트하는 가상 환경 시스템에서는 아래와 같이 /dev 내에 일반 파일이 존재했는데, 일반 파일이라고 해서 모두 불필요한 것은 아니기 때문에 관리자가 확인할 필요가 있다.

```
[root@study ch_6]# find /dev -type f -exec ls -al {} \;
-rw-r--r-- 1 root root    28 12월 25 04:13 /dev/.udev/db/class@usb_device@usbdev2.10
-rw-r--r-- 1 root root   442 12월 23 15:36 /dev/.udev/db/block@sda@sda1
-rw-r--r-- 1 root root    24 12월 23 15:36 /dev/.udev/db/class@sound@controlC0
-rw-r--r-- 1 root root    23 12월 23 15:36 /dev/.udev/db/class@sound@pcmC0D0c
-rw-r--r-- 1 root root    23 12월 23 15:36 /dev/.udev/db/class@sound@pcmC0D0p
-rw-r--r-- 1 root root    23 12월 23 15:36 /dev/.udev/db/class@sound@pcmC0D1p
-rw-r--r-- 1 root root    23 12월 23 15:36 /dev/.udev/db/class@sound@midiC0D0
-rw-r--r-- 1 root root   326 12월 23 15:36 /dev/.udev/db/block@sda@sda2
-rw-r--r-- 1 root root   205 12월 23 15:36 /dev/.udev/db/block@sda
-rw-r--r-- 1 root root   409 12월 23 15:36 /dev/.udev/db/block@hdc
-rw-r--r-- 1 root root    34 12월 23 15:36 /dev/.udev/db/block@fd0
-rw-r--r-- 1 root root    23 12월 23 15:36 /dev/.udev/db/class@input@input3@event3
-rw-r--r-- 1 root root    18 12월 23 15:36 /dev/.udev/db/class@sound@seq
-rw-r--r-- 1 root root    20 12월 23 15:36 /dev/.udev/db/class@sound@timer
-rw-r--r-- 1 root root    23 12월 23 15:36 /dev/.udev/db/block@ram0
-rw-r--r-- 1 root root    19 12월 23 15:36 /dev/.udev/db/block@ram1
-rw-r--r-- 1 root root    18 12월 23 15:36 /dev/.udev/db/class@graphics@fb0
-rw-r--r-- 1 root root    26 12월 23 15:36 /dev/.udev/db/class@usb_device@usbdev1.1
-rw-r--r-- 1 root root    28 12월 23 15:36 /dev/.udev/db/class@usb_device@usbdev2.1
-rw-r--r-- 1 root root    28 12월 23 15:36 /dev/.udev/db/class@usb_device@usbdev2.2
-rw-r--r-- 1 root root    28 12월 23 15:36 /dev/.udev/db/class@usb_device@usbdev2.3
-rw-r--r-- 1 root root    23 12월 23 15:36 /dev/.udev/db/class@input@input0@event0
-rw-r--r-- 1 root root    23 12월 23 15:36 /dev/.udev/db/class@input@input1@mouse0
-rw-r--r-- 1 root root    23 12월 23 15:36 /dev/.udev/db/class@input@input1@event1
-rw-r--r-- 1 root root    23 12월 23 15:36 /dev/.udev/db/class@input@input2@mouse1
-rw-r--r-- 1 root root    23 12월 23 15:36 /dev/.udev/db/class@input@input2@event2
-rw-r--r-- 1 root root    25 12월 23 15:36 /dev/.udev/db/class@misc@device-mapper
-rw-r--r-- 1 root root    21 12월 23 15:36 /dev/.udev/db/class@input@mice
-rw-r--r-- 1 root root     5 12월 25 04:13 /dev/.udev/uevent_seqnum
```

위의 쉘 스크립트의 결과를 스케줄에 등록하여 주기적으로 점검하고, 점검 결과를 메일로 수신한다면 시스템 관리자의 번거로움은 많이 해소될 것이다. 그리고 /dev의 일반 파일 중 관리자가 인지해서 예외 처리를 하고 싶은 파일이 있다면 예외 처리해야 할 파일들의 목록을 설정 파일로 작성하고, grep -v 명령어를 이용하여 점검 결과에서 제거한다면 점검하면서 눈여겨 봐야할 파일을 좀 더 빨리 인지할 수 있을 것이다.

6.4 root 이외의 UID가 0인 사용자 점검

사용자가 시스템에 접근할 때 각 사용자는 부여된 UID 값을 통해 계정명, 홈 디렉터리 등의 권한을 점검하기 때문에 계정명이 달라도 UID가 같으면 같은 계정으로 인식한다. 따라서 root 관리자 계정의 UID와 동일하게 UID 값이 0으로 설정된 계정이 있는지 여부를 유심히 확인해야 한다.

6.4.1 쉘 스크립트 코드

[예제 6-5]

```sh
#!/bin/sh

pw="/etc/passwd"

echo ""
echo "***************** UID 점검 권한 점검 ********************"
echo ""

for name in $(cut -d: -f1 $pw)

do

   uid_chk=`grep -w ^$name $pw | grep -v ^root | cut -d: -f3`

   if [ "$uid_chk" = 0 ]
     then
        echo ""
        echo " ▪ UID가 0인 계정은 $name 입니다. 점검 요망 "
   fi

done

echo ""
echo "***********************************************************"
exit
```

6.4.2 실행 결과

셸 스크립트를 실행하면 root를 제외하고, UID 값이 0인 계정을 찾아 화면에 표시한다.

```
[root@study ch-6]# ./6-5.sh

******************  UID 점검 권한 점검  **********************

   ▣ UID가 0인 계정은 user1 입니다. 점검 요망


***************************************************************
```

6.4.3 코드 분석

시스템의 계정 정보가 들어 있는 /etc/passwd 파일에서 cut 명령어와 for 문을 이용하여 각 사용자 명을 추출하여 변수 name에 할당한다. 그리고 변수 $name을 기준으로 /etc/passwd 파일의 UID 정보가 저장되어 있는 3번째 필드 값을 추출하여 변수 uid_chk에 할당한다. root의 UID 값도 0이기 때문에 /etc/passwd 파일에서 UID 값이 0인 계정을 추출할 때 root는 예외처리 해야 한다. root의 예외 처리를 위해서 grep -v ^root 명령어를 이용한다.

```
for name in $(cut -d: -f1 $pw)
do
   uid_chk=`grep -w ^$name $pw | grep -v ^root | cut -d: -f3`
```

추출된 UID 값이 할당되는 $uid_chk 변수의 값이 0이면 계정명이 포함된 경고 메시지를 표시한다.

```
   if [ "$uid_chk" = 0 ]
     then
       echo ""
       echo " ▣ UID가 0인 계정은 $name 입니다. 점검 요망 "
   fi
```

6.5 패스워드 최소 길이 및 최대 사용 기간 설정 점검

Windows 계열 등 다른 시스템에서도 마찬가지지만 시스템에 로그인하는 계정의 패스워드 정책 관리는 아무리 강조해도 지나치지 않다. 패스워드 길이가 짧은 단순한 패스워드는 패스워드 무작위 공격(Brute Forcing)이나 패스워드 추측(Guessing) 공격에 취약할 수밖에 없다. 공격에 대비해서 패스워드를 설정했더라도 지나치게 오랜 기간 같은 패스워드를 사용하면 그 또한 노출될 가능성이 있기 때문에 적절한 패스워드 정책의 적용은 반드시 필요하다.

이번 절에서 소개하는 쉘 스크립트는 패스워드 정책이 권장 설정 값과 다른지 여부를 점검하는 예제이다.

6.5.1 쉘 스크립트 코드

[예제 6-6]

```
#!/bin/sh

echo ""
echo "*************** 패스워드 최소 길이 및 최대 사용 기간 설정 점검  ****************"
echo ""

pss_len=9
pss_days=30

cnt_len=`cat /etc/login.defs | grep "PASS_MIN_LEN" | grep -v "#" | awk '{print $2}'`

cnt_days=`cat /etc/login.defs | grep "PASS_MAX_DAYS" | grep -v "#" | awk '{print $2}'`

   if [ "$pss_len" != "$cnt_len" ]
     then
        echo ""
        echo " ▣ 패스워드 최소길이 점검결과 $cnt_len 자리 입니다. :
           점검필요(권장 설정 $pss_len 자리 ) "
     elif [ "$pss_len" = "$cnt_len" ]
       then
```

[예제 6-6] (이어서)

```
            echo ""
            echo " ■ 패스워드 최소길이 점검결과 $cnt_len 자리 입니다. : 정상 "
    fi

    if [ "$pss_days" != "$cnt_days" ]
      then
          echo ""
          echo " ■ 패스워드 최대 사용기간 점검결과 $cnt_days 일 입니다. :
               점검필요(권장 설정 $pss_days 일 ) "
      elif [ "$pss_days" = "$cnt_days" ]
        then
            echo ""
            echo " ■ 패스워드 최대 사용기간 점검결과 $cnt_days 일 입니다. : 정상 "
    fi
echo ""
echo "****************************************************************"
```

6.5.2 실행 결과

이번 쉘 스크립트를 실행하면 시스템의 패스워드 설정 파일인 /etc/login.defs에서 관련 설정 부분을 추출하여 권장 설정과 비교한다. 참고로, 이번 예제는 필자의 가상머신 환경인 Linux를 기준으로 쉘 스크립트가 작성되었으며 다른 시스템에 대한 설정 파일은 코드 분석 부분에서 살펴보겠다.

```
[root@study ch-6]# ./6-6.sh

*************** 패스워드 최소 길이 및 최대 사용 기간 설정 점검 *****************

  ■ 패스워드 최소길이 점검결과 5 자리 입니다. : 점검필요(권장 설정 9 자리 )

  ■ 패스워드 최대 사용기간 점검결과 99999 일 입니다. : 점검필요(권장 설정 30 일 )

****************************************************************
```

6.5.3 코드 분석

패스워드의 권장 길이와 최대 사용 기간을 변수 pss_len와 변수 pss_days로 지정했다. 현재 시스템에 적용된 설정을 추출하기 위해 grep 명령어와 awk 명령어를 이용하여 설정이 저장되어 있는 /etc/login.defs 파일에서 설정 값을 추출했다. 필자가 테스트한 시스템은 Linux이며 만일 독자 여러분이 운용하는 시스템이 이 책에서 실습하는 환경과 다르다면 설정 파일의 위치를 변경해야 한다. 운영체제별 설정 파일 및 주요 설정은 이 절 마지막 [Note]에 정리해 두었다.

```
pss_len=9
pss_days=30

cnt_len=`cat /etc/login.defs | grep "PASS_MIN_LEN" | grep -v "#" | awk '{print $2}'`
cnt_days=`cat /etc/login.defs | grep "PASS_MAX_DAYS" | grep -v "#" | awk '{print $2}'`
```

변수로 지정된 권장 설정 값과 시스템의 주요 설정 값을 if 문으로 비교하여 점검 필요 여부를 화면에 표시하였다.

```
if [ "$pss_len" != "$cnt_len" ]
    then
        echo ""
        echo " ■ 패스워드 최소길이 점검결과  $cnt_len 자리 입니다. :
            점검필요(권장 설정 $pss_len 자리 ) "
    elif [ "$pss_len" = "$cnt_len" ]
        then
            echo ""
            echo " ■ 패스워드 최소길이 점검결과  $cnt_len 자리 입니다. : 정상 "
fi

if [ "$pss_days" != "$cnt_days" ]
    then
        echo ""
        echo " ■ 패스워드 최대 사용기간 점검결과 $cnt_days 일 입니다. :
            점검필요(권장 설정 $pss_days 일 ) "
    elif [ "$pss_days" = "$cnt_days" ]
        then
            echo ""
            echo " ■ 패스워드 최대 사용기간 점검결과 $cnt_days 일 입니다. : 정상 "
fi
```

> **Note**
>
> **운영체제별 패스워드 관련 설정 파일 위치**
>
> | 구분 | 설정 위치 | 주요 설정 형식 |
> |---|---|---|
> | Linux | /etc/login.defs | PASS_MIN_LEN 0
PASS_MAX_DAYS 0 |
> | Solaris | /etc/default/passwd | PASSLENGTH = 0
MAXWEEKS = 0 |
> | HP-UX | /etc/default/security | MIN_PASSWORD_LENGTH = 0
PASSWORD_MAXDAYS = 0 |
> | AIX | /etc/security/user | minlen = 0
default:
maxage = 0 |

6.6 불필요한 계정 존재 여부 점검

운영체제나 패키지를 설치할 때 기본적으로 생성되는 대부분의 계정은 기본 패스워드로 되어 있거나 패스워드가 아예 없는 경우가 많아 악의적인 사용자에게 악용될 소지가 많다. 따라서 사용되지 않는 계정을 삭제하거나 로그인을 못하도록 조치해둬야 한다. 또한 기본적으로 생성되는 계정 중에서 사용하지 않는 계정과 이직이나 휴직으로 인해 사용되지 않는 계정 역시 정지시켜야 한다. 계정 일시 정지에 대해서는 5.2절, "사용자 계정 일시 정지"를 참고한다.

> **대표적인 기본 생성 계정**
>
> adm, lp, sync, shutdown, halt, news, uucp, operator, games, gopher, nfsnobody, squid

6.6.1 쉘 스크립트 코드

[예제 6-7]

```
#!/bin/sh

echo ""
echo "*************** 불필요한 계정 존재 여부 점검  ***************"
echo ""
```

[예제 6-7] (이어서)

```
def_id="/test/ch_6/def_id.cfg"

for name in $(cut -d: -f1 $def_id)

do

   cnt_id=`grep -w ^$name /etc/passwd | wc -l`

   if [ "$cnt_id" != 0 ]
     then
        echo ""
        echo " ■ 기본생성 계정 $name 가 존재합니다. 삭제 및 정지하세요. "
   fi
done

echo ""
echo "*******************************************************"
```

6.6.2 실행 결과

불필요 계정 목록은 /test/ch_6/def_id.cfg 파일에 저장되어 있다. 그 예는 아래와 같다.

```
[root@study ch_6]# cat def_id.cfg
adm:
lp:
sync:
shutdown:
halt:
news:
uucp:
operator:
games:
gopher:
nfsnobody:
```

불필요 계정 목록이 저장된 /test/ch_6/def_id.cfg 파일과 /etc/passwd 파일을 비교하여 기본 생성 계정의 유무를 화면에 표시한다.

```
[root@study ch-6]# ./6-7.sh

*************** 불필요한 계정 존재 여부 점검 ***************

    ▣ 기본생성 계정 adm 가 존재합니다. 삭제 및 정지하세요.

    ▣ 기본생성 계정 lp 가 존재합니다. 삭제 및 정지하세요.

    ▣ 기본생성 계정 sync 가 존재합니다. 삭제 및 정지하세요.

    ▣ 기본생성 계정 shutdown 가 존재합니다. 삭제 및 정지하세요.

    ▣ 기본생성 계정 halt 가 존재합니다. 삭제 및 정지하세요.

    ▣ 기본생성 계정 news 가 존재합니다. 삭제 및 정지하세요.

    ▣ 기본생성 계정 uucp 가 존재합니다. 삭제 및 정지하세요.

    ▣ 기본생성 계정 operator 가 존재합니다. 삭제 및 정지하세요.

    ▣ 기본생성 계정 games 가 존재합니다. 삭제 및 정지하세요.

    ▣ 기본생성 계정 gopher 가 존재합니다. 삭제 및 정지하세요.

    ▣ 기본생성 계정 nfsnobody 가 존재합니다. 삭제 및 정지하세요.

********************************************************
```

6.6.3 코드 분석

불필요 계정 목록이 저장된 파일에서 계정 이름을 각각 추출하여 name 변수에 할당한다.

```
def_id="/test/ch_6/def_id.cfg"

for name in $(cut -d: -f1 $def_id)
```

할당받은 $name 변수를 기준으로 시스템에 존재하는 계정 정보가 저장되어 있는 /etc/passwd 파일과 비교하여 계정이 존재하면 화면에 해당 계정명과 함께 경고 메시지를 표시한다.

```
cnt_id=`grep -w ^$name /etc/passwd | wc -l`

if [ "$cnt_id" != 0 ]
  then
    echo ""
    echo " ■ 기본생성 계정 $name 가 존재합니다. 삭제 및 정지하세요. "
fi
```

6.7 불필요한 서비스 존재 여부 점검

시스템에서 꼭 필요한 서비스가 아니라면 중지하거나 삭제하는 것이 서버의 보안성 향상에 도움이 된다. 아래 표와 같이 활용하지 않는 서비스를 방치했을 경우에 악의적인 사용자에 의해 시스템이 침해되거나 공격받을 가능성이 있으며, 시스템의 자원을 효율적으로 운용하는 측면에서도 불필요한 서비스를 중지하거나 삭제하는 것이 바람직하다.

서비스명	설명
finger	finger(사용자 정보 확인 서비스)를 통해서 시스템 외부에서 등록된 사용자 정보를 확인할 수 있으므로, 사용하지 않는다면 해당 서비스를 중지시켜야 한다.
rsh rlogin rexec	r 계열 서비스는 인증 없이 관리자의 원격 접속을 가능하게 하는 명령어들로 서비스 가동 시 정보 유출 등의 침해사고 위험이 크다.
echo discard daytime chargen	DoS(Denial of Service) 공격에 취약한 서비스들로 패치가 적용되어 있지 않았다면 시스템의 자원을 부족하게 하여 원래 의도된 용도로 사용하지 못하게 만들거나 이용자가 서비스를 정상적으로 이용하지 못하게 할 수 있다.
rpc.cmsd rpc.ttdbserverd sadmind rusersd walld sprayd rstatd rpc.nisd rexd rpc.pcnfsd rpc.statd rpc.ypupdated rpc.rquotad kcms_server cachefsd	RPC (Remote Procedure Call) 서비스는 분산 처리 환경에서 개발을 하는 데 있어 많은 이점을 제공하지만, 버퍼 오버플로우(Buffer Overflow) 취약성이 다수 존재하여 root 권한 획득 및 침해사고 발생 위험이 있으므로 패치가 완료되지 않았거나 크게 활용하는 서비스가 아니라면 서비스를 중지한다.
tftp talk ntalk	보안성 향상을 위해 활용도가 낮거나 중복된 서비스를 중지한다.

[표 6-1] 대표적인 비활성화 권고 서비스

이번 절에서 소개할 예제는 미리 등록된 불필요 서비스 목록을 바탕으로 시스템에 불필요한 서비스들이 존재하는지 여부를 점검하는 쉘 스크립트이다.

6.7.1 쉘 스크립트 코드 ⓐ

[예제 6-8]

```sh
#!/bin/sh

echo ""
echo "****************** 불필요한 서비스 존재 여부 점검 ******************"
echo ""

cf_dir="/etc/xinetd.d"
no_ser="/test/ch_6/no_ser.cfg"

for name in $(cut -d: -f1 $no_ser)
do
   cnt_ser=`ls -l $cf_dir | sed 1d | awk '{print $9}' | grep -w ^\$name\$ | wc -l`

   if [ "$cnt_ser" != 0 ]
     then
        echo ""
        echo " ■ 불필요 서비스 $name 이 시스템에 존재합니다. 삭제 및 정지하세요. "
   fi
done

echo ""
echo "****************************************************************"
```

6.7.2 쉘 스크립트 ⓐ의 실행 결과

쉘 스크립트 ⓐ를 실행하면 아래와 같이 불필요 서비스 목록이 저장된 /test/ch_6/no_ser.cfg 파일에서 목록 정보를 읽어 온다.

```
[root@study ch_6]# cat no_ser.cfg
finger:
rsh:
rlogin:
rexec:
echo:
discard:
daytime:
chargen:
rpc.cmsd:
rpc.ttdbserverd:
sadmind:
rusersd:
walld:
sprayd:
rstatd:
rpc.nisd:
rexd:
rpc.pcnfsd:
rpc.statd:
rpc.ypupdated:
rpc.rquotad:
kcms_server:
cachefsd:
tftp:
talk:
```

[예제 6-8]의 쉘 스크립트는 시스템에서 서비스를 구동시키기 위한 서비스별 구동 목록이 저장된 디렉터리에서 서비스명을 추출해서 불필요 서비스 목록이 존재하면 화면에 경고한다. 참고로, 필자의 테스트 환경은 Linux이며 이에 준한 서비스의 구동 여부를 확인할 수 있는 설정 파일들의 구조를 고려하였다. 다른 운영체제의 서비스 구동 여부를 점검하는 방법에 대해서는 뒤에 나오는 [Note]를 확인하기 바란다.

```
[root@study ch-6]# ./6-8.sh

******************** 불필요한 서비스 존재 여부 점검 ********************

   ▣ 불필요 서비스 rsh 이 시스템에 존재합니다. 삭제 및 정지하세요.

   ▣ 불필요 서비스 rpc.pcnfsd 이 시스템에 존재합니다. 삭제 및 정지하세요.

***********************************************************************
```

6.7.3 쉘 스크립트 ⓐ의 코드 분석

불필요 서비스 목록이 저장되어 있는 /test/ch_6/no_ser.cfg 파일에서 각 서비스명을 추출하여 변수 name에 할당한다.

```
cf_dir="/etc/xinetd.d"
no_ser="/test/ch_6/no_ser.cfg"

for name in $(cut -d: -f1 $no_ser)
```

시스템에서 서비스를 구동시키기 위한 서비스별 구동 목록이 저장된 디렉터리 /etc/xinetd.d에서 서비스명을 추출하기 위해 sed 명령어와 awk 명령어를 사용했다. 불필요 서비스명이 저장되어 있는 /test/ch_6/no_ser.cfg 파일을 기준으로 현재 시스템에 등록되어 있는 서비스 목록과 비교하여 같으면 서비스 이름과 함께 경고 메시지를 화면에 표시한다.

```
cnt_ser=`ls -l $cf_dir | sed 1d | awk '{print $9}' | grep -w ^\$name\$ | wc -l`

if [ "$cnt_ser" != 0 ]
   then
      echo ""
      echo "   ▣ 불필요 서비스 $name 이 시스템에 존재합니다. 삭제 및 정지하세요."
fi
```

여기서 서비스 목록을 비교하기 위해 grep -w ^₩$name₩$ 명령어를 이용하였는데 $name 변수 앞뒤로 ^₩ ₩$ 옵션이 붙은 이유는 할당된 변수와 동일한 문자열로 한정하기 위해서다. 아래는 문자열의 시작 부분만 옵션으로 지정한 예이다. echo로 시작되는 중복된 서비스가 있을 경우 분리가 되지 않는다.

```
[root@study xinetd.d]# ls -l | sed 1d | awk '{print $9}' | grep -w ^echo
echo-dgram
echo-stream
```

6.7.4 쉘 스크립트 코드 ⓑ

쉘 스크립트 ⓐ를 이용해 시스템의 서비스 목록에 등록되었는지 여부를 확인하는 것은 가능한데 등록되어 있지만 구동이 안 되는 비활성화 상태인지 여부를 확인하는 것은 제한되었다. 이 부분도 확인하기 위해 쉘 스크립트 ⓐ를 보완한 쉘 스크립트 ⓑ를 설명한다.

[예제 6-9]

```sh
#!/bin/sh

echo ""
echo "****************** 불필요한 서비스 존재 여부 점검 ******************"
echo ""

cf_dir="/etc/xinetd.d"
no_ser="/test/ch_6/no_ser.cfg"

for name in $(cut -d: -f1 $no_ser)

do

    cnt_ser=`ls -l $cf_dir | sed 1d | awk '{print $9}' | grep -w ^\$name\$ | wc -l`

    if [ "$cnt_ser" != 0 ]
      then
         echo ""
```

[예제 6-9] (이어서)

```
            echo "  ▣ 불필요 서비스 $name 가 $cf_dir 에 존재합니다."
            cat $cf_dir/$name | grep disable | awk '{if($3 ~ "no") print "
               ☞ 서비스 가동상태 : 활성화" ;else print "    ☞ 서비스 가동상태 : 비활성화 "}'
      fi
done

echo ""
echo "****************************************************************"
```

6.7.5 쉘 스크립트 ⓑ의 실행 결과

[예제 6-9]와 기능적으로 크게 차이가 나지는 않지만 /etc/xinetd.d 디렉터리에서 서비스 목록이 포함되어 있는지 여부를 점검하고, 세부 설정 파일을 확인해서 서비스가 활성화되어 있는지 여부도 확인할 수 있다.

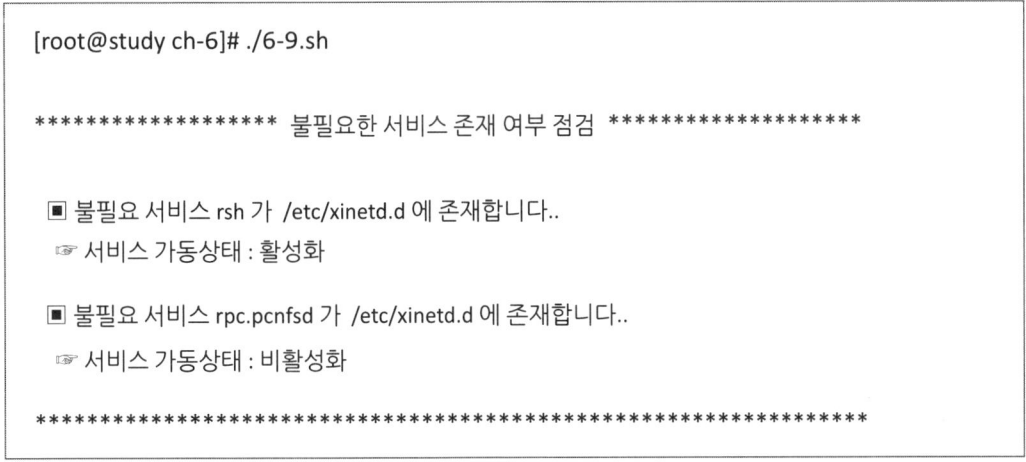

6.7.6 쉘 스크립트 ⓑ의 코드 분석

앞의 [예제 6-9]와 크게 다른 부분은 없으며 서비스 활성화 상태를 확인하기 위한 세부 설정을 점검하기 위해 awk 명령어를 이용한다. awk 명령어 내에 if 문을 이용하여 서비스 활성화 상태를 표시하는 disable 옵션 부분의 값이 no인지 아닌지를 확인해서 서비스의 활성화 여부를 표시한다.

```
if [ "$cnt_ser" != 0 ]
  then
    echo ""
    echo " ■ 불필요 서비스 $name 가 $cf_dir 에 존재합니다."

    cat $cf_dir/$name | grep disable | awk '{if($3 ~ "no") print "
        ☞ 서비스 가동상태 : 활성화";else print "    ☞ 서비스 가동상태 : 비활성화 "}'
fi
```

> **Note**
>
> 운영체제별 서비스 활성화 여부 점검법
>
> | 구분 | 설정 위치 | 활성화 여부 점검법 |
> |---|---|---|
> | Linux | /etc/xinetd.d/finger | # cat /etc/xinetd.d/서비스명 \| grep disable
disable = no
(서비스 활성화 : no / 서비스 비활성화 : yes) |
> | Solaris9 | /etc/inetd.conf | # cat /etc/inetd.conf \| grep 서비스명
서비스명 라인을 #(주석) 처리 또는 삭제 |
> | Solaris10 | - | svcs 명령어를 이용하여 서비스 활성화 여부 확인
svcs \| grep 서비스명 |
> | HP-UX | /etc/inetd.conf | # cat /etc/inetd.conf \| grep 서비스명
서비스명 라인을 # 처리(주석 처리) 또는 삭제 |
> | AIX | /etc/inetd.conf | # cat /etc/inetd.conf \| grep 서비스명
서비스명 라인을 # 처리(주석 처리) 또는 삭제 |

6.8 침해 시스템 분석용 로그 추출

관리하고 있는 시스템에 침해사고가 발생했거나 침해가 의심되는 상황이라면 현재 시스템의 피해 상황을 현장 보존하고 증거 자료를 유지하기 위해 시스템의 현재 프로세스, 주요 설정 파일, 로그인 사용자 정보 등에 관련된 내용을 신속하게 기록해야 한다.

이번 절에서 소개할 예제는 관리하고 있는 시스템에 침해사고가 발생했거나 발생이 의심되는 상황에서 시스템의 현장 보존을 위한 로그를 추출하는 쉘 스크립트이다. 특별한 쉘 프로그래밍 기법이 포함된 쉘 스크립트는 아니지만 점검하는 절차를 중심으로 살펴볼 것이며, 이를 응용하여 독자 여러분이 관리하는 시스템에 맞게 보완하면 유용할 것이다.

6.8.1 시스템의 기본 정보 수집

시스템 분석용 로그를 추출하는 시간, 작업하는 계정 정보, 커널 등 운영체제의 기본 정보, 기본 설정 네트워크 정보를 수집한다.

```
echo "******************************************"
echo ""
echo " ■ 시스템 기본정보 수집"
echo ""
echo "******************************************"
echo " ◆ 점검시간 : `date`"
echo ""
echo " ◆ 작업 계정 : `whoami`"
echo ""
echo " ◆ 시스템보 버전 및 커널 정보 "
echo ""
uname -a
echo ""
echo " ◆ 시스템의 기본 네트워크 설정 정보 "
echo ""
ifconfig -a
echo "******************************************"
```

6.8.2 현재 프로세스 및 네트워크 상태 점검

현재 시스템의 프로세스 상태 및 네트워크 상태를 점검하고 lsof 명령어를 이용하여 시스템에서 열려 있는 파일이 네트워크와 어떻게 연관되어 있는지를 확인한다.

```
echo "*************************************************"
echo ""
echo " ■ 현재의 프로세스 및 네트워크 상태 점검"
echo ""
echo "*************************************************"
echo " ◆ 현재의 프로세스 상태"
echo ""
ps aux
echo ""
echo " ◆ 네트워크 수신 상태 점검"
echo ""
netstat -an | grep LISTEN
echo ""
echo " ◆ 네트워크 연결 상태 점검 "
echo ""
netstat -an | grep ESTABLISHED
echo ""
echo " ◆ 시스템에서 열려있는 파일 점검"
echo ""
lsof -i | grep LISTEN
echo ""
lsof -i | grep ESTABLISHED
echo ""
echo "*************************************************"
```

6.8.3 현재 로그인된 계정 및 계정 설정 파일 점검

현재 시스템에 로그인된 계정과 계정 관련 설정 파일인 /etc/passwd와 /etc/shadow의 퍼미션과 내부 내용에 임의의 계정이 포함되었는지 확인한다.

```
echo "*******************************************"
echo ""
echo " ■ 현재 로그인된 계정 및 계정 설정 파일 점검"
echo ""
echo "*******************************************"
echo " ◆ 현재의 로그인 상태"
echo ""
w
echo ""
echo " ◆ 계정 설정 파일 점검"
echo ""
echo "`ls -al /etc/passwd`"
echo ""
cat /etc/passwd
echo ""
echo "`ls -al /etc/shadow`"
echo ""
cat /etc/shadow
echo ""
echo "*******************************************"
```

6.8.4 서비스 상태 및 로그 설정 점검

시스템에 악의적인 서비스를 등록했거나 시스템을 침해하면서 발생했던 주요 로그를 변경하려는 시도는 없었는지를 점검한다.

```
echo "*********************************************"
echo ""
echo " ■ 서비스 상태 및 로그 설정 점검"
echo ""
echo "*********************************************"
echo " ◆ 서비스 상태 점검"
echo "`ls -al /etc/xinetd.conf`"
echo ""
cat /etc/xinetd.conf
echo ""
echo "`ls -al /etc/services`"
echo ""
cat /etc/services
echo ""
echo " ◆ 로그 설정 점검"
echo ""
echo "`ls -al /etc/syslog.conf`"
echo ""
cat /etc/syslog.conf
echo "*********************************************"
```

6.8.5 의심되는 파일 검색

시스템을 침해 또는 공격하기 위해 사용했던 파일들을 주로 은닉하는 장소인 /dev 디렉터리에 일반 파일이 존재하는지 여부를 점검하고, root 권한의 SetUID/GID 값이 설정된 파일을 확인한다.

```
echo "*********************************************"
echo ""
echo " ▣ 의심되는 파일 검색"
echo ""
echo "*********************************************"
echo " ◆ /dev 디렉토리 내 일반파일 검색"
echo ""
find /dev -type f -exec ls -al {} \;
echo ""
echo " ◆ root 권한의 Set UID / GID 파일 검색"
echo ""
find / -user root -type f \( -perm -4000 -o -perm -2000 \) -exec ls -l {} \;
echo ""
echo "*********************************************"
```

6.8.6 계정의 명령 입력 히스토리 추출 및 예약 작업 점검

시스템이 침해당했다는 판단이 서면 시스템에서 사용 중인 계정의 모든 히스토리를 추출하여 어떠한 작업들을 수행했는지를 확인해야 하고, 스케줄을 통해 백도어나 악성코드가 구동되는지 여부를 점검해야 한다.

```
echo "*************************************************"
echo ""
echo " ■ 계정의 명령 입력 히스토리 추출 및 예약작업 점검 "
echo ""
echo "*************************************************"
echo " ◆ 계정의 명령 입력 히스토리 정보 추출 "
echo ""
find / -name ".*history" -print -ls -exec cat {} \;
echo ""
echo " ◆ crontab 점검 "
echo ""
crontab -l
echo ""
echo " ◆ at 점검 "
echo ""
at -l
echo ""
echo "*************************************************"
```

6.8.7 시스템의 주요 로그 추출

세부적인 분석을 위해서 각 이벤트마다 저장되는 각종 로그를 백업받아야 입체적인 분석이 가능하다. 여기서 각 로그를 추출할 때 현재 시스템이 아닌 다른 컴퓨터에서 분석을 할 수 있기 때문에 로그들이 저장되는 /test/ch_6/log 디렉터리에 '원 로그명_호스트명_도메인명_추출 날짜'의 형식으로 로그가 저장되도록 하였다.

```
echo "*********************************************"
echo ""
echo " ▣ 시스템의 주요 로그 추출 "
echo ""
echo "*********************************************"
echo ""
cp -p /var/log/lastlog /test/ch_6/log/lastlog_`hostname`_`domainname`_`date +%C%y%m%d`
# 각 계정의 최근 로그인 시간 점검
echo ""
cp -p /var/log/messages /test/ch_6/log/messages_`hostname`_`domainname`_`date +%C%y%m%d`
#시스템의 콘솔상 출력된 전반적인 내용을 점검
echo ""
cp -p /var/log/xferlog /test/ch_6/log/xferlog_`hostname`_`domainname`_`date +%C%y%m%d`
#FTP 접근 기록 로그
echo ""
cp -p /var/log/secure /test/ch_6/log/secure_`hostname`_`domainname`_`date +%C%y%m%d`
#보안관련 접속로그
echo ""
cp -p /var/log/wtmp /test/ch_6/log/wtmp_`hostname`_`domainname`_`date +%C%y%m%d`
#모든 계정의 로그인, 로그아웃과 시스템의 종료, 재시작 정보 기록
```

6.8.8 침해 시스템 분석용 로그 추출 쉘 스크립트

이번에 소개할 쉘 스크립트는 시스템 침해라는 긴급한 상황에서 일일이 타이핑해야 하는 작업을 단순화하고 정보를 신속하게 추출해야 하는 필요성을 충족시킬 수 있는 배치 작업을 할 수 있다. 여기서 소개한 내용이 모든 시스템에 완벽하게 적용할 수 있지는 않지만 독자 여러분이 고유하게 운용하는 다양한 로그와 정보를 포함한다면 꽤 유용한 쉘 스크립트를 얻을 수 있을 것이다.

[예제 6-10]

```
#!/bin/sh
echo "*********************************************"
echo ""
echo " ■ 시스템 기본정보 수집"
echo ""
echo "*********************************************"
echo " ◆ 점검시간 : `date`"
echo ""
echo " ◆ 작업 계정 : `whoami`"
echo ""
echo " ◆ 시스템보 버전 및 커널 정보 "
echo ""
uname -a
echo ""
echo " ◆ 시스템의 기본 네트워크 설정 정보 "
echo ""
ifconfig -a
echo ""
echo "*********************************************"
echo ""
echo " ■ 현재의 프로세스 및 네트워크 상태 점검"
echo ""
echo "*********************************************"
echo " ◆ 현재의 프로세스 상태"
echo ""
ps aux
echo ""
echo " ◆ 네트워크 수신 상태 점검"
```

[예제 6-10] (이어서)

```
echo ""
netstat -an | grep LISTEN
echo ""
echo " ◆ 네트워크 연결 상태 점검 "
echo ""
netstat -an | grep ESTABLISHED
echo ""
echo " ◆ 시스템에서 열려있는 파일 점검"
echo ""
lsof -i | grep LISTEN
echo ""
lsof -i | grep ESTABLISHED
echo ""
echo "*********************************************"
echo ""
echo " ■ 현재 로그인된 계정 및 계정 설정 파일 점검"
echo ""
echo "*********************************************"
echo " ◆ 현재의 로그인 상태"
echo ""
w
echo ""
echo " ◆ 계정 설정 파일 점검"
echo ""
echo "`ls -al /etc/passwd`"
echo ""
cat /etc/passwd
echo ""
echo "`ls -al /etc/shadow`"
echo ""
cat /etc/shadow
echo ""
echo "*********************************************"
```

[예제 6-10] (이어서)

```
echo ""
echo " ■ 서비스 상태 및 로그 설정 점검"
echo ""
echo "*******************************************"
echo " ◆ 서비스 상태 점검"
echo "`ls -al /etc/xinetd.conf`"
echo ""
cat /etc/xinetd.conf
echo ""
echo "`ls -al /etc/services`"
echo ""
cat /etc/services
echo ""
echo " ◆ 로그 설정 점검"
echo ""
echo "`ls -al /etc/syslog.conf`"
echo ""
cat /etc/syslog.conf
echo ""
echo "*******************************************"
echo ""
echo " ■ 의심되는 파일 검색"
echo ""
echo "*******************************************"
echo " ◆ /dev 디렉토리 내 일반파일 검색"
echo ""
find /dev -type f -exec ls -al {} \;
echo ""
echo " ◆ root 권한의 Set UID / GID 파일 검색"
echo ""
find / -user root -type f \( -perm -4000 -o -perm -2000 \) -exec ls -l {} \;
echo ""
```

[예제 6-10] (이어서)

```
echo "**********************************************"
echo ""
echo " ■ 계정의 명령 입력 히스토리 추출 및 예약작업 점검 "
echo ""
echo "**********************************************"
echo " ◆ 계정의 명령 입력 히스토리 정보 추출 "
echo ""
find / -name ".*history" -print -ls -exec cat {} \;
echo ""
echo " ◆ crontab 점검 "
echo ""
crontab -l
echo ""
echo " ◆ at 점검 "
echo ""
at -l
echo ""
echo "**********************************************"
echo ""
echo " ■ 시스템의 주요 로그 추출 "
echo ""
echo "**********************************************"
echo ""
cp -p /var/log/lastlog /test/ch_6/log/lastlog_`hostname`_`domainname`_`date +%C%y%m%d`
# 각 계정의 최근 로그인 시간 점검
echo ""
cp -p /var/log/messages /test/ch_6/log/messages_`hostname`_`domainname`_`date +%C%y%m%d`
#시스템의 콘솔상 출력된 전반적인 내용을 점검
echo ""
cp -p /var/log/xferlog /test/ch_6/log/xferlog_`hostname`_`domainname`_`date +%C%y%m%d`
#FTP 접근 기록 로그
ech
```

[예제 6-10] (이어서)

```
cp -p /var/log/secure /test/ch_6/log/secure_`hostname`_`domainname`_`date +%C%y%m%d`
#보안관련 접속로그
echo ""
cp -p /var/log/wtmp /test/ch_6/log/wtmp_`hostname`_`domainname`_`date +%C%y%m%d`
#모든 계정의 로그인, 로그아웃과 시스템의 종료, 재시작 정보 기록
```

6.9 정리

6장에서는 UNIX/Linux 시스템 보안 점검 시 유용하게 활용할 수 있는 쉘 스크립트 제작에 대해 알아보았다. 특히, 이번 장에서는 분야별 보안 설정 점검 방법과 시스템 전체적인 보안 설정의 일괄 점검 방법으로 나누어 살펴보았는데 독자들의 환경에 맞춰 활용하면 시스템 보안 점검 시 누락없는 체계적인 점검을 할 수 있을 것이다.

7장에서는 앞에서 소개한 쉘 스크립트 예제들을 활용해서 나만의 시스템 관리 도구를 만들어 보는 것을 소개하겠다. 필자의 경우 주로 점검해야 하는 분야와 장애 발생 시 확인해야 하는 로그 추출 기능을 중심으로 제작하여 활용한다. 시스템 장애가 발생하면 장애 처리 절차서를 찾을 필요없이 바로 시스템 관리 쉘 스크립트를 실행하여 장애 처리 수준을 신속하게 판단하는데 활용한다. 이제 시스템 관리 업무를 보다 수월하게 해 줄 시스템 관리 도구를 살펴보겠다.

7장 나만의 시스템 관리 도구를 만들어 보자

이번 장에서는 셸 스크립트를 활용해서 나만의 시스템 관리 도구를 만드는 것을 소개하고자 한다. 이 책을 읽고 있는 독자 모두가 꼭 자신만의 시스템 관리 도구가 있어야 되는 것은 아니지만 시스템 관리 도구를 활용하면 여러 가지 유용한 장점이 있으므로 적극 활용하기 바란다.

필자의 지난 사례를 들어 설명하면, 필자는 필자가 곳에 있는 로컬 시스템을 관리하는 것은 물론 지사의 시스템 관리도 지원해야 했다. 가까이 있는 로컬 시스템에서야 문제가 생기면 바로 달려가서 점검하면 되었지만 원격지 지사에서 운용되는 서버가 그 수만 약 300대였기 때문에 일과 이후나 휴일에도 시스템 오류 및 장애 관련 문의 전화가 빗발치곤 했다. 설상가상, 원격지 서버와 네트워크로 연결되어 있지 않은 경우도 있어서, 이 경우에는 내부 인트라넷 게시판에 조치 방법을 기술하고 그 방법이 타당한지 여부를 몇 번에 걸쳐 확인하는 방법을 이용했었다. 인트라넷 게시판 활용조차 제한되는 상황에서는 전화를 붙들고 시스템 상태를 확인하는 명령어를 하염없이 불러주고 오타가 나면 또 불러주면서 시스템 상태를 파악하기까지 많은 시간이 들어가서 장애 복구 시간이 길어지는 경우도 많았다. 최악의 경우에, 전화상으로 해결이 안 되면 직접 찾아가서 조치를 해야 하는 경우도 있었다. 이와 같은 상황에서 시스템의 장애 처리 시간이 지연되고, 필자의 업무 역시 과중되는 악순환이 계속되었다.

그래서 생각했던 것이, 말로 설명하려면 시간이 많이 들어가니, 시스템 상태를 점검하는데 필요한 주요 명령어와 절차를 스크립트화해서 지사에 전달해서, 시스템 장애 발생 시 필자가 설명하는 사항과 지사 시스템 관리자가 타이핑하는 것을 동기화해야겠다는 생각을 했다. 실제로 진행해 보니, 장애 발생 시 시스템 상태를 파악하는데 시간이 단축되는 이점이 생겼다. 그리고 시스템을 정기적으로 점검해야 할 때 절차서를 보내는 것보다 점검해야 할 부분을 로그화해서 점검 전 수신을 받으니 필자의 업무 처리에 여유가 생겼다. 아울러, 지사의 관리자들도 복잡한 절차대로 타이핑하지 않아도 되니 그들의 작업 시간도 절약할 수 있었다.

그래서 이번 절에서는 앞에서 살펴봤던 예제 중 일부와 시스템에서 주로 활용되는 명령어 및 프로그램을 이용해서 시스템 관리 도구를 만들어 보도록 하겠다. 아무래도 소스의 분량이 늘어난 만큼 중점적으로 살펴봐야 할 핵심 내용을 제외하고는 소스에 주석을 달아서 설명을 진행하겠다.

자, 이제부터 필자와 함께 시스템 관리자도 충분히 게을러질 수 있다는 것을 증명해보도록 하자.

> **Note**
>
> **시스템 가용성의 계량적 측정 방법의 이해**
>
> 서두에서 설명한 것처럼 장애 시간을 줄여서 시스템의 가용성을 높이는 개념을 이해하기 위해 시스템의 가용성을 측정하는 계량적인 방법을 소개하고자 한다. 일반적으로 시스템의 가용성(신뢰도, MTTF)을 계량적으로 측정하기 위해 다음의 방법을 이용하고 있다.
>
> ※ 시스템의 가용성(신뢰도)을 측정하는 방법
> 시스템 및 장비의 가용성(신뢰도)을 측정하기 위한 방법으로, 수리 가능한 시스템 및 장치의 어떤 시점의 장애와 다음 시점 장애까지 무장애로 작동하는 시간의 평균 값을 나타내는 방법을 이용한다.
>
>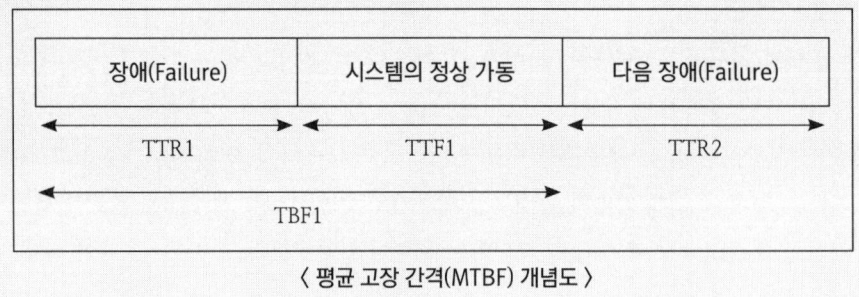
>
> 〈 평균 고장 간격(MTBF) 개념도 〉

> **Note**
>
> 시스템 및 장비의 가용도(신뢰도)를 아래와 같은 척도로 계량화할 수 있다.
>
> 가용성(신뢰도) 측정 : 시스템의 총 운용 시간 중 정상적으로 가동된 시간의 비율
>
> $$\text{가용성(MTTF)} = \frac{\text{MTTF(평균 가동 시간)}}{\text{MTBF(평균 고장 간격)}} \times 100\%$$
>
> ① MTTF(Mean Time To Failure, 평균 가동 시간) = (TTF1 + TTF2 + ... + TTFn) / n
> ② MTTR(Mean Time To Repair, 평균 수리 시간) = (TTR1 + TTR2 + ... + TTRn) / n
> ③ MTBF(Mean Time Between Failure, 평균 고장 간격) = MTTF + MTTR
>
> 위의 척도를 바탕으로 시스템의 가용성(MTTF)을 증가시키기 위해서는 아래 식에서 보는 것처럼 이론적으로 평균 수리 시간(ⓐ MTTR)을 0으로 수렴하면 ⓑ 가용성이 상대적으로 향상됨을 알 수 있다. 다시 정리해보면 시스템의 가동 시간은 거의 고정된 수치이므로 시스템 가용성(신뢰도)을 결정짓는 요소는 시스템 고장(장애)임을 알 수 있다. 시스템 고장을 어떻게 최소화하는지에 따라 시스템 가용성이 얼마만큼 극대화될 수 있는지가 좌우된다고 해도 과언이 아니다.
>
>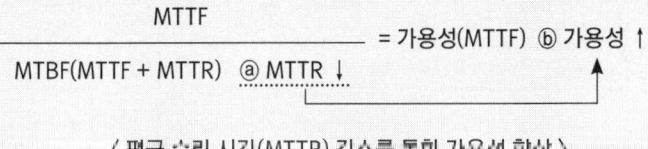
>
> 〈 평균 수리 시간(MTTR) 감소를 통한 가용성 향상 〉

7.1 시스템 관리 도구의 구조

여기서 살펴볼 셸 스크립트의 명칭은 제목과 같이 "시스템 관리 도구"로 통일하겠다. 독자들 중 여기서 소개된 것을 보완하여 더 멋진 이름을 붙인다면 필자의 입장에서도 매우 보람있을 것이다. 필자가 생각하기에, 효율적인 운용을 위해서 필요한 구조에 대해 소개하고자 한다.

7.1.1 디렉터리 구성

시스템 관리 도구에서 활용하는 디렉터리의 구성은 아래 그림과 같다.

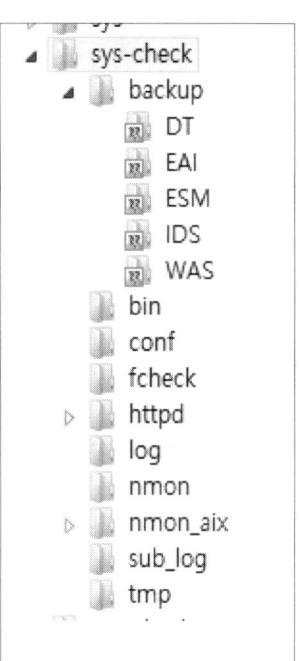

[그림 7-1] 시스템 관리 도구의 디렉터리 구성

디렉터리별 세부 용도는 다음과 같다.

디렉터리	설명
backup	시스템의 정상 상태의 주요 설정을 백업하기 위한 장소 * 설정 문제로 장애 발생 시 신속한 복구를 위해 설정 중심 백업
bin	시스템 관리 도구의 주요 실행 파일들이 있는 장소
conf	시스템 관리 도구의 설정 파일이 있는 장소 * 점검 대상 등 설정의 변경을 사용자가 찾기 편리하도록 별도 관리
fcheck	주요 디렉터리의 무결성 검사를 위한 fcheck가 설치된 장소
httpd	필요 시 주기적인 시스템 점검 상태를 웹으로 표시하기 위한 별도의 apache 서비스 설치 파일
log	시스템 관리 도구를 통해 추출된 다양한 로그가 저장되는 장소
nmon (nmon_aix)	시스템 상태 점검을 위한 nmon이 설치된 장소
sub_log	지사의 로그가 ftp로 전송되는 장소
tmp	시스템 관리 도구 운용 간 필요한 임시 파일이 생성되는 장소

7.1.2 주요 실행 파일의 용도

실행 파일들이 저장되어 있는 bin 디렉터리에 있는 주요 실행 파일의 용도와 세부 메뉴에 대해 설명하도록 하겠다.

```
[root@study bin]# ls
0_main_menu.sh  2_sys_mgr.sh   4_int_chk.sh   help.txt        sys_mon.sh
1_sys_chk.sh    3_secu_chk.sh  5_log_out.sh   sys-check.sh
```

주요 실행 파일의 용도는 아래와 같으며, 그 외에 소개하지 않은 파일들은 향후 기능 확장 또는 도움말 등 단순 텍스트 문서이므로 그에 대한 설명을 생략하겠다.

디렉터리	설명
sys-check.sh (0_main_menu.sh)	시스템 관리 도구의 메인 실행 파일로 프로그램의 메인 메뉴 * 0_main_menu.sh 파일을 sys-check.sh로 심볼릭 링크 설정
1_sys_chk.sh	시스템의 상태 점검을 위한 다양한 도구들이 포함
2_sys_mgr.sh	시스템 관리를 위한 다양한 도구들이 포함
3_secu_chk.sh	시스템 보안 점검을 위한 도구들을 포함
4_int_chk.sh	주요 디렉터리의 무결성 점검
5_log_out.sh	정밀 분석용 로그 추출 및 전송

7.1.3 메뉴 구성

시스템 관리 도구 실행을 위한 메인 실행 파일인 sys-check.sh을 실행하면 아래와 같은 메인 메뉴 화면이 표시된다. 메인 메뉴에서 각 메뉴로 이동할 수 있고, 아래에 도움말이 표시되어 있다.

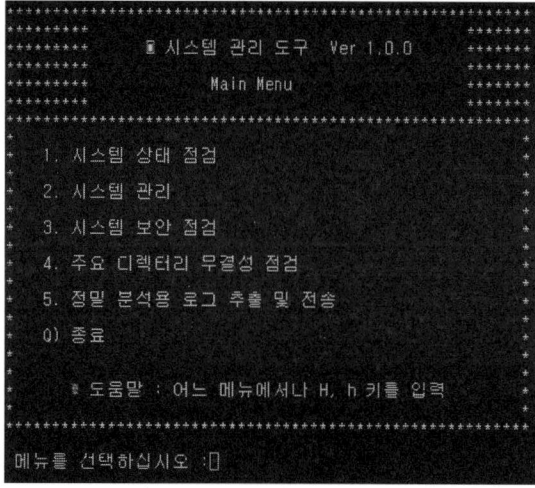

[그림 7-2] 시스템 관리 도구의 메인 메뉴(sys-check.sh)

시스템 관리 도구의 1번 메뉴인 [시스템 상태 점검] 도구들의 화면이다. 여기는 디스크의 상태에서부터 프로세서의 사용률 및 서비스 상태를 점검하기 위한 도구들로 구성되어 있다.

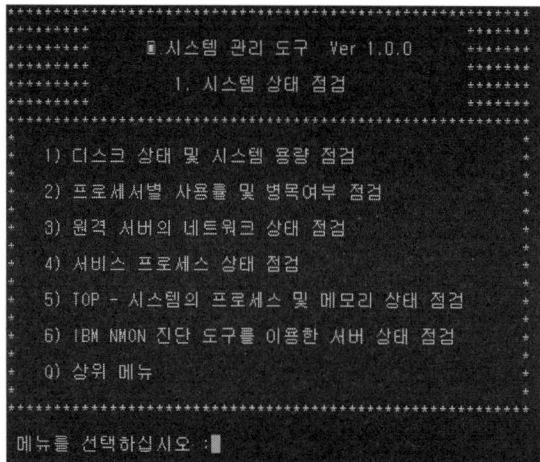

[그림 7-3] 시스템 관리 도구의 시스템 상태 점검 메뉴(1_sys_chk.sh)

시스템 관리 도구 2번 메뉴인 [시스템 관리] 도구들의 화면이다. 여기는 시스템의 스케줄 등록 및 사용자 계정 일시 정지 기능 등 시스템 관리자가 평상시에 시스템을 운용하면서 사용하는 도구 중심으로 구성되어 있다.

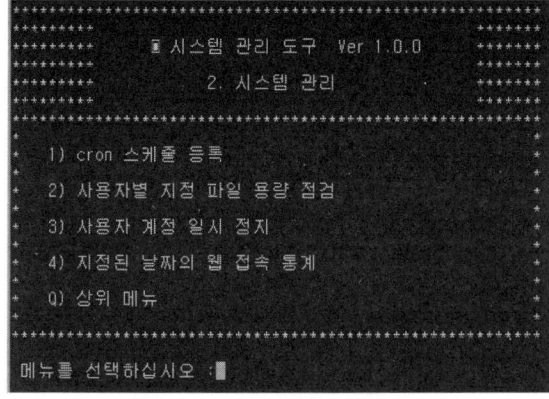

[그림 7-4] 시스템 관리 도구의 시스템 관리 메뉴(2_sys_mgr.sh)

시스템 관리 도구 3번 메뉴인 [시스템 보안 점검] 도구들의 화면이다. 여기서는 방치할 경우 보안에 취약해지는 각종 시스템 보안 설정의 권장 설정 상태와 시스템의 현재 설정 상태를 비교하여 점검한다.

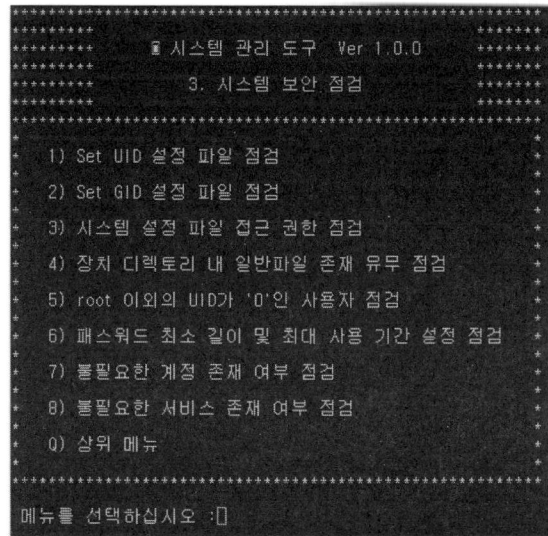

[그림 7-5] 시스템 관리 도구의 시스템 보안 점검 메뉴(3_secu_chk.sh)

시스템 관리 도구 4번 메뉴인 [주요 디렉토리 무결성 점검] 도구들의 화면이다. 여기서는 뒤에서 자세히 알아볼 무결성 진단 도구인 fcheck를 이용해서 주요 디렉터리의 파일 무결성 점검을 실시한다.

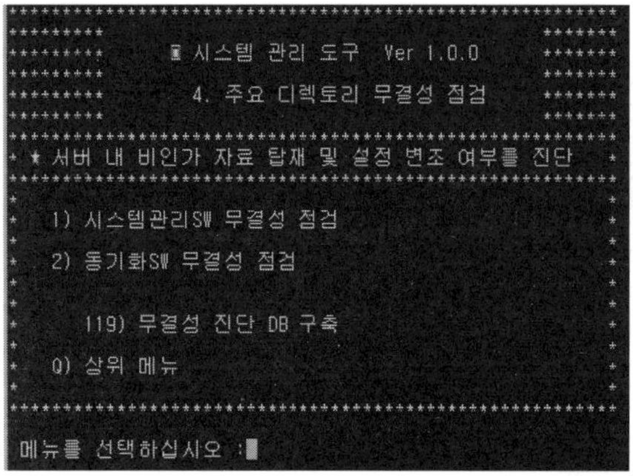

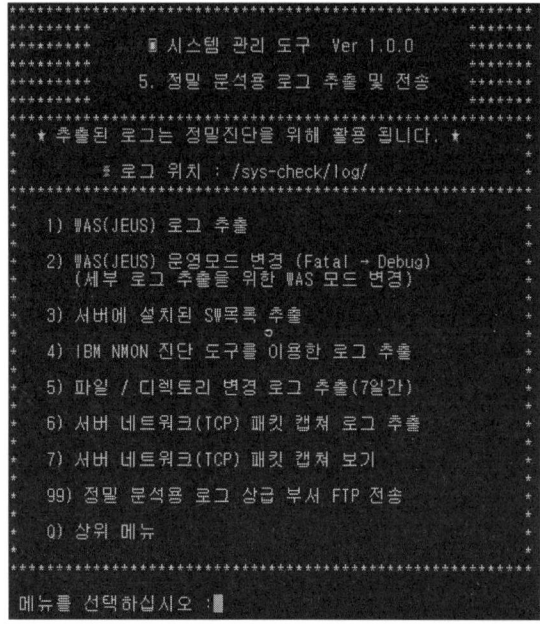

[그림 7-6] 시스템 관리 도구의 주요 디렉토리 무결성 점검 메뉴(4_int_chk.sh)

시스템 관리 도구 5번 메뉴인 [정밀 분석용 로그 추출 및 전송] 도구들의 화면이다. 여기서는 시스템 점검을 위해 필요한 다양한 로그들을 추출한다.

[그림 7-7] 시스템 관리 도구의 정밀 분석용 로그 추출 및 전송 메뉴(5_log_out.sh)

7.2 시스템 관리 도구의 메뉴별 실행 결과

7.2.1 시스템 상태 점검

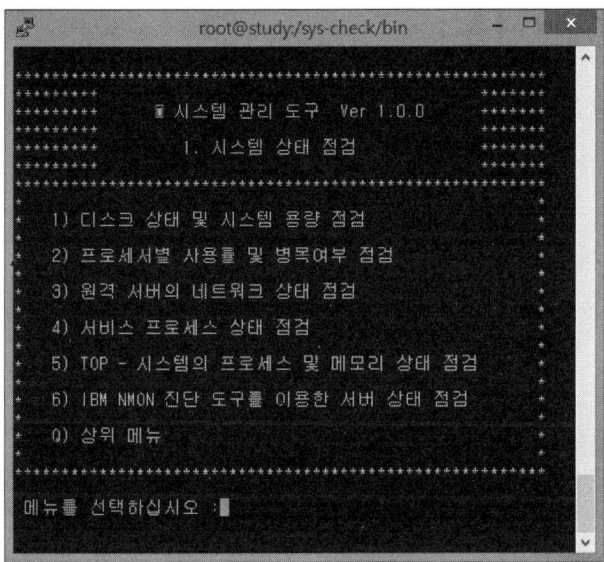

[그림 7-8] 시스템 상대점검 메뉴

[1] 디스크 상태 및 시스템 용량 점검] 메뉴를 실행시키면 아래와 같이 디스크 활성화 상태 및 용량 점검 결과를 표시한다. 특히, 84% 이상의 사용률을 보이는 파일 시스템은 별도로 표시한다.

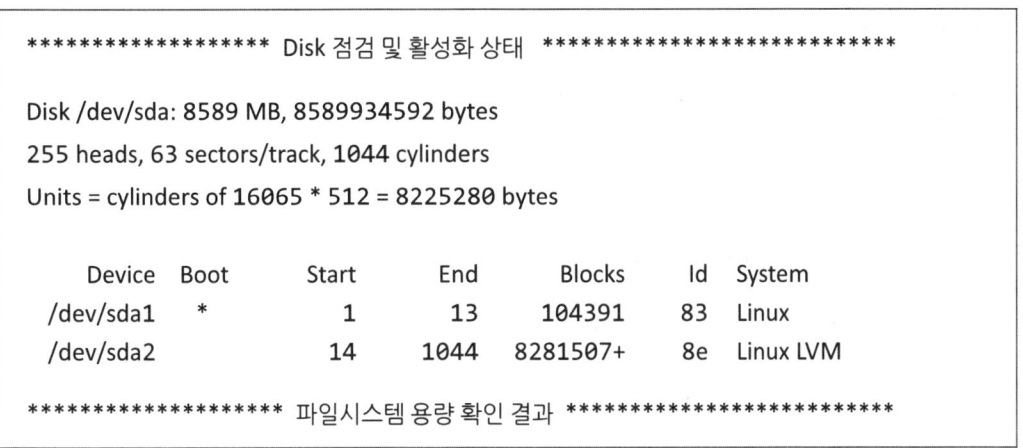

```
1 Filesystem         Size  Used  Avail  Use%  Mounted on
2 /dev/mapper/VolGroup00-LogVol00
3                    7.2G  1.8G  5.0G   27%   /
4 /dev/sda1          99M   12M   82M    13%   /boot
5 tmpfs              125M  0     125M   0%    /dev/shm

********* ★ 사용률이 85% 이상인 파일시스템은 아래와 같습니다. ★ ************

***************************************************************

[Enter를 누르시면 메뉴로 돌아갑니다.]
```

[2] 프로세서별 사용율률 및 병목여부 점검] 메뉴를 실행하면 CPU별로 사용률 및 병목 여부를 점검한 결과를 표시한다.

```
********************* 프로세서별 사용률 확인 *********************

< 범 례 >
 ○ %usr : user 레벨(응용프로그램)의 사용률
 ○ %sys : system 레벨(kernel)의 사용률
 ○ %wio : disk 및 NFS I/O 요청사항 사용률
 ○ %idle : cpu 및 disk I/O 작업이 끝나고 유휴로 기다리는 시간
 ○ physc : 실 프로세서 및 멀티스레딩 소비상태

***************** 프로세서별 사용률(1초에 3회 측정) *******************

Linux 2.6.18-92.el5 (study.org)      2014년 12월 27일


        CPU    %user   %nice  %system  %iowait  %steal   %idle
        all    0.00    0.00   1.00     0.00     0.00     99.00
        0      0.00    0.00   1.00     0.00     0.00     99.00


        CPU    %user   %nice  %system  %iowait  %steal   %idle
        all    0.00    0.00   0.00     6.06     0.00     93.94
        0      0.00    0.00   0.00     6.06     0.00     93.94
```

```
         CPU    %user    %nice   %system  %iowait   %steal    %idle
         all     0.00     0.00     0.00     0.00     0.00    100.00
           0     0.00     0.00     0.00     0.00     0.00    100.00

Average: CPU    %user    %nice   %system  %iowait   %steal    %idle
Average: all     0.00     0.00     0.39     2.33     0.00     97.28
Average:   0     0.00     0.00     0.39     2.3      0.00     97.28

********* ★ user + system 사용률에 따른 시스템 병목현상 여부 진단 ★ **********

★ 현재 CPU 및 disk 상태는 정상입니다.

*******************************************************************

[Enter를 누르시면 메뉴로 돌아갑니다.]
```

[3] 원격 서버의 네트워크 상태 점검] 메뉴를 실행하면 점검해야 할 서버 목록을 점검한 후, 점검이 필요한 서버를 화면에 표시한다.

```
******************   원격 서버의 네트워크 상태 점검   ***********************

★ mail 서버 또는 네트워크 접속 제한 : 점검요망 ★
☞ mail 서버 IP : mail:192.168.56.7
*******************************************************************

[Enter를 누르시면 메뉴로 돌아갑니다.]
```

[4] 서비스 프로세스 상태 점검] 메뉴를 실행하면 점검 서비스 프로세스를 대상으로 점검을 하고, 정상 프로세스 개수와 일치하는지 여부를 표시한다.

```
********************* 서비스 프로세스 상태 점검 *********************

 ■ httpd 프로세스의 갯수는 6 입니다. (정상 : 7 개)

   ☞ httpd 프로세스 진단 결과 : 점검필요

 ■ sshd 프로세스의 갯수는 1 입니다. (정상 : 1 개)

   ☞ sshd 프로세스 진단 결과 : 정상

 ■ vsftpd 프로세스의 갯수는 1 입니다. (정상 : 5 개)

   ☞ vsftpd 프로세스 진단 결과 : 점검필요

***************************************************************

[Enter를 누르시면 메뉴로 돌아갑니다.]
```

[5] TOP - 시스템의 프로세스 및 메모리 상태 점검] 메뉴를 실행시키면 대부분의 리눅스에 탑재되어 있는 top 점검 프로그램이 실행된다.

```
top - 05:30:40 up  4:05,  3 users,  load average: 0.00, 0.00, 0.00
Tasks:  64 total,   2 running,  62 sleeping,   0 stopped,   0 zombie
Cpu(s):  0.0%us,  0.0%sy,  0.0%ni,100.0%id,  0.0%wa,  0.0%hi,  0.0%si,  0.0%st
Mem:   255592k total,   164188k used,   91404k free,   27488k buffers
Swap:  524280k total,   0k used,   524280k free,   85584k cached

  PID USER      PR  NI  VIRT  RES  SHR S %CPU %MEM    TIME+  COMMAND
    1 root      15   0  2060  624  532 S  0.0  0.2   0:00.64  init
    2 root      RT  -5     0    0    0 S  0.0  0.0   0:00.00  migration/0
    3 root      34  19     0    0    0 S  0.0  0.0   0:00.00  ksoftirqd/0
    4 root      RT  -5     0    0    0 S  0.0  0.0   0:00.00  watchdog/0
    5 root      10  -5     0    0    0 S  0.0  0.0   0:00.01  events/0
    6 root      10  -5     0    0    0 S  0.0  0.0   0:00.00  khelper
    7 root      11  -5     0    0    0 S  0.0  0.0   0:00.00  kthread
   10 root      10  -5     0    0    0 S  0.0  0.0   0:00.05  kblockd/0
```

11	root	20	-5	0	0	0	S	0.0	0.0	0:00.00	kacpid
174	root	18	-5	0	0	0	S	0.0	0.0	0:00.00	cqueue/0
177	root	10	-5	0	0	0	S	0.0	0.0	0:00.00	khubd
179	root	18	-5	0	0	0	S	0.0	0.0	0:00.00	kseriod
244	root	23	0	0	0	0	S	0.0	0.0	0:00.00	pdflush
245	root	15	0	0	0	0	S	0.0	0.0	0:00.00	pdflush
246	root	20	-5	0	0	0	S	0.0	0.0	0:00.00	kswapd0
247	root	20	-5	0	0	0	S	0.0	0.0	0:00.00	aio/0
464	root	11	-5	0	0	0	S	0.0	0.0	0:00.00	kpsmoused
494	root	19	-5	0	624	532	S	0.0	0.0	0:00.00	scsi_eh_0
497	root	20	-5	0	0	0	S	0.0	0.0	0:00.00	ata/0
498	root	20	-5	0	0	0	S	0.0	0.0	0:00.00	ata_aux
509	root	20	-5	0	0	0	S	0.0	0.0	0:00.00	ksnapd
512	root	10	-5	0	0	0	S	0.0	0.0	0:00.42	kjournald
539	root	11	-5	0	0	0	S	0.0	0.0	0:00.00	kauditd
573	root	21	-4	2240	656	388	S	0.0	0.3	0:00.25	udevd
1481	root	20	-5	0	0	0	S	0.0	0.0	0:00.05	kgameportd
2016	root	18	-5	0	0	0	S	0.0	0.0	0:00.00	kmpathd/0
2038	root	11	-5	0	0	0	S	0.0	0.0	0:00.00	kjournald
2449	root	18	0	2304	700	404	S	0.0	0.3	0:00.00	dhclient
2506	root	18	0	1720	572	476	S	0.0	0.2	0:00.00	syslogd

[6] IBM NMON 진단 도구를 이용한 서버 상태 점검]을 실행시키면 AIX와 Linux에서 구동 가능한 시스템 점검 도구인 NMON이 실행된다.

```
lnmonq14gqqqqqq[H for help]qqqHostname=studyqqqqqqqqRefresh= 2secs qqq07:48.10qqqqk
x                                                                                  x
x ----------------------------      For help type H or ...                         x
x #   # #      # #### #  #          nmon -? - hint                                 x
x ## # ## ## #    # ## #            nmon -h - full                                 x
x ## # ## # #     # ## #                                                           x
x # ## #    # #    # # # #         To start the same way every time                x
x # ## #    # #    # # ##          set the NMON ksh variable                       x
x #  ##     # #### #  #                                                            x
x ----------------------------                                                     x
x                                                                                  x
x Use these keys to toggle statistics on/off:                                      x
x   c = CPU         l = CPU Long-term  - = Faster screen updates                   x
x   m = Memory      j = Filesystems    + = Slower screen updates                   x
x   d = Disks       n = Network        V = Virtual Memory                          x
x   r = Resource    N = NFS            v = Verbose hints                           x
x   k = kernel      t = Top-processes  . = only busy disks/procs                   x
x   h = more options            q = Quit                                           x
xqqqqqqqqqqqqqqqqqqqqqqqqqqqqqqqqqqqqqqqqqqqqqqqqqqqqqqqqqqqqqqqqqqqqqqqqqqqqqqqqqqx
x                                                                                  x
x                                                                                  x
x                                                                                  x
x                                                                                  x
x                                                                                  x
x                                                                                  x
x                                                                                  x
x                                                                                  x
x                                                                                  x
mqqqqqqqqqqqqqqqqqqqqqqqqqqqqqqqqqqqqqqqqqqqqqqqqqqqqqqqqqqqqqqqqqqqqqqqqqqqqqqqqqqj
```

7.2.2 시스템 관리

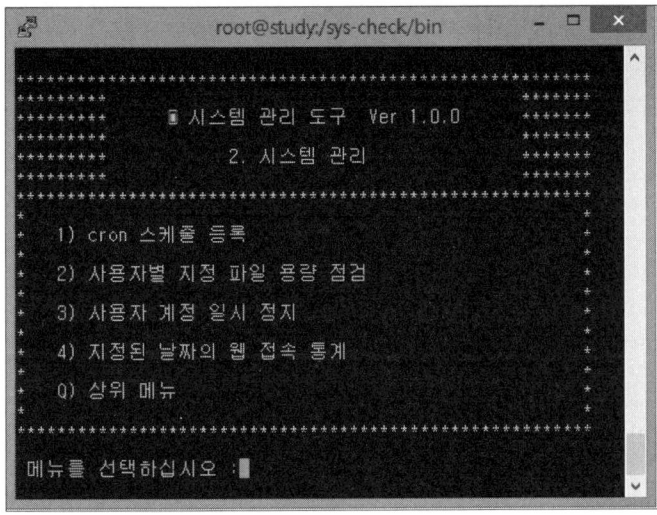

[그림 7-9] 시스템 관리 메뉴

[1) cron 스케줄 등록] 메뉴를 실행시키면 앞의 5.10절의 예제에서 본 것과 같이 cron 스케줄을 등록하는 화면이 실행된다.

```
*************** ★ 시스템의 스케줄(cron) 설정을 시작합니다. ★ ***************

< * : 각 필드의 모든수 / - : 필드의 범위 / , : 필드의 각각의 정보 >

■ 월을 입력하세요(범위: 1 ~ 12) : *

■ 일을 입력하세요(범위 : 1 ~ 31) : 10

■ 시간을 입력하세요(범위 : 0 ~ 23) : 2

■ 분을 입력하세요(범위 : 0 ~ 59) : 0

■ 요일을 입력하세요(범위 : 1 ~ 7 / Ex. 월요일 1 ~ 일요일 7) : *

■ 실행될 명령어를 입력하세요(Ex. : /etc/rc.d/init.d/xntp ) : /test/ch_5/5-9.sh

****************************************************************

★ /test/ch_5/5-9.sh 가 crontab 에 미설정되었습니다. 등록합니다. ★
```

[2) 사용자별 지정 파일 용량 점검] 메뉴를 실행하면 점검할 용량을 입력받아 해당 용량을 초과하는 사용자들의 파일을 점검하고, 있을 경우 해당 파일과 용량을 표시한다.

```
*********************   사용자별 지정 파일 용량 점검   *********************

■  점검할 파일의 용량을 입력하세요(단위 : MB) : 10
■사용자 nfsnobody 의 10 MB 초과 파일목록 / 용량

■사용자 user1 의 10 MB 초과 파일목록 / 용량

■사용자 user2 의 10 MB 초과 파일목록 / 용량

■사용자 user10 의 10 MB 초과 파일목록 / 용량
 ●경로: /home/user10/check.tar / 용량: 59596800
 ●경로: /home/user10/check2.tar / 용량: 59596800

■사용자 user100 의 10 MB 초과 파일목록 / 용량

***************************************************************
[Enter를 누르시면 메뉴로 돌아갑니다.]
```

[3) 사용자 계정 일시 정지] 메뉴를 실행시키면 일시 정지할 계정을 입력받아 해당 계정의 패스워드를 재설정하고 해당 계정의 모든 프로세스를 정지시킨다.

```
********************   사용자 계정 일시 정지    *************************
■ 일시 정지할 계정명을 입력하세요( 예 : user10 ) : user100
◆ user100의 사용자 계정을 일시정지합니다. ⓐ~ⓓ단계로 진행합니다.

 ⓐ user100 계정의 패스워드를 변경해주세요
Changing password for user user100.
New UNIX password:
BAD PASSWORD: it is too short
Retype new UNIX password:
passwd: all authentication tokens updated successfully.

 ⓑ user100의 사용중인 모든 프로세스는 종료되었습니다.
 ⓒ 현 시각부로 계정 user100 은 Log Out 되었습니다.
          - 2014. 12. 27. (토) 05:48:50 KST -
 ⓓ user100 계정은 일시 정지 처리되었습니다.

**********************************************************************

[Enter를 누르시면 메뉴로 돌아갑니다.]
```

[4] 지정된 날짜의 웹 접속 통계] 메뉴를 실행하면 통계 값을 얻고자 하는 년, 월, 일을 입력받고, 해당 일의 IP 기준으로 몇 개의 접속이 있었는지를 표시한다.

```
********************   지정된 날짜의 웹 접속 통계    ***********************

★ 지정된 날짜의 웹 접속 통계(IP 기준) ★

■ 년을 입력하세요(Ex. 2004년 ☞ 2004) : 2014

■ 월을 입력하세요(Ex. 4월☞ Apr) : Dec

■ 날짜를 입력하세요(Ex. 25일 ☞25) : 23

◆ 2014 - Dec - 23 의 웹 접속자 : 6

**********************************************************************

[Enter를 누르시면 메뉴로 돌아갑니다.]
```

7.2.3 시스템 보안 점검

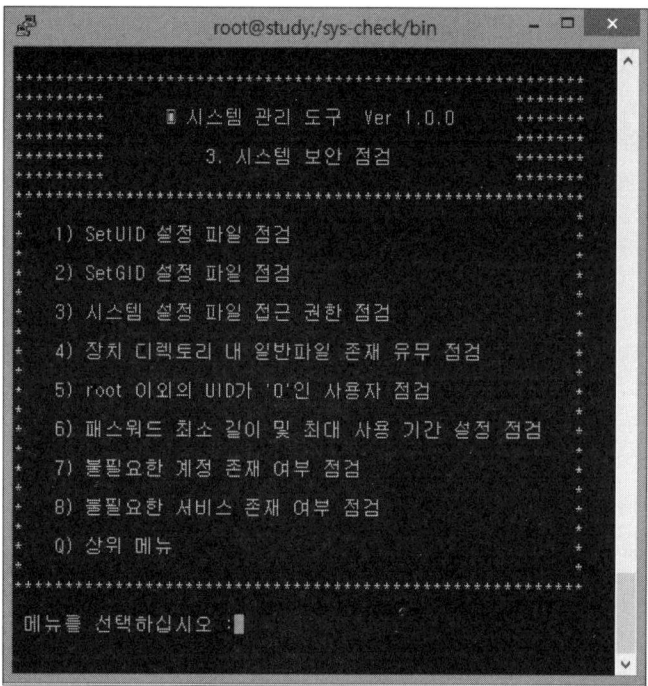

[그림 7-10] 시스템 보안 점검 메뉴

[1) SetUID 설정 파일 점검] 메뉴를 실행하면 SetUID가 설정된 파일들을 점검하여 표시한다.

```
********************  SetUID 설정 파일 점검  ********************

★ root 의 Setuid 권한을 포함한 파일 : /bin/umount
★ root 의 Setuid 권한을 포함한 파일 : /bin/ping
★ root 의 Setuid 권한을 포함한 파일 : /bin/mount
★ root 의 Setuid 권한을 포함한 파일 : /bin/su
★ root 의 Setuid 권한을 포함한 파일 : /bin/ping6
★ root 의 Setuid 권한을 포함한 파일 : /sbin/umount.nfs
★ root 의 Setuid 권한을 포함한 파일 : /sbin/unix_chkpwd
★ root 의 Setuid 권한을 포함한 파일 : /sbin/umount.nfs4
★ root 의 Setuid 권한을 포함한 파일 : /sbin/mount.nfs
★ root 의 Setuid 권한을 포함한 파일 : /sbin/mount.nfs4
```

★ root 의 Setuid 권한을 포함한 파일 : /sbin/pam_timestamp_check
★ root 의 Setuid 권한을 포함한 파일 : /usr/kerberos/bin/ksu
★ root 의 Setuid 권한을 포함한 파일 : /usr/lib/news/bin/startinnfeed
★ root 의 Setuid 권한을 포함한 파일 : /usr/lib/news/bin/inndstart
★ uucp 의 Setuid 권한을 포함한 파일 : /usr/lib/news/bin/rnews
★ root 의 Setuid 권한을 포함한 파일 : /usr/libexec/openssh/ssh-keysign
★ vcsa 의 Setuid 권한을 포함한 파일 : /usr/libexec/mc/cons.saver
★ root 의 Setuid 권한을 포함한 파일 : /usr/bin/rcp
★ root 의 Setuid 권한을 포함한 파일 : /usr/bin/rsh
★ root 의 Setuid 권한을 포함한 파일 : /usr/bin/gpasswd
★ root 의 Setuid 권한을 포함한 파일 : /usr/bin/chage
★ root 의 Setuid 권한을 포함한 파일 : /usr/bin/passwd
★ root 의 Setuid 권한을 포함한 파일 : /usr/bin/sudoedit
★ root 의 Setuid 권한을 포함한 파일 : /usr/bin/at
★ root 의 Setuid 권한을 포함한 파일 : /usr/bin/chfn
★ root 의 Setuid 권한을 포함한 파일 : /usr/bin/rlogin
★ root 의 Setuid 권한을 포함한 파일 : /usr/bin/newgrp
★ root 의 Setuid 권한을 포함한 파일 : /usr/bin/clish
★ root 의 Setuid 권한을 포함한 파일 : /usr/bin/crontab
★ root 의 Setuid 권한을 포함한 파일 : /usr/bin/sudo
★ root 의 Setuid 권한을 포함한 파일 : /usr/sbin/ccreds_validate
★ root 의 Setuid 권한을 포함한 파일 : /usr/sbin/userhelper
★ root 의 Setuid 권한을 포함한 파일 : /usr/sbin/usernetctl

****

[Enter를 누르시면 메뉴로 돌아갑니다.]

[2) SetGID 설정 파일 점검] 메뉴를 실행하면 SetGID가 설정된 파일들을 표시한다.

```
********************  SetGID 설정 파일 점검  ********************

★ root 의 Setgid 권한을 포함한 파일 : /sbin/netreport
★ root 의 Setgid 권한을 포함한 파일 : /usr/libexec/utempter/utempter
★ root 의 Setgid 권한을 포함한 파일 : /usr/bin/lockfile
★ root 의 Setgid 권한을 포함한 파일 : /usr/bin/write
★ root 의 Setgid 권한을 포함한 파일 : /usr/bin/locate
★ root 의 Setgid 권한을 포함한 파일 : /usr/bin/wall
★ root 의 Setgid 권한을 포함한 파일 : /usr/bin/crontab
★ root 의 Setgid 권한을 포함한 파일 : /usr/bin/ssh-agent
★ root 의 Setgid 권한을 포함한 파일 : /usr/sbin/mlock
★ root 의 Setgid 권한을 포함한 파일 : /usr/sbin/sendmail.sendmail

****************************************************************

[Enter를 누르시면 메뉴로 돌아갑니다.]
```

[3) 시스템 설정 파일 접근 권한 점검] 메뉴를 실행하면 권장 퍼미션이 기록되어 있는 설정 파일과 현재 시스템의 설정을 비교하여 결과를 표시한다.

```
*****************  시스템 설정 파일 접근 권한 점검  *****************

■ /etc/shadow 퍼미션 점검 결과 : -r-------- 정상

■ /etc/passwd 퍼미션 점검 결과 : -rw-r--r-- 점검필요(권장 설정 444 )

■ /etc/profile 퍼미션 점검 결과 : -rw-r--r-- 점검필요(권장 설정 755 )

■ /etc/xinetd.conf 퍼미션 점검 결과 : -rw-r--r-- 정상

■ /etc/syslog.conf 퍼미션 점검 결과 : -rw------- 점검필요(권장 설정 644 )

****************************************************************

[Enter를 누르시면 메뉴로 돌아갑니다.]
```

[4] 장치 디렉토리 내 일반파일 존재 유무 점검] 메뉴를 실행하면 /dev 디렉터리 내 일반 파일을 검색하여 결과를 표시한다.

```
******************* 장치 디렉토리 내 일반파일 존재 유무 점검 *******************

-rw-r--r-- 1 root root  28 12월 27 05:06 /dev/.udev/db/class@usb_device@usbdev2.6
-rw-r--r-- 1 root root 442 12월 27 01:25 /dev/.udev/db/block@sda@sda1
-rw-r--r-- 1 root root 326 12월 27 01:25 /dev/.udev/db/block@sda@sda2
-rw-r--r-- 1 root root 205 12월 27 01:25 /dev/.udev/db/block@sda
-rw-r--r-- 1 root root  24 12월 27 01:25 /dev/.udev/db/class@sound@controlC0
-rw-r--r-- 1 root root  23 12월 27 01:25 /dev/.udev/db/class@sound@pcmC0D0c
-rw-r--r-- 1 root root  23 12월 27 01:25 /dev/.udev/db/class@sound@pcmC0D0p
-rw-r--r-- 1 root root  23 12월 27 01:25 /dev/.udev/db/class@sound@pcmC0D1p
-rw-r--r-- 1 root root 409 12월 27 01:25 /dev/.udev/db/block@hdc
-rw-r--r-- 1 root root  23 12월 27 01:25 /dev/.udev/db/class@sound@midiC0D0
-rw-r--r-- 1 root root  28 12월 27 01:25 /dev/.udev/db/class@usb_device@usbdev2.1
-rw-r--r-- 1 root root  28 12월 27 01:25 /dev/.udev/db/class@usb_device@usbdev2.3
-rw-r--r-- 1 root root  34 12월 27 01:25 /dev/.udev/db/block@fd0
-rw-r--r-- 1 root root  23 12월 27 01:25 /dev/.udev/db/class@input@input3@event3
-rw-r--r-- 1 root root  19 12월 27 01:25 /dev/.udev/db/block@ram1
-rw-r--r-- 1 root root  23 12월 27 01:25 /dev/.udev/db/block@ram0
-rw-r--r-- 1 root root  18 12월 27 01:25 /dev/.udev/db/class@sound@seq
-rw-r--r-- 1 root root  20 12월 27 01:25 /dev/.udev/db/class@sound@timer

***************************************************************************

[Enter를 누르시면 메뉴로 돌아갑니다.]
```

[5] root 이외의 UID가 '0'인 사용자 점검] 메뉴를 실행하면 UID 부분이 root와 같이 0인 계정을 찾아 표시한다.

```
****************** root 이외의 UID가 '0'인 사용자 점검 ******************

 ■ UID가 0인 계정은 user1 입니다. 점검 요망

****************************************************************

[Enter를 누르시면 메뉴로 돌아갑니다.]
```

[6] 패스워드 최소 길이 및 최대 사용 기간 설정 점검] 메뉴를 실행하면 권장 패스워드 길이와 최장 패스워드 사용 기간을 입력받아 현재 시스템의 설정과 비교하여 결과를 표시한다.

```
************** 패스워드 최소 길이 및 최대 사용 기간 설정 점검 ****************

 ■ 권장 패스워드 길이를 입력하세요(단위 : 자리수) : 9

 ■ 최장 패스워드 사용 기간을 입력하세요(단위 : 일) : 90

 ■ 패스워드 최소길이 점검결과  5 자리 입니다. : 점검필요(권장 설정 9 자리 )

 ■ 패스워드 최대 사용기간 점검결과  99999 일 입니다. : 점검필요(권장 설정 90 일 )

****************************************************************

[Enter를 누르시면 메뉴로 돌아갑니다.]
```

[7] 불필요한 계정 존재 여부 점검] 메뉴를 실행하면 시스템에 기본으로 등록되는 디폴트 계정 등 불필요 계정이 등록된 설정 파일과 시스템에 등록된 파일을 비교하여 불필요 계정이 있으면 표시한다.

```
******************* 불필요한 계정 존재 여부 점검 *******************

  ▣ 불필요 계정 adm 가 존재합니다. 삭제 및 정리하세요.

  ▣ 불필요 계정 lp 가 존재합니다. 삭제 및 정리하세요.

  ▣ 불필요 계정 sync 가 존재합니다. 삭제 및 정리하세요.

  ▣ 불필요 계정 shutdown 가 존재합니다. 삭제 및 정리하세요.

  ▣ 불필요 계정 halt 가 존재합니다. 삭제 및 정리하세요.

  ▣ 불필요 계정 news 가 존재합니다. 삭제 및 정리하세요.

  ▣ 불필요 계정 uucp 가 존재합니다. 삭제 및 정리하세요.

  ▣ 불필요 계정 operator 가 존재합니다. 삭제 및 정리하세요.

  ▣ 불필요 계정 games 가 존재합니다. 삭제 및 정리하세요.

  ▣ 불필요 계정 gopher 가 존재합니다. 삭제 및 정리하세요.

  ▣ 불필요 계정 nfsnobody 가 존재합니다. 삭제 및 정리하세요.

****************************************************************

[Enter를 누르시면 메뉴로 돌아갑니다.]
```

[8) 불필요한 서비스 존재 여부 점검] 메뉴를 실행하면 불필요 서비스로 등록된 설정 파일과 시스템에 등록된 서비스 상태 및 가동 상태를 점검하여 결과를 표시한다.

```
******************** 불필요한 서비스 존재 여부 점검   ********************

  ▣ 불필요 서비스 rsh 가  /etc/xinetd.d 에 존재합니다.
    ☞ 서비스 가동상태 : 활성화

  ▣ 불필요 서비스 rpc.pcnfsd 가  /etc/xinetd.d 에 존재합니다.
    ☞ 서비스 가동상태 : 비활성화

  ********************************************************************

  [Enter를 누르시면 메뉴로 돌아갑니다.]
```

7.2.4 주요 디렉토리 무결성 점검

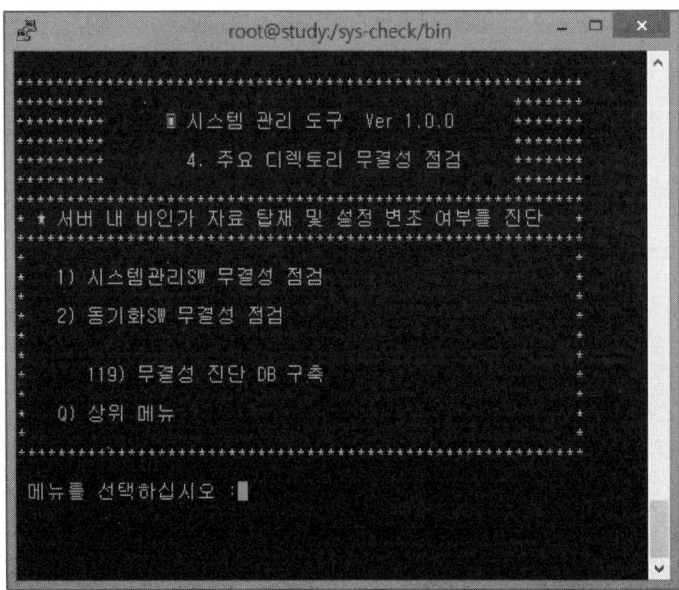

[그림 7-11] 주요 디렉토리 무결성 점검

[1] 시스템관리SW 무결성 점검] 메뉴를 실행시키면 지정된 시스템 SW 관련 디렉터리에서 파일의 변경 사항을 확인할 수 있다. 아래의 예에서는 /usr/sbin 디렉터리에 abc라는 파일이 생성되었음을 알 수 있다.

```
*********************** 시스템관리SW 무결성 진단 ***************************

PROGRESS: No individual files to validating

PROGRESS: validating integrity of /usr/local/apache_2.0.63/htdocs/
STATUS:passed...

PROGRESS: validating integrity of /usr/sbin
STATUS:
    ADDITION: [study.org] /usr/sbin/abc
        Inode   Permissions   Size        Created On
        1053461   -rw-r--r--    0      Dec 27 06:19 2014

PROGRESS: validating integrity of /etc/rc.d/
STATUS:passed...

****************** ★ 변조된 설정 및 파일의 진단 결과 ★ **********************

    파일생성: [study.org] /usr/sbin/abc
        Inode   Permissions   Size        Created On
        1053461   -rw-r--r--    0      Dec 27 06:19 2014

점검항목: No individual files to validating

점검항목: validating integrity of /usr/local/apache_2.0.63/htdocs/
진단결과:정상

점검항목: validating integrity of /usr/sbin
```

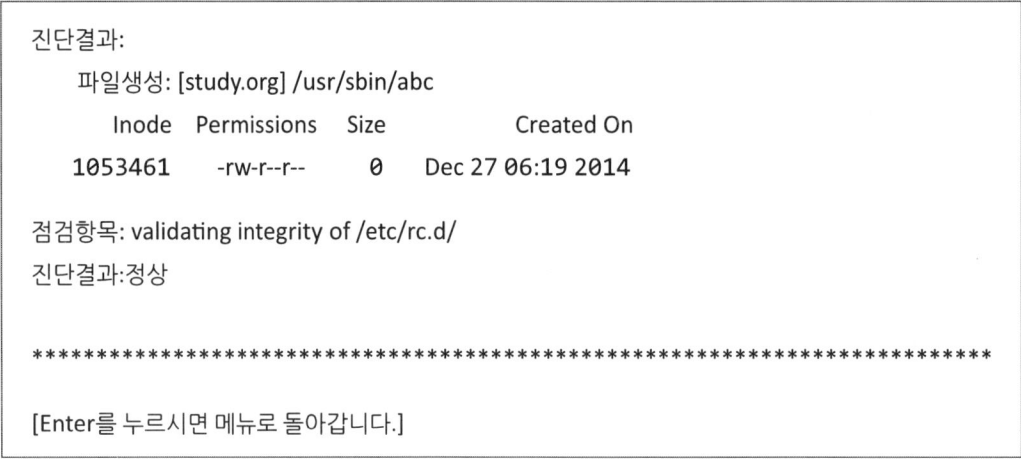

[2] [동기화SW 무결성 점검] 메뉴를 실행하면 지정된 디렉터리에서 파일이 변조되었는지를 확인할 수 있다. 아래의 예에서는 /etc/sysconfig 디렉터리에서 파일의 내용이 변조되었음을 경고하고 있다.

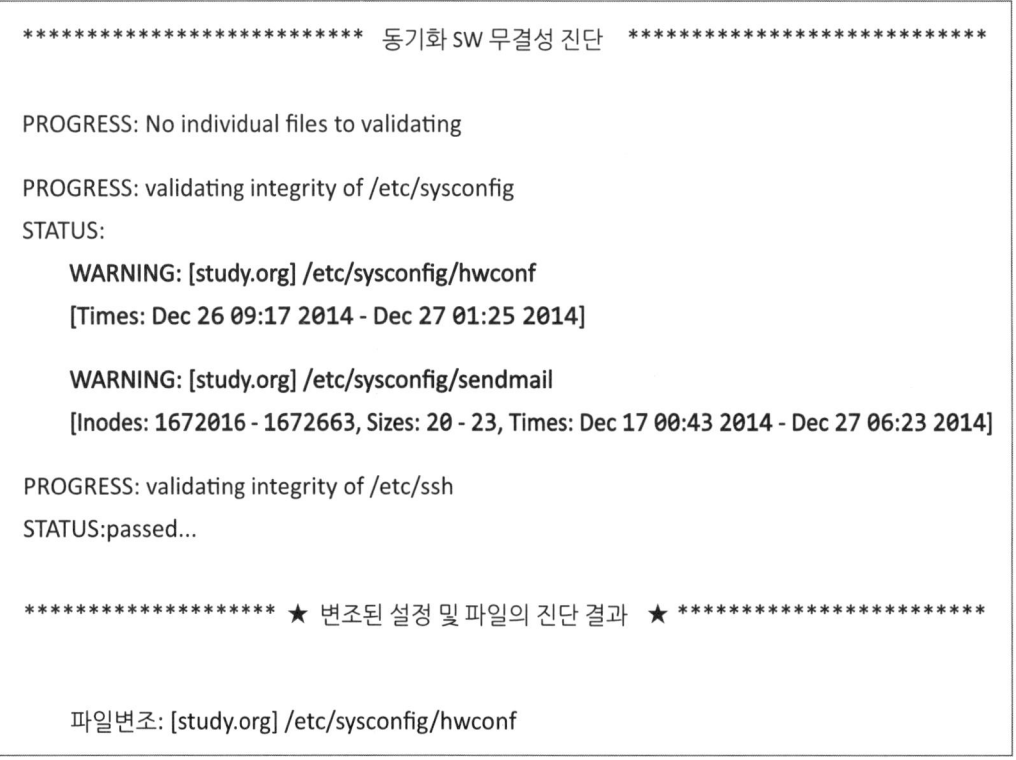

```
        [Times: Dec 26 09:17 2014 - Dec 27 01:25 2014]

    파일변조: [study.org] /etc/sysconfig/sendmail
    [Inodes: 1672016 - 1672663, Sizes: 20 - 23, Times: Dec 17 00:43 2014 - Dec 27 06:23 2014]


점검항목: No individual files to validating

점검항목: validating integrity of /etc/sysconfig
진단결과:
    파일변조: [study.org] /etc/sysconfig/hwconf
    [Times: Dec 26 09:17 2014 - Dec 27 01:25 2014]

    파일변조: [study.org] /etc/sysconfig/sendmail
    [Inodes: 1672016 - 1672663, Sizes: 20 - 23, Times: Dec 17 00:43 2014 - Dec 27 06:23 2014]

점검항목: validating integrity of /etc/ssh
진단결과:정상

*************************************************************************

[Enter를 누르시면 메뉴로 돌아갑니다.]
```

[119) 무결성 진단 DB 구축] 메뉴를 실행하면 실행하는 시점을 무결성 진단의 기준 시점으로 등록하도록 DB를 구축한다.

7.2.5 정밀 분석용 로그 추출 및 전송

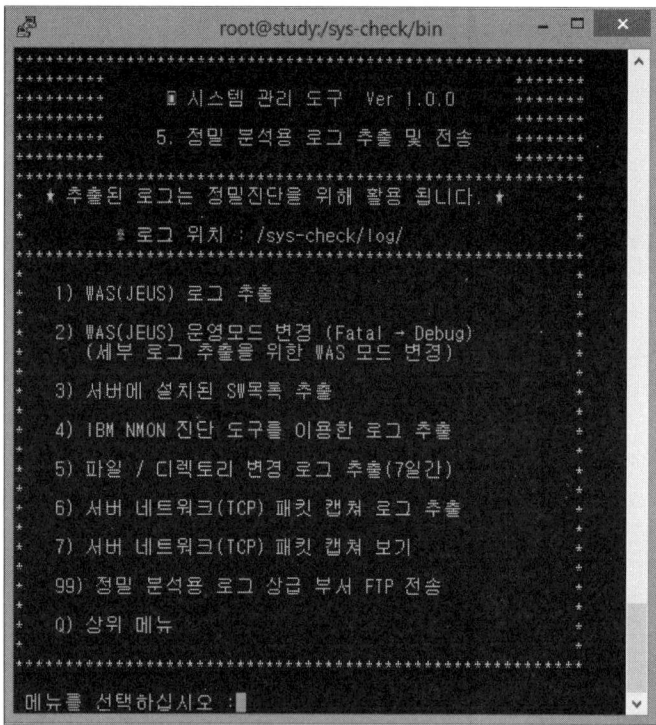

[그림 7-12] 정밀 분석용 로그 추출 및 전송 메뉴

[1) WAS(JEUS) 로그 추출] 메뉴를 실행하면 실행 시점의 WAS의 로그를 추출하여 로그가 수집되는 디렉터리로 저장한다.

[2) WAS(JEUS) 운영모드 변경 (Fatal → Debug)] 메뉴를 실행하면 운용 모드(Fatal)에서 디버그 모드(Debug)로 변경하는 것을 지원한다. 평상시에는 로그 작성에 따른 WAS 부하도를 고려해서 운용 모드(Fatal)로 운용을 하지만 WAS의 오류로 인해 세부 점검이 필요할 때나 응용SW 개발 시에는 디버그 모드(Debug)로 변경하여 로그를 구체적으로 작성하게 설정한다. 아래의 예에서는 WAS의 운영 모드 변경 시 WAS가 재시작되므로 모드 변경전 경고 메시지를 출력하고 각 단계별로 진행 사항을 표시한다.

```
*************** Jeus(WAS) 운영모드 변경 (Fatal → Debug) ********************

★ Jeus(WAS) 운영모드 변경을 위해서는 WAS를 재시작해야 합니다.
   [계속 진행하시겠습니까? / 취소하시려면 Ctrl + C]

● 1단계 : 기존 설정파일을 JEUSMain_20141227.xml 로 백업

● 2단계 : Jeus(WAS) 운영모드 변경 (Fatal → Debug)

● 3단계 : Jeus(WAS) 정지하기

● 4단계 : Jeus(WAS) Debug 모드 적용

● 5단계 : Jeus(WAS) 재구동, 다른 터미널을 이용해서 EJB 갯수를 확인하세요

****************************************************************

[Enter를 누르시면 메뉴로 돌아갑니다.]
```

[3] 서버에 설치된 SW목록 추출] 메뉴를 실행하면 서버에 설치된 SW 목록을 파일에 저장하여 로그가 저장되는 디렉터리에 저장한다.

[4] IBM NMON 진단 도구를 이용한 로그 추출] 메뉴를 실행하면 실행 시점으로부터 NMON을 이용한 10시간 동안의 정밀 서버 상태 모니터링 Log를 추출하여 로그가 수집되는 /sys-check/log/ 디렉터리에 저장된다.

[5) 파일 / 디렉토리 변경 로그 추출(7일간)] 메뉴를 실행하면 실행 시점으로부터 시스템에서 7일 동안 생성된 파일을 검색하여 표시한다.

```
*************** 7일동안 변경된 파일(디렉토리) Log 추출   *********************

find: /proc/5894/task/5894/fd/4: 그런 파일이나 디렉토리가 없음
find: /proc/5894/fd/4: 그런 파일이나 디렉토리가 없음
find: /var/named/chroot/proc/5894/task/5894/fd/4: 그런 파일이나 디렉토리가 없음
find: /var/named/chroot/proc/5894/fd/4: 그런 파일이나 디렉토리가 없음

******************************************************************

[Enter를 누르시면 메뉴로 돌아갑니다.]
```

[6) 서버 네트워크(TCP) 패킷 캡쳐 로그 추출] 메뉴를 실행하면 서버에서 외부로 나가는 네트워크 패킷을 수집하여 로그가 수집되는 디렉터리에 저장한다.

```
*************** 서버 네트워크(TCP) 패킷 캡쳐 Log 추출   *********************

 지금부터 네트워크 캡쳐가 시작됩니다. Ctrl + C 를 누르시면 캡쳐가 중지됩니다.

tcpdump: listening on eth0, link-type EN10MB (Ethernet), capture size 1500 bytes
4 packets captured
8 packets received by filter
0 packets dropped by kernel

******************************************************************

[Enter를 누르시면 메뉴로 돌아갑니다.]
```

[7) 서버 네트워크(TCP) 패킷 캡쳐 보기] 메뉴를 실행하면 앞의 6번 메뉴에서 추출한 네트워크 패킷을 표시한다.

****************** 서버 네트워크(TCP) 패킷 캡쳐 Log 보기 **********************

★ 오늘 추출된 네트워크 캡쳐 Log를 보실수 있습니다. ★

reading from file /sys-check/log/(none)_study.org_tcpdump_20141227.log, link-type EN10MB (Ethernet)
06:43:32.248925 IP 192.168.3.128.ssh > 192.168.3.1.52113: tcp 52
        0x0000: 4510 005c fd57 4000 4006 b562 c0a8 0380 E..\.W@.@..b....
        0x0010: c0a8 0301 0016 cb91 3edf 373c 78a7 2caa ....>.7<x.,.
        0x0020: 5018 05fe f9b2 0000 4559 3197 0076 a879 P.......EY1..v.y
        0x0030: 61b3 2dc1 794c 4eb9 9ae6 e260 5b04 1f7f a.-.yLN....`[...
        0x0040: 0dec 2a73 7731 af05 9c2b 6c2e 0748 34fe ..*sw1...+l..H4.
        0x0050: e66e fafe 85f3 e7b2 1d35 c25b   .n.......5.[
06:43:32.249081 IP 192.168.3.128.ssh > 192.168.3.1.52113: tcp 116
        0x0000: 4510 009c fd58 4000 4006 b521 c0a8 0380 E....X@.@..!....
        0x0010: c0a8 0301 0016 cb91 3edf 3770 78a7 2caa ....>.7px.,.
        0x0020: 5018 05fe 64cd 0000 80e1 5586 545d 4a43 P...d.....U.T]JC
        0x0030: 885c c616 5f54 5558 8b2d c698 e079 3e5d .\.._TUX.-...y>]
        0x0040: b071 d710 1de8 0409 8588 6c13 b25b 6ed5 .q........l..[n.
        0x0050: ac21 2dca 2d76 e907 d954 54bc c857 c831 .!-.-v...TT..W.1
        0x0060: c3ed 1c07 dc06 25bb a53a d770 a284 37db ......%..:.p..7.
        0x0070: 6abf 011c e7c7 f491 080e 8f0d f85e 07c3 j............^..
        0x0080: 0441 f8e1 cf94 dd91 86a6 0da6 cfbf c9de .A..............
        0x0090: 25b4 fc42 5883 44ea 4a37 8761   %..BX.D.J7.a
06:43:32.249182 IP 192.168.3.1.52113 > 192.168.3.128.ssh: tcp 0
        0x0000: 4500 0028 4640 4000 8006 2cbe c0a8 0301 E..(F@@...,....
        0x0010: c0a8 0380 cb91 0016 78a7 2caa 3edf 37e4 ....x.,.>.7.
        0x0020: 5010 00ff 3f47 0000 0000 0000 0000   P...?G........
06:43:39.271656 IP 192.168.3.1.52113 > 192.168.3.128.ssh: tcp 52
        0x0000: 4500 005c 4641 4000 8006 2c89 c0a8 0301 E..\FA@...,....
        0x0010: c0a8 0380 cb91 0016 78a7 2caa 3edf 37e4 ....x.,.>.7.
        0x0020: 5018 00ff cd7f 0000 0a27 46c0 dae1 152d P........'F....-
        0x0030: 2cd3 4a2a 7c40 dfb9 999b 77c7 219e 678f ,.J*|@....w.!.g.
        0x0040: 0f6c 04e1 66b9 fc50 3dfe b89e 5a49 ba1e .l..f..P=...ZI..
        0x0050: 5ffc f511 b0a9 5469 5b5f 8b2f   _.....Ti[_./

****

[Enter를 누르시면 메뉴로 돌아갑니다.]

만일 추출한 네트워크 패킷의 양이 많거나 네트워크 계층별 분석이 필요할 때에는 네트워크 패킷 로그가 수집되는 /sys-check/log/ 디렉터리에 저장된 "도메인명_호스트명_tcpdump_날짜" 형태의 로그를 패킷 캡쳐 및 분석이 가능한 Wireshark에서 불러와 분석할 수 있다. 이 책에서는 Wireshark의 설치 및 사용법에 대해서는 생략하겠다.

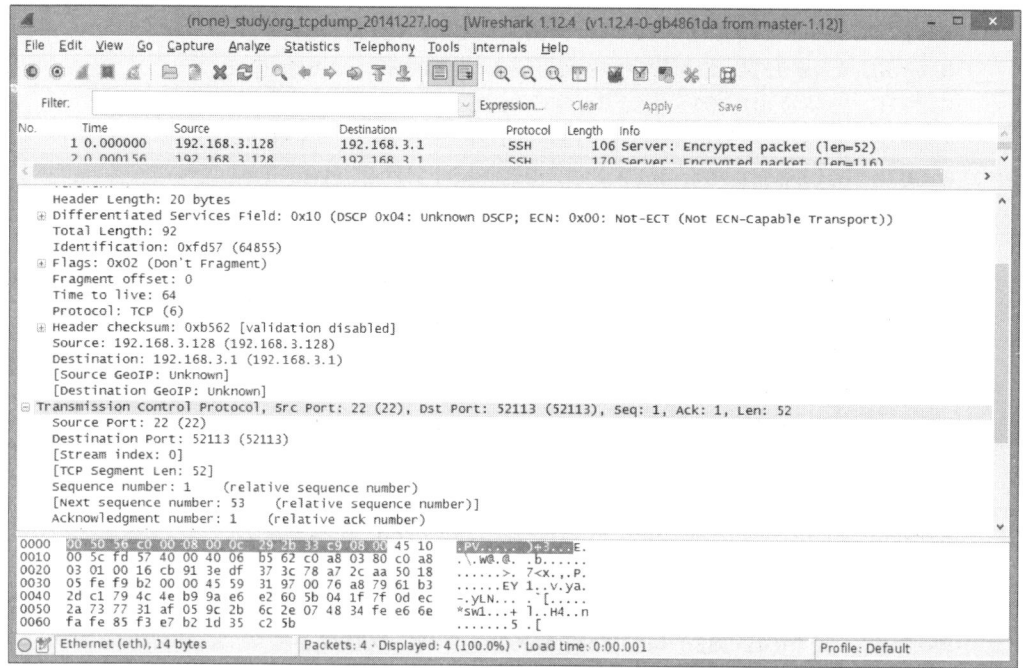

[그림 7-13] 서버에서 추출된 네트워크 패킷 로그를 Wireshark에서 분석

[99] 정밀 분석용 로그 상급 부서 FTP 전송] 메뉴를 실행하면 추출한 로그를 압축하여 상급 부서로 전송한다.

```
****************************************************************************
***************   ★ 추출된 로그를 상급부서 분석 서버로 FTP 전송합니다.   ***************
****************************************************************************
        ※ 네트워크가 불안정시에는 수동으로 다운로드 받아 전송바랍니다.
****************************************************************************
tar: Removing leading `/' from member names
/sys-check/log/(none)_study.org_20141227.nmon
/sys-check/log/(none)_study.org_7day_mod_20141227.log
/sys-check/log/(none)_study.org_SW_List_20141226.log
/sys-check/log/(none)_study.org_SW_List_20141227.log
/sys-check/log/(none)_study.org_tcpdump_20141227.log
/sys-check/log/Server_chk_err_20141226.log
/sys-check/log/Server_chk_err_20141227.log
/sys-check/log/abc
/sys-check/log/dev_file_20141226.log
/sys-check/log/dev_file_20141227.log
/sys-check/log/setgid_20141226.log
/sys-check/log/setgid_20141227.log
/sys-check/log/setuid_20141226.log
/sys-check/log/setuid_20141227.log
/sys-check/log/study.org_study.org_20141226.nmon
/sys-check/log/study.org_study.org_7day_mod_20141226.log
/sys-check/log/study.org_study.org_SW_List_20141226.log
/sys-check/log/study.org_study.org_tcpdump_20141226.log
Please login with USER and PASS.
Please login with USER and PASS.
KERBEROS_V4 rejected as an authentication type
Bell mode on.
Local directory now /sys-check/log
[Enter를 누르시면 메뉴로 돌아갑니다.]
```

7.3 시스템 관리 도구의 쉘 스크립트 분석

앞에서 소개한 시스템 관리 도구의 쉘 스크립트를 세부적으로 알아보자. 먼저, 여기서 소개하는 기능들은 필자의 개인 PC의 테스트 환경에서 구동되도록 재작성되었기 때문에 필자가 관리하는 시스템의 고유한 패키지나 운용 SW가 포함되지 않았다. 특히, 필자가 운용하는 AIX 시스템과의 차이점을 소개하기 위해 중간 중간에 AIX와 Linux 명령 부분을 설명하였지만 필요하다면 독자 여러분이 관리하는 고유한 기능을 지금 소개하는 쉘 스크립트에 추가하여 본인만의 시스템 관리 도구로 만들기 바란다.

7.3.1 Main Menu (0_main_menu.sh)

각 메뉴로 이동하기 위한 메인 메뉴다. 입력받은 번호에 맞게 실행하기 위해 메뉴 번호 입력에는 read를 이용하였고, 메뉴 선택 시 작동에는 case~esac 구문을 사용하였다.

```sh
#!/bin/sh

ami=`whoami`
if [ "$ami" != "root" ]; then
    echo "본 프로그램은 시스템 관리자(ROOT)외 사용자는 실행이 제한됩니다."
    exit
fi

SetMenuClass() {
    while true
    do
    clear
    unset ans
        echo ""
        echo "****************************************************"
        echo "*********                                    *******"
        echo "*********      ■ 시스템 관리 도구  Ver 1.0.0   *******"
        echo "*********                                    *******"
        echo "*********               Main Menu            *******"
```

```
echo "********                                                   *******"
echo "*******************************************************************"
echo "*                                                                 *"
echo "*   1. 시스템 상태 점검                                              *"
echo "*                                                                 *"
echo "*   2. 시스템 관리                                                  *"
echo "*                                                                 *"
echo "*   3. 시스템 보안 점검                                              *"
echo "*                                                                 *"
echo "*   4. 주요 디렉터리 무결성 점검                                      *"
echo "*                                                                 *"
echo "*   5. 정밀 분석용 로그 추출 및 전송                                   *"
echo "*                                                                 *"
echo "*   Q) 종료                                                        *"
echo "*                                                                 *"
echo "*                                                                 *"
echo "*      도움말 : 어느 메뉴에서나 H, h 키를 입력                         *"
echo "*                                                                 *"
echo "*******************************************************************"
echo ""
echo -n " 메뉴를 선택하십시오 :"
read ans
case "$ans" in
   "1")
       ./1_sys_chk.sh
       ;;
   "2")
       ./2_sys_mgr.sh
       ;;
   "3")
       ./3_secu_chk.sh
       ;;
   "4")
       ./4_int_chk.sh
```

```
      ;;
    "5")
      ls
      ./5_log_out.sh
      ;;
    "H")
      clear
      ./more help.txt
      ;;
    "h")
      clear
      ./more help.txt
      ;;
    "Q")
      exit
      ;;
    "q")
      exit
      ;;
    *)
      ;;
  esac
  done
}
SetMenuClass
```

7.3.2 시스템 상태 점검 (1_sys_chk.sh)

시스템 상태 점검을 위한 다양한 기능의 메뉴를 구성하기 위해 read 명령어와 case~esac 구문을 사용하였다. [1] 디스크 상태 및 시스템 용량 점검] 메뉴에서 파일 시스템의 활성화 상태 상태를 확인하기 위해 fdisk -l 명령어를 활용하였다. fdisk -l 명령어는 필자가 실습을 위한 Linux 가상머신 환경을 고려하여 적용하였고, 필요시 필자가 운용하는 AIX 환경에서 활용할 것에 대비해서 lspv 명령어를 주석 처리하였다. [2) 프로세서별 사용률 및 병목여부 점검] 메뉴에는 CPU별 사용률을 측정하는 sar 명령어를 이용하였다. [3) 원격 서버의 네트워크 상태 점검]과 [4) 서비스 프로세스 상태 점검] 메뉴의 세부적인 내용은 5장의 쉘 스크립트 예제를 참조하기 바란다. [5) TOP - 시스템의 프로세스 및 메모리 상태 점검] 메뉴는 Linux에서 많이 사용하는 시스템 및 프로세스 모니터링 도구 top 명령어를 이용하였다. [6) IBM NMON 진단 도구를 이용한 서버 상태 점검] 메뉴는 AIX와 Linux에서 활용 가능한 시스템 모니터링 도구 NMON을 이용하였다. 아래에 적용된 NMON은 Linux 버전이다. 만일 AIX 버전으로 변경하고자 한다면 이 책과 같이 제공되는 7장 예제 디렉터리의 /sys-check/nmon_aix를 참고하기 바란다.

```sh
#!/bin/sh

ami=`whoami`
if [ "$ami" != "root" ]; then
    echo "본 프로그램은 시스템 관리자(ROOT)외 사용자는 실행이 제한됩니다."
    exit
fi

SetMenuClass() {
    while true
    do
    clear
    unset ans
        echo ""
        echo "************************************************************"
        echo "*********                                            *******"
        echo "*********        ■ 시스템 관리 도구  Ver 1.0.0       *******"
        echo "*********                                            *******"
        echo "*********              1. 시스템 상태 점검           *******"
        echo "*********                                            *******"
        echo "************************************************************"
        echo "*                                                          *"
        echo "*  1) 디스크 상태 및 시스템 용량 점검                      *"
        echo "*                                                          *"
```

```
echo "*   2) 프로세서별 사용률 및 병목여부 점검            *"
echo "*                                                  *"
echo "*   3) 원격 서버의 네트워크 상태 점검               *"
echo "*                                                  *"
echo "*   4) 서비스 프로세스 상태 점검                    *"
echo "*                                                  *"
echo "*   5) TOP - 시스템의 프로세스 및 메모리 상태 점검   *"
echo "*                                                  *"
echo "*   6) IBM NMON 진단 도구를 이용한 서버 상태 점검    *"
echo "*                                                  *"
echo "*   Q) 상위 메뉴                                    *"
echo "*                                                  *"
echo "****************************************************"
echo ""
echo -n " 메뉴를 선택하십시오 :"
read ans
case "$ans" in
  "1")
     clear
     echo ""
     echo "************** Disk 점검 및 활성화 상태   *******************"
     fdisk -l
     # Linux 의 Disk 활성화 점검
     #lspv
     # AIX의 Disk 활성화 점검
     echo ""
     echo "************** 파일시스템 용량 확인 결과  *****************"
     echo ""
     df -h | awk '{print NR, $0}'
     echo ""
     echo "*****  ★ 사용률이 85% 이상인 파일시스템은 아래와 같습니다. ★ ****"
     echo ""
     df -h | grep -v Size | grep -v /proc | sed -e s/%//g | awk '$4 > 84 {print NR, $0}'
     echo "****************************************************"
```

```
            echo ""
            echo -n "[Enter를 누르시면 메뉴로 돌아갑니다.]"
            read TEMP
         ;;
   "2")
         clear
         echo ""
         echo "***************  프로세서별 사용률 확인  *****************"
         echo ""
         echo "< 범 례 >"
         echo "   %usr : user 레벨(응용프로그램)의 사용률"
         echo "   %sys : system 레벨(kernel)의 사용률"
         echo "   %wio : disk 및 NFS I/O 요청사항 사용률"
         echo "   %idle : cpu 및 disk I/O 작업이 끝나고 유휴로 기다리는 시간"
         echo "   physc : 실 프로세서 및 멀티스레딩 소비상태"
         echo ""
         echo "************  프로세서별 사용률(1초에 3회 측정)  *************"
         echo ""
sar -P ALL 1 3
         echo ""
         echo "*** ★ user + system 사용률에 따른 시스템 병목현상 어부 진단 ★ ***"
         echo ""
   sar -P ALL 1 3 | tail -1 | awk '{if (($3 + $4) > 80) print "   현재 CPU 및 disk 상태는 병목상태 입
니다. 확인요망" ; else print "   현재 CPU 및 disk 상태는 정상입니다."}'
         echo ""
         echo "*********************************************************"
         echo ""
         echo -n "[Enter를 누르시면 메뉴로 돌아갑니다.]"
         read TEMP
         ;;
   "3")
         clear
         echo ""
         echo "***********  원격 서버의 네트워크 상태 점검  ****************"
serIP="/sys-check/conf/1_3_serverIP.lst"

for ip in $(cat $serIP | awk -F: '{print $2}')
# /sys-check/conf/1_3_serverIP.lst 에서 원격 서버의 IP를 추출한다.
```

```
    do
    sername=`grep $ip $serIP | awk -F: '{print $1}'`

    if ! ping -c 2 $ip >> /dev/null
       then
       echo ""
       echo "    $sername 서버 또는 네트워크 접속 제한 : 점검요망   "
       echo -n "    ☞ $sername 서버 IP :  `grep $sername $serIP`"
       grep $sername $serIP >> /sys-check/log/Server_chk_err_`date +%C%y%m%d`.log
       # 점검 결과를 /sys-check/log/ 에 저장시킴
    fi
    done
    echo ""
    echo "******************************************************"
    echo ""
    echo -n "[Enter를 누르시면 메뉴로 돌아갑니다.]"
    read TEMP
    ;;
"4")
    clear
    echo ""
    echo "**************    서비스 프로세스 상태 점검    *****************"
    for sname in $(cat /sys-check/conf/1_4_ser_cnt.lst | awk -F: '{print $1}')

    do
    pscnt=`ps -ef | grep $sname | grep -v grep | grep -v "@" | wc -l`
    sernum=`grep $sname /sys-check/conf/1_4_ser_cnt.lst | awk -F: '{print $2}'`
    echo ""
    echo ""
    echo " ■ $sname 프로세스의 갯수는 $pscnt 입니다. (정상 : $sernum 개)"

      if [ $pscnt != $sernum ]
        then
        echo ""
        echo "    ☞ $sname 프로세스 진단 결과 : 점검필요 "
        elif [ $pscnt = $sernum ]
        then
        echo ""
```

```
            echo "   ☞ $sname 프로세스 진단 결과 : 정상 "
    fi
    done
    echo ""
    echo "**********************************************"
    echo ""
    echo -n "[Enter를 누르시면 메뉴로 돌아갑니다.]"
    read TEMP
    ;;
"5")
    clear
    top
    echo ""
    echo -n "[Enter를 누르시면 메뉴로 돌아갑니다.]"
    read TEMP
    ;;
"6")
    clear
    /sys-check/nmon/nmon_linux_x86
    # AIX 버전은 /sys-check/nmon_aix 디렉터리를 참고한다.
    echo ""
    echo -n "[Enter를 누르시면 메뉴로 돌아갑니다.]"
    read TEMP
    ;;
"H")
    clear
    more help.txt
    ;;
"h")
    clear
    more help.txt
    ;;
"Q")
    exit
    ;;
"q")
    exit
    ;;
```

```
        *)
            ;;
    esac
done
}

SetMenuClass
```

Note

NMON 설치 방법

NMON은 AIX 및 Linux를 위한 성능 모니터링 툴이다. IBM의 내부 개발자가 개발한 Free SW로 IBM에서 공식적으로 지원하는 툴은 아니다. 실시간 모니터링을 하는 모드와 일정 시간 로그를 저장하는 모드로 구분된다.

운영체제별 NMON 버전을 아래와 같이 다운로드받을 수 있다.

▶ AIX 버전 다운로드

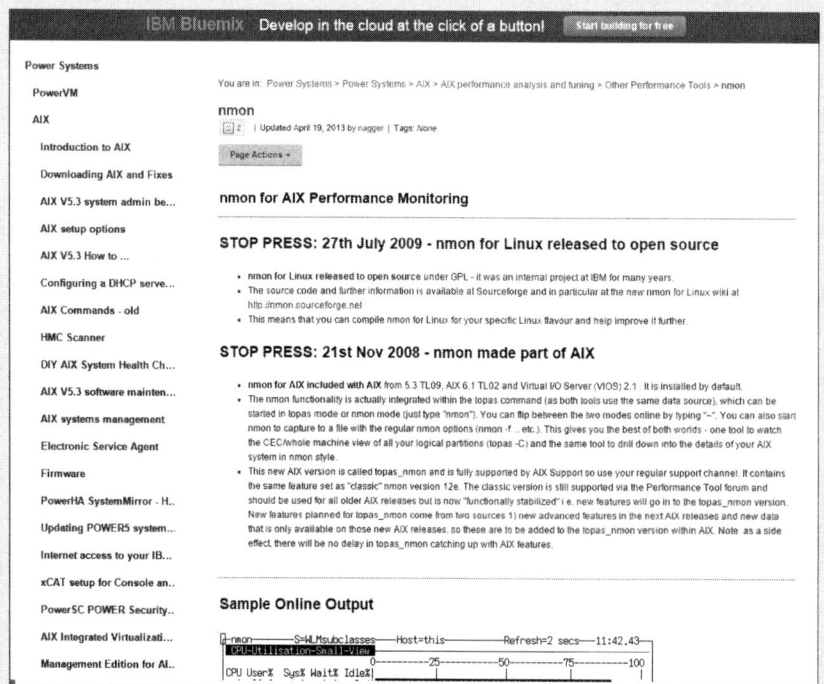

(https://www.ibm.com/developerworks/community/wikis/home?lang=en#!/wiki/Power%20Systems/page/nmon)

> **Note**
>
> ▶ Linux 버전 다운로드
>
>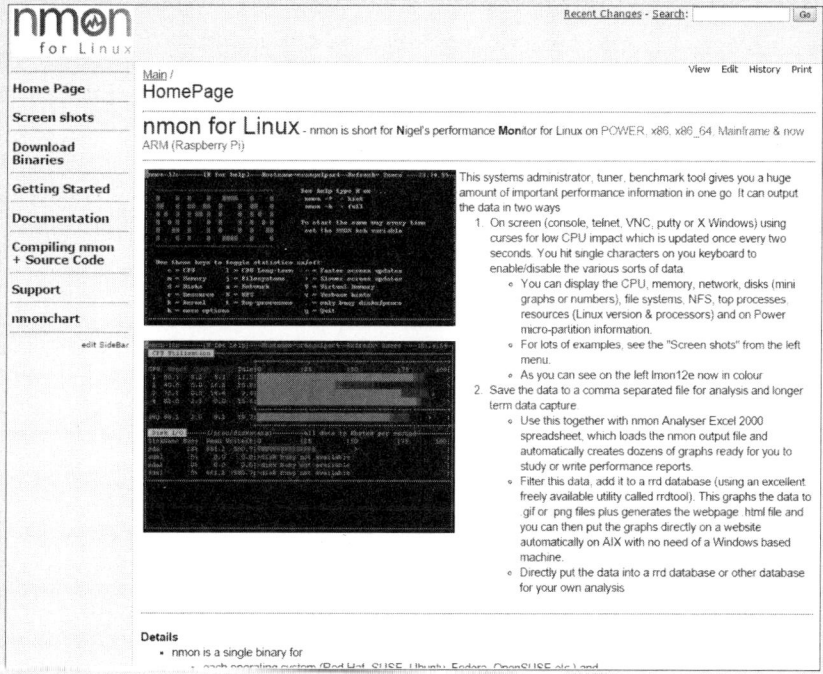
>
> (http://nmon.sourceforge.net/pmwiki.php)
>
> ■ NMON의 설치
> 다운로드받은 nmon**.tar.Z 파일을 설치하고자 하는 서버에 업로드하여 압축을 풀고 실행하면 된다. 만일 실행 파일에 퍼미션이 부여되지 않았을 경우에는 실행 퍼미션을 부여한다.
>
> ■ NMON의 로그 저장 모드 사용법
> 앞서 설명한대로 NMON은 실시간 모니터링 모드와 로그 저장 모드로 운용되는데 로그를 저장하는 방법은 다음과 같다.
>
> # nmon -f -T -m /tmp/nmon -s 300 -c 288
>
> 300초 간격으로 288회(24시간) 추출 로그를 /tmp/nmon으로 저장하라는 의미이다.
>
> 이렇게 저장된 로그를 MS 엑셀 프로그램에서 차트로 변환할 수 있어서 가시적인 자료로 활용할 수도 있다. 자세한 사용법은 각 홈페이지를 참고하기 바란다.

7.3.3 시스템 관리 (2_sys_mgr.sh)

시스템의 손쉬운 관리를 위한 기능의 메뉴를 구성하기 위해 read 명령어와 case~esac 구문을 사용하였다. [1] cron 스케줄 등록] 메뉴는 5장의 쉘 스크립트 예제와 동일하다. AIX 환경에서는 crontab 설정 파일의 위치가 다르기 때문에 차후 활용을 위해 주석 처리를 했다. [2] 사용자별 지정 파일 용량 점검]과 [3] 사용자 계정 일시 정지] 메뉴는 5장의 쉘 스크립트 예제와 기본 기능은 동일하지만 5장의 예제와 차이점은 점검할 파일의 용량과 일시 정지할 계정명을 각각 입력받아 진행하는 것이다. [4] 지정된 날짜의 웹 접속 통계] 메뉴는 5장의 쉘 스크립트 예제와 동일하므로 참고하기 바란다.

```
#!/bin/sh

ami=`whoami`
if [ "$ami" != "root" ]; then
    echo "본 프로그램은 시스템 관리자(ROOT)외 사용자는 실행이 제한됩니다."
    exit
fi

SetMenuClass() {
   while true
   do
   clear
   unset ans
      echo ""
      echo "******************************************************"
      echo "*********                                      *******"
      echo "*********      ■ 시스템 관리 도구  Ver 1.0.0    *******"
      echo "*********                                      *******"
      echo "*********            2. 시스템 관리             *******"
      echo "*********                                      *******"
      echo "******************************************************"
      echo "*                                                    *"
      echo "*   1) cron 스케줄 등록                               *"
      echo "*                                                    *"
```

```
echo "*   2) 사용자별 지정 파일 용량 점검                              *"
echo "*                                                              *"
echo "*   3) 사용자 계정 일시 정지                                    *"
echo "*                                                              *"
echo "*   4) 지정된 날짜의 웹 접속 통계                                *"
echo "*                                                              *"
echo "*   Q) 상위 메뉴                                                *"
echo "*                                                              *"
echo "****************************************************************"
echo ""
echo -n " 메뉴를 선택하십시오 :"
read ans
case "$ans" in
    "1")
        clear
        echo ""
        CRONTAB_FILE="/var/spool/cron/root"
        # Linux crontab 설정파일
        #CRONTAB_FILE="/var/spool/cron/crontabs/root"
        # AIX crontab 설정파일
        echo ""
        echo "******** ★ 시스템의 스케줄(cron) 설정을 시작합니다.  ★ ******** "
        echo ""
        echo " < * : 각 필드의 모든수 / - : 필드의 범위 / , : 필드의 각각의 정보 > "
        echo ""
        echo -n " ■ 월을 입력하세요(범위: 1 ~ 12) : "
        read month
        echo ""
        echo -n " ■ 일을 입력하세요(범위 : 1 ~ 31) : "
        read day
        echo ""
        echo -n " ■ 시간을 입력하세요(범위 : 0 ~ 23) : "
        read time
        echo ""
```

```
echo -n " ■ 분을 입력하세요(범위 : 0 ~ 59) : "
read min
echo ""
echo -n " ■ 요일을 입력하세요(범위 : 1 ~ 7 / Ex. 월요일 1 ~ 일요일 7) : "
read week
echo ""
echo -n " ■ 실행될 명령어를 입력하세요(Ex. : /etc/rc.d/init.d/xntp ) : "
read comm
echo ""
echo "*************************************************************"
croncfg="$min $time $day $month $week $comm"
cur_cfg=`cat $CRONTAB_FILE | grep -v "^#" | grep "$comm" | wc -l`
if [ $cur_cfg = 0 ]
   then
      echo " ★ $comm 가 crontab 에 미설정되었습니다. 등록합니다. ★ "
      echo "$croncfg > /dev/null 2>&1" >> $CRONTAB_FILE
   else
      echo " ★ $comm 가 crontab 에 이미 등록되어 있습니다. ★ "
fi
echo "*************************************************************"
echo ""
echo -n "[Enter를 누르시면 메뉴로 돌아갑니다.]"
read TEMP
;;
"2")
   clear
   echo ""
   echo "******************* 사용자별 지정 파일 용량 점검 *****************"
   echo ""

   echo -n " ■ 점검할 파일의 용량을 입력하세요(단위 : MB) : "
   read SETSIZE
   EXMB=`expr $SETSIZE \* \( 1024 \* 1024 \)`

   for name in $(cut -d: -f1,3 /etc/passwd | awk -F: '$2 > 499 {print $1}')
```

```
        # /etc/passwd에서 UID가 500 이상인 계정을 구분한다.
        do
            echo "  ■ 사용자 $name 의 $SETSIZE MB 초과 파일목록 / 용량"
            find /usr /var /tmp /home -user $name -type f -ls | awk "\$7 > $EXMB " | awk '{print "
                ●경로:" $11, "/ 용량:" $7}'
            # 지정된 경로에서 UID가 500 이상인 계정이 소유한 파일의 용량을 비교, 출력한다.
        done
        echo ""
        echo "****************************************************************"
        echo "****************************************************************"
        echo ""
        echo -n "[Enter를 누르시면 메뉴로 돌아갑니다.]"
        read TEMP
    ;;
    "3")
        clear
        echo ""
        echo "******************     사용자 계정 일시 정지     ********************"
        
        echo -n "  ■ 일시 정지할 계정명을 입력하세요( 예 : user10 ) : "
        read delid
        echo "◆ $delid의 사용자 계정을 일시정지합니다. ⓐ~ⓓ단계로 진행합니다."
        echo ""
        echo "  ⓐ $delid  계정의 패스워드를 변경해주세요"
        passwd $delid
        echo ""
        killall -s HUP -u $delid
        sleep 1
        killall -s KILL -u $delid
        echo "  ⓑ $delid의 사용중인 모든 프로세스는 종료되었습니다."
        echo "  ⓒ 현 시각부로 계정 $delid 은 Log Out 되었습니다."
        echo "                        - $(date) -"
        chmod 000 /home/$delid
        echo "  ⓓ $delid 계정은 일시 정지 처리되었습니다."
```

```
        echo ""
        echo "*************************************************************"
        echo ""
        echo -n "[Enter를 누르시면 메뉴로 돌아갑니다.]"
        read TEMP
        ;;
    "4")
        clear
        echo ""
        echo "*****************   지정된 날짜의 웹 접속 통계   *********************"
        echo ""
        echo "  ★ 지정된 날짜의 웹 접속 통계(IP 기준)   "
        echo ""
        echo -n "  ■ 년을 입력하세요(Ex. 2004년 ☞ 2004) : "
        read year
        echo ""
        echo -n "  ■ 월을 입력하세요(Ex. 4월☞ Apr) : "
        read month
        echo ""
        echo -n "  ■ 날짜를 입력하세요(Ex. 25일 ☞ 25) : "
        read day
        echo ""
        time=`echo "$day/$month/$year"`
        echo -n "  ◆ $year - $month - $day 의 웹 접속자 : "
        grep "$time" /usr/local/apache_2.0.63/logs/access_log | awk '{print $1}' | sort -u | wc -l
        echo ""
        echo "*************************************************************"
        echo ""
        echo -n "[Enter를 누르시면 메뉴로 돌아갑니다.]"
        read TEMP
        ;;
    "H")
        clear
        more help.txt
```

```
            ;;
        "h")
            clear
            more help.txt
            ;;
        "Q")
            exit
            ;;
        "q")
            exit
            ;;
        *)
            ;;
    esac
done
}

SetMenuClass
```

7.3.4 시스템 보안 점검 (3_secu_chk.sh)

시스템의 보안 설정 점검을 위한 기능의 메뉴를 구성하기 위해 read 명령어와 case~esac 구문을 사용하였다. 아래의 [1) SetUID 설정 파일 점검]에서 [8) 불필요한 서비스 존재 여부 점검] 메뉴는 6장 쉘 스크립트 예제를 활용했기 때문에 세부 기능 및 소스에 대한 설명은 생략하기로 하겠다. 다만 [6) 패스워드 최소 길이 및 최대 사용 기간 설정 점검] 메뉴는 기본적으로 6장에서 소개한 예제와 동일한 기능을 하지만 권장 패스워드 길이와 최장 패스워드 사용 기간을 입력받아 진행하는 차이점이 있다.

```
#!/bin/sh

ami=`whoami`
if [ "$ami" != "root" ]; then
    echo "본 프로그램은 시스템 관리자(ROOT)외 사용자는 실행이 제한됩니다."
```

```
    exit
fi

SetMenuClass() {
    while true
    do
    clear
    unset ans
        echo ""
        echo "****************************************************************"
        echo "*********                                                  *******"
        echo "*********           ▣ 시스템 관리 도구  Ver 1.0.0           *******"
        echo "*********                                                  *******"
        echo "*********                 3. 시스템 보안 점검                *******"
        echo "*********                                                  *******"
        echo "****************************************************************"
        echo "*                                                              *"
        echo "*   1) SetUID 설정 파일 점검                                    *"
        echo "*                                                              *"
        echo "*   2) SetGID 설정 파일 점검                                    *"
        echo "*                                                              *"
        echo "*   3) 시스템 설정 파일 접근 권한 점검                           *"
        echo "*                                                              *"
        echo "*   4) 장치 디렉토리 내 일반파일 존재 유무 점검                    *"
        echo "*                                                              *"
        echo "*   5) root 이외의 UID가 '0'인 사용자 점검                       *"
        echo "*                                                              *"
        echo "*   6) 패스워드 최소 길이 및 최대 사용 기간 설정 점검              *"
        echo "*                                                              *"
        echo "*   7) 불필요한 계정 존재 여부 점검                              *"
        echo "*                                                              *"
        echo "*   8) 불필요한 서비스 존재 여부 점검                            *"
        echo "*                                                              *"
        echo "*   Q) 상위 메뉴                                                *"
```

```
            echo "*                                                          *"
            echo "************************************************************"
            echo ""
            echo -n " 메뉴를 선택하십시오 :"
read ans
case "$ans" in
   "1")
         clear
         echo ""
         echo "****************   SetUID 설정 파일 점검   ****************"
         echo ""
         cat /dev/null > /sys-check/log/setuid_`date +%C%y%m%d`.log
         for perm in $(find / -type f -perm -4000 -print)
         do
            owner="$(ls -l $perm | awk '{print $3}')"
            if [ ! -z $perm ]
            then
               echo " ★ $owner 의 Setuid 권한을 포함한 파일 : $perm "
               echo " ★ $owner 의 Setuid 권한을 포함한 파일 : $perm " >>
                  /sys-check/log/setuid_`date +%C%y%m%d`.log
            fi
         done
         echo ""
         echo "************************************************************"
         echo ""
         echo -n "[Enter를 누르시면 메뉴로 돌아갑니다.]"
         read TEMP
         ;;
   "2")
         clear
         echo ""
         echo "****************   Set GID 설정 파일 점검   ****************"
         echo ""
         cat /dev/null > /sys-check/log/setgid_`date +%C%y%m%d`.log
```

```
          for perm in $(find / -type f -perm -2000 -print)
          do
             owner="$(ls -l $perm | awk '{print $3}')"
             if [ ! -z $perm ]
             then
                echo " ★ $owner 의 Setgid 권한을 포함한 파일 : $perm "
                echo " ★ $owner 의 Setgid 권한을 포함한 파일 : $perm " >>
                   /sys-check/log/setgid_`date +%C%y%m%d`.log
             fi
          done

          echo ""
          echo "*********************************************************"
          echo ""
          echo -n "[Enter를 누르시면 메뉴로 돌아갑니다.]"
          read TEMP
          ;;
       "3")
          clear
          echo ""
          echo "*************  시스템 설정 파일 접근 권한 점검  *****************"

          conf="/sys-check/conf/3_3_perm.cfg"

          if [ ! -f $conf ] ;
             then
                echo " 퍼미션 점검 설정파일이 존재하지 않습니다. 작업을 중지합니다. "
          exit
          fi
          touch /tmp/perm_imsi.tmp

          for file_name in $(cut -d: -f1 $conf)
          do

          perm_cfg=`grep $file_name $conf | cut -d: -f2`
          perm_ps1=`chmod $perm_cfg /tmp/perm_imsi.tmp`
```

```
perm_ps2=`ls -al /tmp/perm_imsi.tmp | awk '{print $1}'`
perm_cur=`ls -al $file_name | awk '{print $1}'`

if [ "$perm_ps2" != "$perm_cur" ]
   then
   echo ""
   echo " ■ $file_name 퍼미션 점검 결과 : $perm_cur 점검필요(권장 설정 $perm_cfg ) "
   elif [ "$perm_ps2" = "$perm_cur" ]
   then
      echo ""
      echo " ■ $file_name 퍼미션 점검 결과 : $perm_cur 정상 "
fi
done
rm -f /tmp/perm_imsi.tmp
echo ""
echo "****************************************************************"
echo ""
echo -n "[Enter를 누르시면 메뉴로 돌아갑니다.]"
read TEMP
;;
"4")
   clear
   echo ""
   echo "************** 장치 디렉토리 내 일반파일 존재 유무 점검 **************"
   echo ""
   imsi=/sys-check/log/dev_file_`date +%C%y%m%d`.log
   touch $imsi
   cat /dev/null > $imsi
   find /dev -type f -exec ls -al {} \; > $imsi
   cat $imsi
   echo ""
   echo "****************************************************************"
   echo ""
   echo -n "[Enter를 누르시면 메뉴로 돌아갑니다.]"
```

```
      read TEMP
    ;;
"5")
    clear
    echo ""
    echo "************  root 이외의 UID가 '0'인 사용자 점검  ************"
    echo ""
    pw="/etc/passwd"

    for name in $(cut -d: -f1 $pw)
    do
    uid_chk=`grep -w ^$name $pw | grep -v ^root | cut -d: -f3`

    if [ "$uid_chk" = 0 ]
      then
        echo ""
        echo "  ■ UID가 0인 계정은 $name 입니다. 점검 요망 "
    fi
    done
    echo ""
    echo "********************************************************"
    echo ""
    echo -n "[Enter를 누르시면 메뉴로 돌아갑니다.]"
    read TEMP
    ;;
"6")
    clear
    echo ""
    echo "*********  패스워드 최소 길이 및 최대 사용 기간 설정 점검 ***********"
    echo ""
    echo -n "  ■ 권장 패스워드 길이를 입력하세요(단위 : 자리수) : "
    read pss_len
    echo ""
    echo -n "  ■ 최장 패스워드 사용 기간을 입력하세요(단위 : 일) : "
    read pss_days
```

```
cnt_len=`cat /etc/login.defs | grep "PASS_MIN_LEN" | grep -v "#" | awk '{print $2}'`
cnt_days=`cat /etc/login.defs | grep "PASS_MAX_DAYS" | grep -v "#" | awk '{print $2}'`
if [ "$pss_len" != "$cnt_len" ]
  then
  echo ""
  echo "  ■ 패스워드 최소길이 점검결과 $cnt_len 자리 입니다. : 점검필요(권장 설정 $pss_len 자리 ) "
  elif [ "$pss_len" = "$cnt_len" ]
  then
  echo ""
  echo "  ■ 패스워드 최소길이 점검결과 $cnt_len 자리 입니다. : 정상 "
fi

if [ "$pss_days" != "$cnt_days" ]
  then
  echo ""
  echo "  ■ 패스워드 최대 사용기간 점검결과 $cnt_days 일 입니다. : 점검필요(권장 설정 $pss_days 일 ) "
  elif [ "$pss_days" = "$cnt_days" ]
  then
  echo ""
  echo "  ■ 패스워드 최대 사용기간 점검결과 $cnt_days 일 입니다. : 정상 "
fi
echo ""
echo "***********************************************"
echo ""
echo -n "[Enter를 누르시면 메뉴로 돌아갑니다.]"
read TEMP
  ;;
"7")
  clear
  echo ""
  echo "*************** 불필요한 계정 존재 여부 점검  ***************"
  echo ""
  def_id="/sys-check/conf/3_7_def_id.cfg"
  for name in $(cut -d: -f1 $def_id)
```

```
    do
    cnt_id=`grep -w ^$name /etc/passwd | wc -l`

    if [ "$cnt_id" != 0 ]
      then
        echo ""
        echo " ▣ 불필요 계정 $name 가 존재합니다. 삭제 및 정리하세요. "
    fi
    done
    echo ""
    echo "*********************************************************"
    echo ""
    echo -n "[Enter를 누르시면 메뉴로 돌아갑니다.]"
    read TEMP
    ;;
"8")
    clear
    echo ""
    echo "***************   불필요한 서비스 존재 여부 점검   ***************"
    echo ""
    cf_dir="/etc/xinetd.d"
    no_ser="/sys-check/conf/3_8_no_ser.cfg"

    for name in $(cut -d: -f1 $no_ser)
    do
    cnt_ser=`ls -l $cf_dir | sed 1d | awk '{print $9}' | grep -w ^\$name\$ | wc -l`

    if [ "$cnt_ser" != 0 ]
      then
        echo ""
        echo " ▣ 불필요 서비스 $name 가  $cf_dir 에 존재합니다."
        cat $cf_dir/$name | grep disable | awk '{if($3 ~ "no") print "
            ☞ 서비스 가동상태 : 활성화";else print "   ☞ 서비스 가동상태 : 비활성화"}'

    fi
    done
```

```
            echo ""
            echo "********************************************************"
            echo ""
            echo -n "[Enter를 누르시면 메뉴로 돌아갑니다.]"
            read TEMP
            ;;
        "H")
            clear
            more help.txt
            ;;
        "h")
            clear
            more help.txt
            ;;
        "Q")
            exit
            ;;
        "q")
            exit
            ;;
        *)
            ;;
    esac
    done
}

SetMenuClass
```

7.3.5 주요 디렉토리 무결성 점검 (4_int_chk.sh)

주요 디렉토리의 무결성 점검을 위한 기능의 메뉴를 구성하기 위해 read 명령어와 case~esac 구문을 사용하였다. 아래의 [1) 시스템관리SW 무결성 점검] 과 [2) 동기화SW 무결성 점검] 메뉴는 모두 /sys-check/fcheck/ 디렉터리에 설치된 fcheck를 이용하여 무결성을 점검한다. fcheck의 사용 형식은 아래와 같다.

> fcheck -adf 설정 파일

fcheck의 설정 파일 하나에 점검해야 하는 모든 디렉터리 정보를 반영할 수 있지만 무결성 검사의 시간의 단축과 무결성 검사 대상의 분야별 구분을 위해서 설정 파일을 여러 개로 분리해서 점검을 한다. 그리고 sed 명령어를 이용해 주요 점검 결과 중 일부 정보를 한글 표기로 재가공하여 출력하도록 하였다.

```sh
#!/bin/sh

ami=`whoami`
if [ "$ami" != "root" ]; then
    echo "본 프로그램은 시스템 관리자(ROOT)외 사용자는 실행이 제한됩니다."
    exit
fi

SetMenuClass() {
    while true
    do
    clear
    unset ans
        echo ""
        echo "************************************************************"
        echo "*********                                           *******"
        echo "*********          ■ 시스템 관리 도구  Ver 1.0.0    *******"
        echo "*********                                           *******"
        echo "*********          4. 주요 디렉토리 무결성 점검     *******"
        echo "*********                                           *******"
```

350   UNIX/Linux 시스템 관리자를 위한 쉘 스크립트 활용 가이드

```
      echo "************************************************"
    echo "* ★ 서버 내 비인가 자료 탑재 및 설정 변조 여부를 진단              *"
    echo "************************************************"
    echo "*                                                *"
    echo "*  1) 시스템관리SW 무결성 점검                            *"
    echo "*                                                *"
    echo "*  2) 동기화SW 무결성 점검                              *"
    echo "*                                                *"
    echo "*                                                *"
    echo "*     119) 무결성 진단 DB 구축                          *"
    echo "*                                                *"
    echo "*  Q) 상위 메뉴                                      *"
    echo "*                                                *"
    echo "************************************************"
    echo ""
    echo -n " 메뉴를 선택하십시오 :"
read ans
case "$ans" in
  "1")
      clear
      echo ""
      echo "************** 시스템관리SW 무결성 진단  ****************"
      echo ""
      /sys-check/fcheck/fcheck -adf /sys-check/fcheck/fcheck_smm.cfg
      echo ""
      echo "********** ★ 변조된 설정 및 파일의 진단 결과 ★ **************"
      echo ""
      /sys-check/fcheck/fcheck -adf /sys-check/fcheck/fcheck_smm.cfg | grep -v passed... | grep -v PROGRESS | grep -v STATUS | sed -e s/WARNING/파일변조/g | sed -e s/ADDITION/파일생성/g | sed -e s/DELETION/파일삭제/g | sed -e s/DELETION/파일삭제/g

      /sys-check/fcheck/fcheck -adf /sys-check/fcheck/fcheck_smm.cfg | sed -e s/PROGRESS/점검항목/g | sed -e s/STATUS/진단결과/g | sed -e s/passed.../정상/g | sed -e s/WARNING/파일변조/g | sed -e s/ADDITION/파일생성/g | sed -e s/DELETION/파일삭제/g | sed -e s/DELETION/파일삭제/g
```

```
        echo ""
        echo "***************************************************"
        echo ""
        echo -n "[Enter를 누르시면 메뉴로 돌아갑니다.]"
        read TEMP
        ;;
    "2")
        clear
        echo ""
        echo "************* 동기화 SW 무결성 진단    ***************"
        echo ""
        /sys-check/fcheck/fcheck -adf /sys-check/fcheck/fcheck_eai.cfg
        echo ""
        echo "******** ★ 변조된 설정 및 파일의 진단 결과 ★ **********"
        echo ""
        /sys-check/fcheck/fcheck -adf /sys-check/fcheck/fcheck_eai.cfg | grep -v passed... | grep -v PROGRESS | grep -v STATUS | sed -e s/WARNING/파일변조/g | sed -e s/ADDITION/파일생성/g | sed -e s/DELETION/파일삭제/g | sed -e s/DELETION/파일삭제/g

        /sys-check/fcheck/fcheck -adf /sys-check/fcheck/fcheck_eai.cfg | sed -e s/PROGRESS/점검항목/g | sed -e s/STATUS/진단결과/g | sed -e s/passed.../정상/g | sed -e s/WARNING/파일변조/g | sed -e s/ADDITION/파일생성/g | sed -e s/DELETION/파일삭제/g | sed -e s/DELETION/파일삭제/g

        echo ""
        echo "***************************************************"
        echo ""
        echo -n "[Enter를 누르시면 메뉴로 돌아갑니다.]"
        read TEMP
        ;;
    "119")
        clear
        echo ""
        echo "************* 무결성 진단 DB 구축중    ***************"
        echo ""
        echo ""
```

```
            echo "시스템관리SW 무결성 검사 초기DB 생성중....."
            /sys-check/fcheck/fcheck -acf /sys-check/fcheck/fcheck_smm.cfg
            echo ""
            echo ""
            echo "동기화 SW 무결성 검사 초기DB 생성중....."
            /sys-check/fcheck/fcheck -acf /sys-check/fcheck/fcheck_eai.cfg
            echo ""
            echo ""
            echo "***********************************************************"
            echo ""
            echo -n "[Enter를 누르시면 메뉴로 돌아갑니다.]"
            read TEMP
            ;;
        "H")
            clear
            more help.txt
            ;;
        "h")
            clear
            more help.txt
            ;;
        "Q")
            exit
            ;;
        "q")
            exit
            ;;
        *)
            ;;
    esac
done
}

SetMenuClass
```

> **Note**
>
> **fcheck 설치 및 사용법**
>
> fcheck는 UNIX/Linux는 물론 DOS 환경에서도 구동되는 무결성 체크 프로그램이다. 사용법이 매우 간단하고 특별한 조치 없이 다양한 시스템에서 구동이 가능하다는 장점을 가지고 있다.
>
> fcheck의 주요 기능으로 설정 파일에 지정된 디렉터리의 파일이 삭제 또는 변경된 것을 점검하는 기능이 있다. 현재 필자가 설치한 버전은 2001년도에 패치된 2.7.59 버전이다. 이후 추가 패치는 이뤄지지 않았고 오래된 프로그램이기는 하지만 아직도 제 기능을 충실히 하는 프로그램이다.
>
> ▶ Fcheck 다운로드
>
>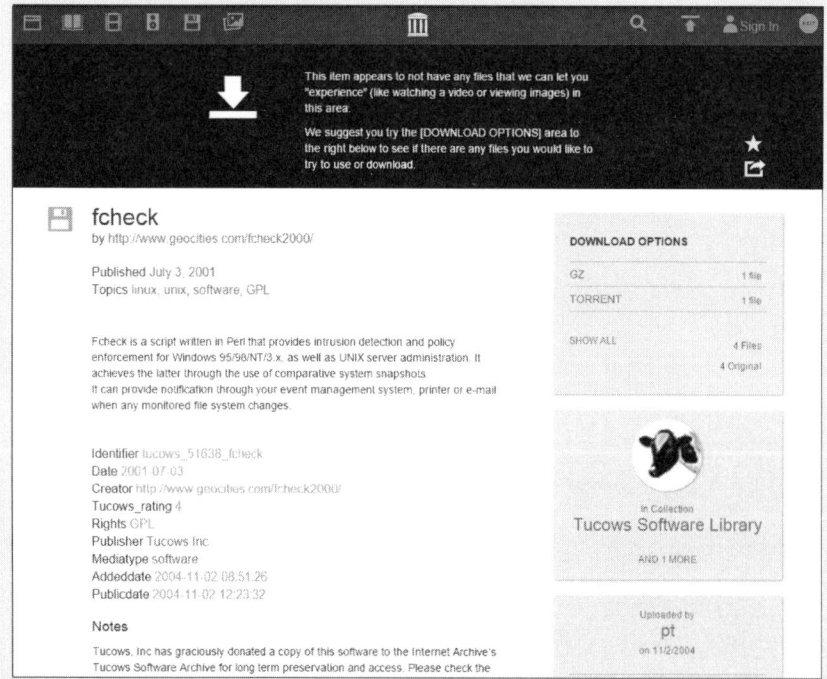
>
> (https://archive.org/details/tucows_51638_fcheck)
>
> ■ fcheck의 설치
>
> 다운로드받은 fCheck_2.07.59.tar.gz 파일을 설치하고자 하는 서버에 업로드하여 압축을 풀고 실행하면 되는데 여기서 설정 파일인 fcheck.cfg 파일을 수정하면 된다.

> **Note**
>
> ■ fcheck 설정 파일 수정
>
> # Directory
> 이 부분은 파일의 무결성을 체크하고자 하는 디렉터리를 지정한다. 필자의 실습 시스템에 적용한 설정은 아래와 같다.
>
> Directory   = /usr/local/apache_2.0.63/htdocs/
> Directory   = /usr/sbin
> Directory   = /etc/rc.d/
>
> # DataBase
> fcheck가 시스템에 대한 각종 정보를 초기 DB로 구축하는 파일을 지정한다. 향후 DB가 구축된 시점을 기준으로 변경되었는지 여부를 점검할 수 있다. DB 파일을 생성하는 옵션은 fcheck -ac이며, "지정된 파일이름.dbf" 파일이 생성된다.
>
> 그 외 자세한 사용법은 fcheck 파일 및 fcheck.cfg 설정 파일의 주석 부분에 설명이 잘 되어 있으므로 참고하기 바란다.

7.3.6 정밀 분석용 로그 추출 및 전송 (5_log_out.sh)

정밀 분석용 로그를 추출하기 위한 기능의 메뉴를 구성하기 위해 read 명령어와 case~esac 구문을 사용하였다. [1) WAS(JEUS) 로그 추출]과 [2) WAS(JEUS) 운영모드 변경 (Fatal → Debug)] 메뉴는 필자가 관리하는 시스템의 WAS의 로그와 운영 모드를 변경하기 위한 메뉴로 독자 여러분이 관리하는 시스템의 환경을 고려하여 보완이 필요하다. [3) 서버에 설치된 SW목록 추출] 메뉴는 시스템에 설치되어 있는 SW 목록을 추출하기 위한 명령어를 이용해 "도메인명_호스트명_SW_List_날짜.log" 형식의 로그 파일로 저장한다. AIX 및 Ubuntu Linux에서 설치된 SW 목록을 추출하기 위한 명령어는 주석 처리했다. [4) IBM NMON 진단 도구를 이용한 로그 추출] 메뉴는 NMON을 이용해서 300 간격으로 120회 시스템 모니터링 정보를 "도메인명_호스트명_날짜.nmon" 형식의 로그 파일로 저장한다. [5) 파일 / 디렉토리 변경 로그 추출(7일간)] 메뉴는 find 명령어를 이용하여 시스템에서 7일간 생성된 파일 목록을 "도메인명_호스트명_7day_mod_날짜.log" 형식의 로그 파일로 저장한다. [6) 서버 네트워크(TCP) 패킷 캡쳐 로그 추출] 메뉴는 tcpdump 명령어를 이용해서 서버에서 들어오고 나가는 네트워크 패킷 정보를 "도메인명_호스트명_tcpdump_날짜.log" 형식의 로그 파일로 저장한다. [7) 서버 네트워크(TCP) 패킷 캡쳐 보기] 메뉴는 6) 서버 네트워크(TCP) 패킷 캡쳐 로그 추출] 메뉴에서 추출한 네트워크 패킷 로그를 터미널 상에서 확인하는 메뉴이다. [99) 정밀 분석용 로그 상급 부서 FTP 전송] 메뉴는 현재까지 추출된 모든 로그 파일을 tar 명령어를 이용해서 묶는다. 생성되는 파일 형식은 "도메인명_호스트명_all_chk_log_날짜.tar"이다. 생성된 파일은 지정된 ftp 서버로 전송된다.

```sh
#!/bin/sh

ami=`whoami`
if [ "$ami" != "root" ]; then
    echo "본 프로그램은 시스템 관리자(ROOT)외 사용자는 실행이 제한됩니다."
    exit
fi

SetMenuClass() {
    while true
    do
    clear
    unset ans
        echo ""
        echo "***************************************************"
        echo "*********                                  *******"
        echo "*********      ■ 시스템 관리 도구  Ver 1.0.0     *******"
        echo "*********                                  *******"
        echo "*********         5. 정밀 분석용 로그 추출 및 전송    *******"
        echo "*********                                  *******"
        echo "***************************************************"
        echo "*  ★ 추출된 로그는 정밀진단을 위해 활용 됩니다. ★         *"
        echo "*                                                 *"
        echo "*        로그 위치 : /sys-check/log/                *"
        echo "***************************************************"
        echo "*                                                 *"
        echo "*   1) WAS(JEUS) 로그 추출                         *"
        echo "*                                                 *"
        echo "*   2) WAS(JEUS) 운영모드 변경 (Fatal → Debug)      *"
        echo "*     (세부 로그 추출을 위한 WAS 모드 변경)           *"
        echo "*                                                 *"
```

```
echo "*   3) 서버에 설치된 SW목록 추출                              *"
echo "*                                                              *"
echo "*   4) IBM NMON 진단 도구를 이용한 로그 추출                   *"
echo "*                                                              *"
echo "*   5) 파일 / 디렉토리 변경 로그 추출(7일간)                    *"
echo "*                                                              *"
echo "*   6) 서버 네트워크(TCP) 패킷 캡쳐 로그 추출                   *"
echo "*                                                              *"
echo "*   7) 서버 네트워크(TCP) 패킷 캡쳐 보기                        *"
echo "*                                                              *"
echo "*   99) 정밀 분석용 로그 상급 부서 FTP 전송                     *"
echo "*                                                              *"
echo "*   Q) 상위 메뉴                                                *"
echo "*                                                              *"
echo "****************************************************************"
echo ""
echo -n " 메뉴를 선택하십시오 :"
read ans
case "$ans" in
  "1")
     clear
     echo ""
     echo "************   WAS (JEUS) Log를 추출합니다.   ****************"
     echo ""

# ★★★ 필자가 운용했던 시스템의 WAS의 로그를 추출하는 사례입니다. 독자들의 이해를 돕기 위해 소개합니다.

     cp -r /Cots/jeus/jeus40/logs/JeusServer/JeusServer_`date +%m%d%C%y`.log /sys-check/log/JeusServer_`domainname`_`hostname`_`date +%C%y%m%d`.log
     echo ""
     echo "****************************************************************"
     echo ""
     echo -n "[Enter를 누르시면 메뉴로 돌아갑니다.]"
     read TEMP
```

```
        ;;
    "2")
        clear
        echo ""
        echo "********  Jeus(WAS) 운영모드 변경 (Fatal → Debug)  *****************"
        echo ""

        # ★★★ 필자가 운용했던 시스템의 WAS의 운용모드 변경하는 사례입니다. 독자들의 이해를 돕기 위해 소개합니다.

        echo " ★  Jeus(WAS) 운영모드 변경을 위해서는 WAS를 재시작해야 합니다. ★ "
        echo -n "    [계속 진행하시겠습니까? / 취소하시려면 Ctrl + C]"
        read TEMP
        echo ""
        echo "● 1단계 : 기존 설정파일을 JEUSMain_`date +%C%y%m%d`.xml 로 백업 "
        cp -r /Cots/jeus/jeus40/config/`hostname`/JEUSMain.xml /Cots/jeus/jeus40/config/`hostname`/JEUSMain.xml_`date +%C%y%m%d`.xml
        chown wasadmin:wasadmin /Cots/jeus/jeus40/config/`hostname`
            /JEUSMain.xml_`date +%C%y%m%d`.xml
        echo "● 2단계 : Jeus(WAS) 운영모드 변경 (Fatal → Debug) "
        rm /c4i/smm_data/atcis-check/tmp/*.xml
        cat /Cots/jeus/jeus40/config/`hostname`/JEUSMain.xml | sed -e s/"<level>fatal"/"<level>debug"/g > /sys-check/tmp/JEUSMain_`date +%C%y%m%d`.xml
        chown wasadmin:wasadmin /sys-check/tmp/JEUSMain_`date +%C%y%m%d`.xml
        echo "● 3단계 : Jeus(WAS) 정지하기 "
        su - wasadmin -c jkill
        su - wasadmin -c jkill
        su - wasadmin -c jkill
        echo "● 4단계 : Jeus(WAS) Debug 모드 적용 "
        cp -r /sys-check/tmp/JEUSMain_`date +%C%y%m%d`.xml /Cots/jeus/jeus40/config/`hostname`/JEUSMain.xml
        echo "● 5단계 : Jeus(WAS) 재구동, 다른 터미널을 이용해서 EJB 갯수를 확인하세요 "
        su - wasadmin -c jboot
        echo "*****************************************************************"
        echo ""
```

```
        echo -n "[Enter를 누르시면 메뉴로 돌아갑니다.]"
        read TEMP
        ;;
    "3")
        clear
        echo ""
        echo "****************    서버에 설치된 SW목록 추출중    *******************"
        echo ""

        #lslpp -l > /sys-check/log/`domainname`_`hostname`_SW_List_`date +%C%y%m%d`.log
        # AIX 시스템에서 설치된 패키지 목록을 추출

        rpm -qa > /sys-check/log/`domainname`_`hostname`_SW_List_`date +%C%y%m%d`.log
        # Linux (RedHat 계열) 시스템에서 설치된 패키지 목록을 추출

        #dpkg --get-selections > /sys-check/log/`domainname`_`hostname`_SW_List_`date +%C%y%m%d`.log
        # Linux (Ubuntu 계열) 시스템에서 설치된 패키지 목록을 추출

        echo "****************************************************************"
        echo ""
        echo -n "[Enter를 누르시면 메뉴로 돌아갑니다.]"
        read TEMP
        ;;
    "4")
        clear
        echo ""
        echo "*** 현재부터 10시간동안 정밀 서버상태 모니터링(NMON) Log를 추출합니다.  ****"
        echo ""
        echo ""
        echo ""
        /sys-check/nmon/nmon_linux_x86 -T -s 300 -c 120 -F /sys-check/log/`domainname`_`hostname`_`date +%C%y%m%d`.nmon
        echo ""
        echo "****************************************************************"
```

                echo ""
                echo -n "[Enter를 누르시면 메뉴로 돌아갑니다.]"
                read TEMP
                ;;
        "5")
            clear
            echo ""
            echo "*********** 7일동안 변경된 파일(디렉토리) Log 추출   *****************"
            echo ""
            echo ""
                find / -ctime -7 -print > /sys-check/log/`domainname`_`hostname`_7day_mod_`date +%C%y%m%d`.log
            echo ""
            echo "***"
            echo ""
            echo -n "[Enter를 누르시면 메뉴로 돌아갑니다.]"
            read TEMP
            ;;
        "6")
            clear
            echo ""
            echo "*********** 서버 네트워크(TCP) 패킷 캡쳐 Log 추출   *****************"
            echo ""
            echo " 지금부터 네트워크 캡쳐가 시작됩니다. Ctrl + C 를 누르시면 캡쳐가 중지됩니다."
            echo ""
            tcpdump -w /sys-check/log/`domainname`_`hostname`_tcpdump_
                `date +%C%y%m%d`.log -s 1500
            echo ""
            echo "***"
            echo ""
            echo -n "[Enter를 누르시면 메뉴로 돌아갑니다.]"
            read TEMP
            ;;
        "7")

```
    clear
    echo ""
    echo "************   서버 네트워크(TCP) 패킷 캡쳐 Log 보기   *****************"
    echo ""
    echo "   ★  오늘 추출된 네트워크 캡처 Log를 보실수 있습니다.  ★"
    echo ""
    tcpdump -Xqnr /sys-check/log/`domainname`_`hostname`_tcpdump_`date +%C%y%m%d`.log
    echo ""
    echo "****************************************************************"
    echo ""
    echo -n "[Enter를 누르시면 메뉴로 돌아갑니다.]"
    read TEMP
    ;;
"99")
    clear
    echo ""
    echo "****************************************************************"
    echo "********   ★ 추출된 로그를 상급부서 분석 서버로 FTP 전송합니다.   *********"
    echo "****************************************************************"
    echo "         네드워크가 불인징시에는 수동으로 다운모드 받아 진송바랍니다.        "
    echo "****************************************************************"
    echo ""

tar cvf /sys-check/log/`domainname`_`hostname`_all_chk_log_`date +%C%y%m%d`.tar /sys-check/log/*

ftp -n 192.168.3.128 <<End-Of-Session

user user1 1234
binary
bell
cd /sys-check/sub_log
lcd /sys-check/log/
put `domainname`_`hostname`_all_chk_log_`date +%C%y%m%d`.tar
quit
End-Of-Session
```

```
            echo -n "[Enter를 누르시면 메뉴로 돌아갑니다.]"
            read TEMP
            ;;
    "H")
        clear
        more help.txt
        ;;
    "h")
        clear
        more help.txt
        ;;
    "Q")
        exit
        ;;
    "q")
        exit
        ;;
    *)
        ;;
esac
done
}

SetMenuClass
```

7.4 시스템 관리 도구의 확장 방안

여기까지 여러 가지로 부족한 필자와 함께 부족한 자원을 가지고 시스템을 효율적으로 관리하기 위한 시스템 관리 도구를 만들었다. 하지만 사람의 욕심이 어디 그렇게 쉽게 만족이 되겠는가? 시스템 관리자는 시스템 관리 도구를 터미널 환경에서 활용하는 것이 익숙하지만 시스템 관리자의 상사들은 대부분 비전산인이서 관리자의 노력으로 인해 무엇이 좋아졌는지, 뭐가 발전되었는지 잘 이해하지 못한다. 그러나 이들을 이해시켜야 하는 것이 또 직장인의 일이기도 하다. 좋아진 부분을 말로 설명하지만 이 역시 쉽지 않다. 이럴 때 가장 좋은 방법이 눈에 보이는 무언가를 비주얼하게 제시하는 것인데, 이를 처리할 수 있는 유용한 방법을 잠깐 소개하겠다.

상사에게 잘 보일 수 있는 방편을 소개하기 위해 이 기능을 소개하는 것은 아니다. 추출된 로그 중 지속적으로 모니터링할 수 있는 부분을 잘 구성해서 웹상에서 볼 수 있는 간단한 모니터링 페이지를 만들 수 있다는 점을 알려주기 위해서 소개한다.

다음은 필자가 관리했던 시스템 상에서 웹 모니터링 기능을 구현하기 위한 SW 구성도이다. 웹 모니터링 페이지의 기본 기능은 시스템의 CPU 및 메모리 상태, 주요 프로세스 및 서비스 상태 등을 웹페이지로 표시한다. 당시 필자가 관리했던 시스템은 시스템의 형상 통제가 철저해서 함부로 별도의 웹서비스, DB 테이블 생성이 불가능했다. 때문에 필자가 착안했던 방법은 서버와 단말기간 NFS 서비스를 이용해 서버에서 모니터링 항목에 대한 주기적인 점검 결과를 공유하도록 하였다. 서버에서는 CPU 부하 및 메모리 상태 등 웹 모니터링 페이지에 포함되는 점검 항목에 대해서 일정 시간 단위로 NFS로 공유되는 디렉터리에 CSV 형태의 점검 결과 파일을 생성한다. 모니터링을 담당하는 단말기에는 단말기 내에서 구동 중인 웹서비스에 구축된 차트 페이지에서 NFS로 공유된 디렉터리의 CSV 형태의 파일을 읽어와서 모니터링 페이지를 표시하였다.

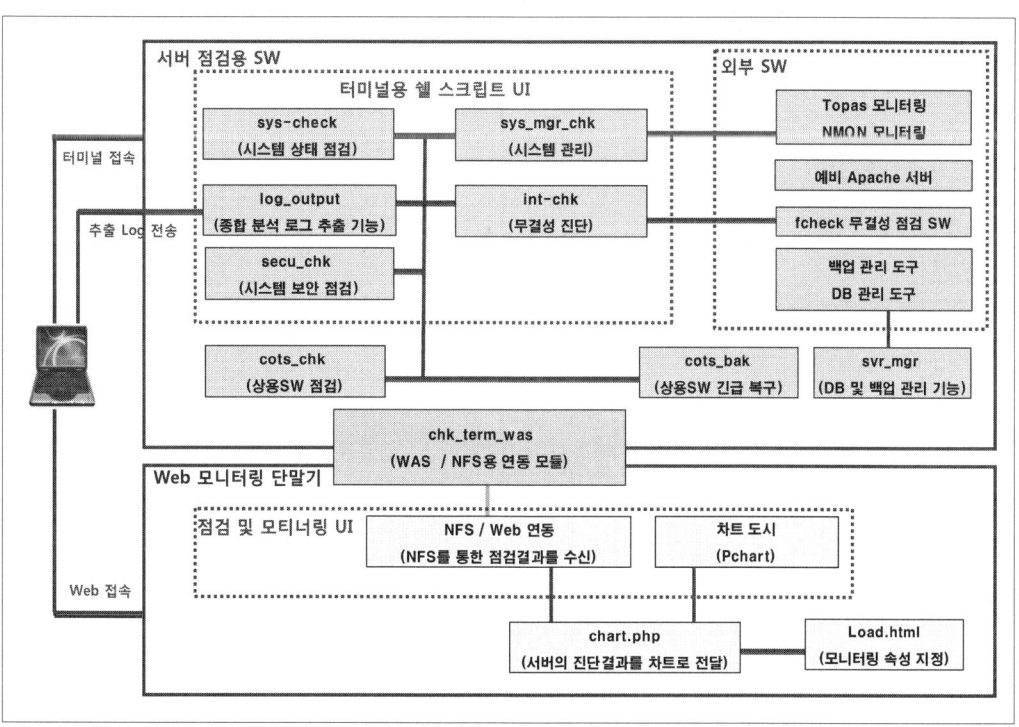

[그림 7-14] 웹 모니터링 페이지의 구조 및 기능

아래 그림은 필자가 수집된 로그 중 지속적으로 모니터링을 해야 하는 부분을 모아서 모니터링 페이지를 구성한 예이다. 값비싼 상용 SMS 툴과 비교하기는 어렵겠지만 이 정도면 적은 비용에 나름대로 목표한 것을 이루는데 도움이 될 것이다.

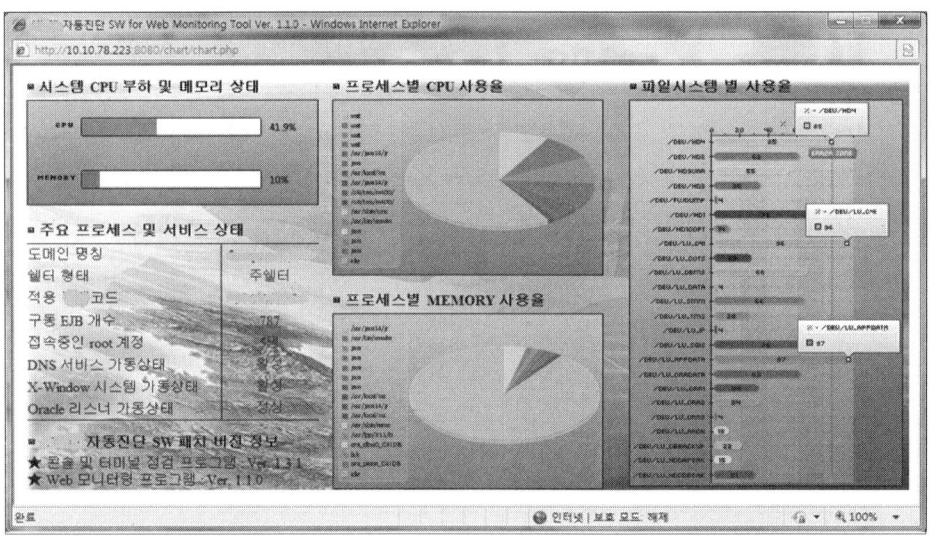

[그림 7-15] 웹 모니터링 페이지

필자의 경우처럼 서비스 중인 시스템의 웹 서비스 및 DB를 활용하지 못하는 상황이 아니라면 웹 서비스 및 DB를 활용해 시스템 모니터링 페이지를 보다 쉽게 제작할 수 있을 것이다. 더욱이 아래의 [Note]에서 소개하는 PChart를 이용하면 다양한 차트 페이지 적용이 가능하다.

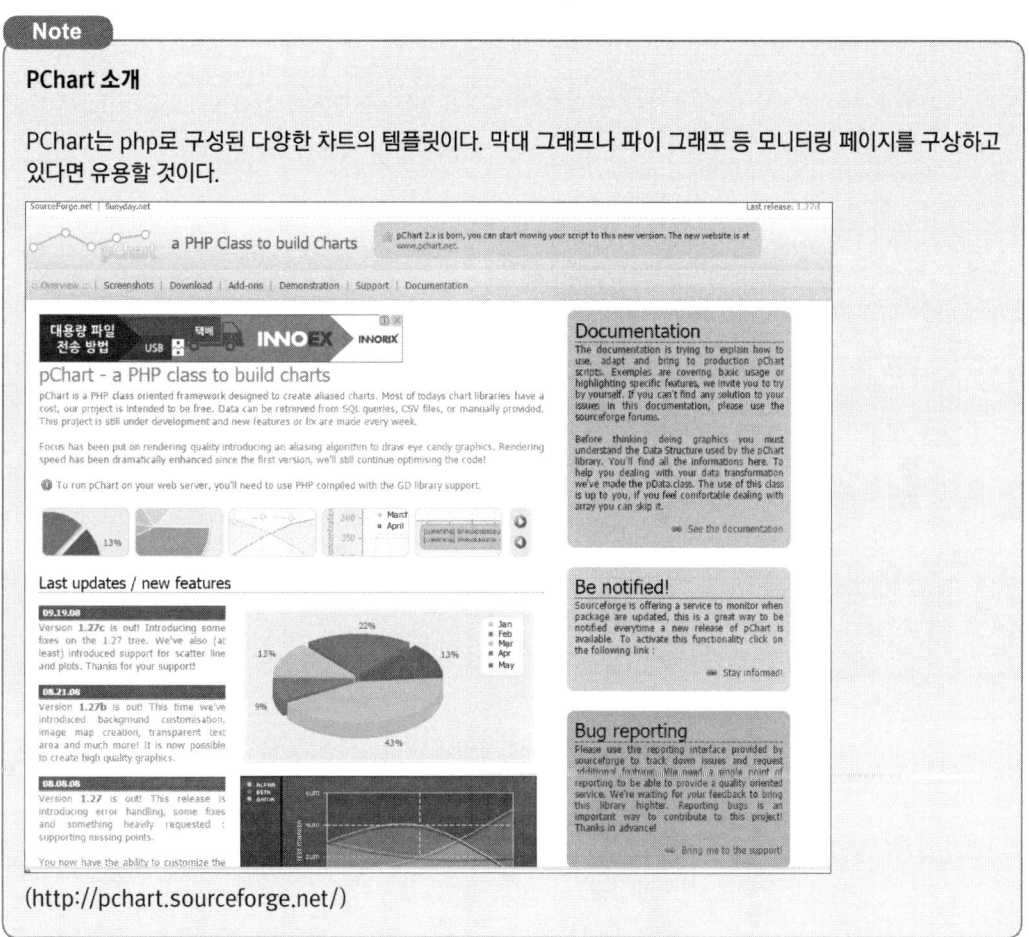

7.5 정리

7장에서는 시스템 관리 업무를 보다 수월하게 해 줄 "나만의 시스템 관리 도구"를 만들어 보았다. 필자의 경우는 여기서 소개된 기능과 유사한 셸 스크립트를 활용하여 시스템 관리와 장애 처리까지 수행하고 있다. 물론 셸 스크립트만으로 점검과 장애 처리를 100% 수행하지는 못하지만 시스템 관리를 하면서 지속적으로 셸 스크립트를 보완하여 활용하고 있다. 독자 여러분들도 여기서 소개된 셸 스크립트를 보완하여 자신에게 최적화된 시스템을 구축하길 바란다.

이것으로 셸 스크립트를 이용해 시스템을 잘 관리하기 위한 험난한 여행에 동행해준 독자 여러분에게 감사드린다.

독자 여러분에게 소개하기 위해 필자가 관리하는 AIX용 쉘 스크립트를 실습용 Linux 시스템의 쉘 스크립트로 전환하면서 스스로도 많이 배웠고 배워야할 부분을 식별할 수 있었다.

이제 독자 여러분들은 이 책을 디딤돌 삼아 무료한 터미널 환경에 활기를 찾고 필자가 미처 찾지 못한 쉘 스크립트의 활용 방법까지 개척하기를 기대한다.

찾아보기

한글

가상머신 ... 30
가상 메모리 ... 124
가용성 ... 295
가용성 측정 ... 294
계정 설정 파일 점검 ... 283
공용 계정 초기화 ... 199
네트워크 경로 ... 123
네트워크 관리 시스템 ... 202
네트워크 상태 감시 ... 202
네트워크 인터페이스 ... 93
데몬 시작과 정지 ... 239
디스크 사용량 ... 187
라우팅 테이블 ... 111
로그 설정 점검 ... 284
로그인된 계정 점검 ... 283
로그 저장 파일 ... 98
로그 추출 ... 287
로그 파일 로테이션 ... 242
메모리 ... 88
메모리 맵 ... 106

명령 입력 히스토리 추출 ... 286
명령 치환 ... 159
문자열 비교 ... 167
반복문 ... 180
변수 ... 155
불필요한 계정 ... 270
불필요한 서비스 ... 273
사용자 계정 일시 정지 ... 193
서버 관리 시스템 ... 202
서비스 상태 설정 점검 ... 284
서비스 프로세스 상태 ... 206
서비스 프로세스 시작과 정지 ... 239
서비스 활성화 ... 280
수치 비교 ... 165
숫자 연산 ... 190
쉘 ... 19
쉘 스크립트 ... 23
스트림 편집기 ... 126
시스템 가용성 ... 294
시스템 관리 ... 187
시스템 관리 도구 ... 293
시스템 기본 정보 수집 ... 281

시스템 보안	251
시스템 신뢰도	294
시스템 파일 접근 권한	256
에러 재지정	59
예약 작업 점검	286
웹 모니터링	363
웹 접속 로그	220
웹 접속 통계	218
의심되는 파일 검색	285
입력 재지정	57
입출력 재지정	56
장애	294
장치 디렉터리	262
전역 변수	154
점검 결과 메일 보고	221
접근 권한	64
정규표현식	95, 134
조건문	134, 163
지역 변수	154
출력 재지정	57
치환	159
침해 시스템 분석용 로그	280
터미널 접속 클라이언트	44
파이프	60
파이프 라인	138
파일 내용 일괄 수정	213
파일 비교	166
파일 전송 자동화	224
패스워드 최대 사용 기간	267
패스워드 최소 길이	267
퍼미션	64, 260
평균 가동 시간	295
평균 고장 간격	295
평균 수리 시간	295
평균 시스템 부하	124
프로세스 상태	110
함수	183
현재 네트워크 상태 점검	282
현재 프로세스 상태 점검	282

영문

access_log 로그 파일	218
Acroedit	50
at 명령어	62
awk	131
BEGIN	137
bell 명령어	229
Bourne Shell	22
break 문	176
BSD	17
case 문	181
cat 명령어	197
CDE	22
chmod 명령어	64
chown 명령어	68
cmp 명령어	68
colcrt 명령어	71
col 명령어	69
Common Desktop Environment	22
continue 문	176
cp 명령어	72
cron	205
cron 스케줄	232
cut 명령어	73, 190
date 명령어	75
denc 명령어	231
df 명령어	76
diff 명령어	77
domainname 명령어	80
du 명령어	81
echo 명령어	82

END	138	Pipe	60
env	154	pmap 명령어	106
export 명령어	154	POSIX	27
expr 명령어	160, 190	printenv	154
fcheck	354	pr 명령어	108
fd	56	ps 명령어	110, 209
file descriptor	56	PuTTY	44
find 명령어	85	pwd 명령어	111
for 문	169	read 명령어	157, 220
free 명령어	88	Redirection	56
FTP	89	regular expression	97
ftp 명령어	89	route 명령어	111
grep 명령어	94, 217	script 명령어	112
guest 계정 초기화	199	sed	126
ICMP	105	SetGID	67
ifconfig 명령어	93	SetGID 설정 파일	252
if 문	161	SetUID	67
input redirection	57	SetUID 설정 파일	252
killall 명령어	198	set 명령어	154
Linux	18	shell script	25
logger 명령어	98	sleep 명령어	198
logrotate	248	SMS	202
lsof 명령어	99	sort 명령어	114, 221
man 페이지	70	SSH	50
MTBF	295	stderr	56
MTTF	295	stdin	56
MTTR	295	stdout	56
netstat 명령어	100	StickyBit	67
nl 명령어	102	tail 명령어	116
NMON	334	tar 명령어	117
NMS	202	test 문	164
ntpdate 명령어	104	time 명령어	119
NULL 방지	168	touch 명령어	121
output redirection	57	traceroute 명령어	123
PChart	365	tr 명령어	123
ping 명령어	105	Ubuntu Linux	50

UID 265
UNIX 17
unset 명령어 156
until 문 174
uptime 명령어 124
vi 140
VirtualBox 32
vmstat 명령어 124
wc 명령어 221
while 문 171
w 명령어 125

기호

〉 58
〈 58
/dev 디렉터리 262
/etc/passwd 파일 266